U0820434

2012中国农业发展报告
编 辑 委 员 会

前 言

2011年是“十二五”开局之年，是农业农村经济捷报频传、全线飘红的一年。面对异常发生的自然灾害和异常波动的市场环境等严峻挑战，各地区各部门坚决贯彻落实党中央、国务院的部署要求，圆满完成“两个千方百计、两个努力确保”的目标任务，保持了农业农村经济全面发展的好势头。粮食喜获大丰收，总产量达到57 121万吨，连续第五年稳定在1万亿斤以上，首次迈上11 000亿斤新台阶，实现半个世纪以来首次连续八年增产；农民人均纯收入达到6 977元，实际增长11.4%，是1985年以来增速最快的一年，增速再次超过城镇居民，实现连续8年较快增长；棉油糖、果菜茶、肉蛋奶、水产品实现16年来第一次全面增产，市场供应充足；农产品质量安全水平稳步提高，重大动物疫情形势总体平稳，农业各行业都取得新的进展。粮食生产“八连增”、农民增收“八连快”，为管理好通胀预期、促进经济平稳较快发展赢得了战略主动、提供了有力支撑，为保障改善民生和维护社会和谐稳定大局作出了突出贡献。

2012年是实施“十二五”规划承上启下的重要一年，我们党将召开十八大，做好农业农村经济工作，巩固和发展农业农村好形势，对于经济社会发展全局具有特殊重要意义。今年中央强农惠农富农政策力度进一步加大，农业农村经济发展面临许多有利条件。同时，也要清醒地认识到，今年经济社会发展要完成“稳增长、控物价、调结构、惠民生、抓改革、促和谐”的目标，对农业农村经济发展提出了新的更高要求；粮食和农业生产要在高起点上保持好势头、取得新进展，面临发展基数和生产成本高、外部环境和市场变化不确定等诸多挑战，任务更加艰巨繁重。我们要认真贯彻党中央、国务院的决策部署，深入贯彻落实科学发展观，以稳定发展粮食生产为重点，加快农业科技进步，全面推进现代农业建设，坚持“两个千方百计、两个努力确保”目标不动摇，千方百计使粮食产量稳定在10 500亿斤以上、农民收入增幅保持在7.5%以上，努力确保不发生重大农产品质量安全事件和区域性重大动物疫情，持续提高农产品供给保障能力，为实现经济社会平稳较快发展提供基础保证，以优异成绩迎接党的十八大召开。

2012年9月

摘 要

2011年农业发展状况

1. 农业生产。2011年，粮食总产达到57 121万吨，比上年增加2 473万吨，首次迈上11 000亿斤新台阶，实现半个世纪以来首次连续8年增产。粮食单产再创历史新高，达到344.4千克，比上年提高12.8千克。粮食产量首次连续5年达到5亿吨以上，粮食综合生产能力稳定登上了5亿吨台阶。

棉花生产扭转连续3年下滑的局面，产量达到659万吨，比上年增产63万吨。油料生产保持连续4年增长，产量3 307万吨，增产77万吨。糖料生产恢复发展，产量1.25亿吨，增产508万吨。蔬菜保持面积、单产、总产同步增长，预计产量6.79亿吨，增产2 830万吨。水果、茶叶等经济作物继续保持稳定增产的良好势头，增产幅度分别达到9.5%和10.0%。

肉类总产量7 958万吨、禽蛋总产量2 811万吨、奶类总产量3 811万吨，比上年分别增长0.4%、1.8%和1.7%。

水产品总产量5 603.21万吨，同比增长4.3%。渔民人均纯收入10 011.65元，同比增长11.7%。按当年价格计算，全社会渔业经济总产值15 005.01亿元，实现增加值6 881.67亿元。

2. 乡镇企业。2011年，全国乡镇企业总产值达到550 385亿元，比上年增长11.1%。发展质量和效益均有所提升。2011年全国乡镇企业营业收入达到531 002亿元，同比增长11.1%；实现利润总额32 426亿元，同比增长11.0%，销售利润率达到6.1%；全年上交税金13 413亿元，同比增长12.2%。转型升级步伐加快，经济结构持续优化。农产品加工业、装备制造业和高新技术产业发展较快，中西部地区增速继续快于东部地区。

休闲农业再上台阶。截至2011年底，全国有8.5万个村开展休闲农业与乡村旅游活动，休闲农业与乡村旅游经营单位达170万家，其中农家乐150万家，规模以上休闲农业园区超过3万家，年接待游客超过7.2亿人次，年营业收入达到2 160亿元，从业人员2 600万人。

3. 农垦经济。2011年，实现农垦生产总值4 212.47亿元，比上年增长13.5%，连续九年保持12%以上增速。其中，第一产业增加值1 394.97亿元，增长9.8%；第二产业增加值1 748.69亿元，增长17.9%；第三产业增加值1 068.81亿元，增长12.5%。第一、二、三产业增加值占农垦生产总值的比重分别为33.1%、41.5%和25.4%。人均农垦生产总值31 691元，同比增长12.6%；人均纯收入9 344元，比上年实际增长9.2%。

粮食生产能力再上新台阶，总产量破300亿千克大关，达到3 198.65万吨，比上年增产245.36万吨，增长8.3%，实现“八连增”；可供商品粮2 820.93万吨，比上年增加215.69万吨，增长8.3%，商品率达88.2%；粮食亩产达到462千克，增长6.9%。

4. 农业机械化。全国农业机械总动力达9.77亿千瓦，同比增长5.3%，增幅连续4年超过5%。农机装备结构进一步优化，主要粮食作物的农机具大幅增加。大中型拖拉机达440.64万台，同比增加12.4%。水稻插秧机达42.69万台，同比增长28.2%；玉米联合收获机达17.00万台，同比增长31.1%。全国农作物耕种收综合机械化水平达54.8%，同比提高2.5个百分点，连续6年保持2个百分点以上的增幅。粮食作物生产机械化稳步推进，薄弱环节机械化继续快速提升。农机社会化服务能力进一步增强。全年农机化经营总收入达4 509.07亿元，同比增长8.2%。

5. 农产品价格与市场。2011年，全国农产品生产价格持续高位运行，生产价格总水平比上年上涨16.5%，其中，1～4季度同比分别上涨15.6%、18%、20.5%和11.9%。种植业、林业、畜牧业、渔业产品生产价格分别比上年上涨7.8%、14.9%、26.2%和10.0%。其中，粮食上涨9%，生猪上涨37%。

农村居民消费价格比上年上升5.8%，比全国平均水平高0.4个百分点。农村商品零售价格比上年上涨5.5%，比全国平均水平高0.6个百分点。

实现乡村消费品零售额24 317.5亿元，同比增长16.7%。乡村与城镇零售额增速差距为0.5个百分点，比上年进一步缩小2.2个百分点。

6. 农产品进出口。2011年，农产品进出口贸易总额为1 556.2亿美元，同比增长27.6%。其中，出口额607.5亿美元，增长23.0%；进口额948.7亿美元，增长30.8%。农产品贸易逆差为341.2亿美元，增长47.4%。

谷物出口121.5万吨，同比下降2.3%；进口544.7万吨，同比下降4.5%；净进口423.2万吨，同比下降5.2%。食用油籽、植物油进口量分别下降3.9%和7.8%，棉花、食糖进口量同比分别增长14.0%和65.3%，蔬菜、水果进出口额均增长。畜产品贸易逆差同比扩大50.9%，水产品贸易顺差同比扩大34.1%。

7. 农民收入与消费。农民收入实现连续8年较快增长。2011年，全国农村居民人均纯收入6 977元，比上年增加1 058元，增长17.9%。剔除价格因素影响，实际增长11.4%，增速比上年提高0.5个百分点。其中，家庭经营纯收入3 222元，增长13.7%，增速同比提高1.6个百分点；工资性收入2 963元，增长21.9%，对全年农村居民增收的贡献率达50.3%；财产性收入229元，增长13.0%；转移性收入563元，增长24.4%，增速同比提高10.6个百分点。

农村居民消费水平快速提高，生活质量进一步改善。农村居民消费支出人均5 221元，增长19.2%，剔除价格因素影响，实际增长12.6%。恩格尔系数为40.4%，比上年下降0.7个百分点。

8. 农业投资。2011年，国家继续加大强农惠农富农政策实施力度，共安排支持农业生产资金1 309.89亿元，比上年增加28.5%，其中基本建设投资267.86亿元，财政专项资金1 042.03亿元。各类资金重点用于农田建设、新一轮"菜篮子"工程、草原建设与农业生物资源保护、全国农村废弃物资源利用、现代农业公共服务能力条件建设和生产救灾等六个方面建设。

9. 农业综合开发。2011年，共计投入农业综合开发资金448.87亿元，其中中央财政资金230亿元，带动地方财政配套投入109.65亿元，引导农民筹资投劳及吸引银行贷款、企业自筹资金109.2亿元。中央财政安排147.89亿元用于粮食主产区，占中央财政农业综合开发资金投入的64.3%，800个产粮大县全部纳入农业综合开发范围。改造中低产田1 119.26千公顷、建设高标准农田499.89千公顷。当年农业综合开发预计可新增粮食生产能力31.42亿千克、棉花生产能力0.45亿千克、油料生产能力1.65亿千克，糖料生产能力4.18亿千克。

10. 扶贫开发。2011年，中央将农民人均纯收入2 300元作为新的国家扶贫标准，比2009年的标准提高了92%，2011年底农村扶贫对象规模为1.22亿，占农村户籍人口的12.7%。2011年财政专项扶贫资金投入由上年的222.68亿元增加到272亿元，增幅达到22%，增量达到历史最高水平。连片特困地区区域发展与扶贫攻坚规划试点启动实施。

11. 饲料工业。2011年全国商品饲料总产量1.81亿吨，比上年增长11.5%。其中，配合饲料产量1.49亿吨，增长15%；浓缩饲料产量2 543万吨，下降4%；添加剂预混合饲料产量605万吨，增长4.5%。猪饲料6 830万吨，增长14.9%；蛋禽饲料3 173万吨，增长5.5%；肉禽饲料5 283万吨，增长11.6%；水产饲料1 684万吨，增长12.1%；反刍饲料775万吨，增长6.5%；其他饲料316万吨，增长12%。饲料产品质量不断提高，总体合格率达到95.5%，比上年提高1.62个百分点。

12. 草原保护与建设。2011年，全国建设草原围栏7 000千公顷，累计种草保留面积10 466.67千公顷，改良草原3 061千公顷，全国草原综合植被盖度达51%。全国禁牧草原面积95 066.67千公顷，推行草畜平衡面积143 866.67千公顷；全国重点天然草原牲畜超载率28%，比上年下降2个百分点。草原保护建设工程项目治理区比非工程区的草原植被盖度平均提高10个百分点，高度平均提高42.8%，鲜草产量平均提高49.9%，可食鲜草产量平均提高54.3%；天然草原鲜草产量突破10亿吨，比上年增加2.7%。草原承包经营制度稳步推进。截至2011年底，全国累计承包草原面积达242 666.7千公顷，占全国可利用草原面积的72.8%，牧区草原承包率超过90%。

13. 农产品加工。2011年，全国共有规模以上农产品加工企业7.95万个，从业人员1 926.44万人，完成总产值150 659亿元，比上年增长29.6%；占工业总产值的比重为17.6%，比上年上升了0.1个百分点。实现主营业务收入147 100亿元，利润总额9 774亿元，出口交货值13 921亿元，同比分别增长29.7%、34.5%、16.1%。食品工业快速发展，产值同比增长31.6%，高出农产品加工业平均增速2.0个百分点，占农产品加工业总产值的50.6%，比上年提高0.8个百分点。中西部地区加速发展，区域协调发展趋势显现，粮食等初加工向产区集中趋势明显。

14. 农业产业化经营。2011年，我国农业产业化快速发展，组织数量大幅增加，龙头企业经济实力不断壮大，辐射带动能力明显增强，有力地促进了农业稳定发展和农民持续增收。截至2011年底，各类产业化组织达到28万个，其中龙头企业11万家，各类产业化组织带动农户1.1亿户，农户从事产业化经营年户均增收2 400多元，基地规模占全国农业生产总规模的60%以上。2011年龙头企业销售收入达5.7万亿元，出口创汇额占全国农产品出口额的80%以上，所提供的农产品及加工制品占农产品市场供应量的1/3，占主要城市“菜篮子”产品供给的2/3以上。

15. 农产品市场体系建设。截至2011年底，全国农产品批发市场4 300多家，全年交易额达到4万亿元。规模化市场发展较快，截至2010年底，全国亿元以上农产品专业批发市场发展到981家，比2004年增长1.5倍；摊位数53.7万个，增长1.9倍；营业面积达到4 063.7万平方米，增长2.9倍；年成交额10 593.2亿元，增长3.9倍。从市场结构看，在2010年亿元以上专业农产品批发市场中，粮食市场占11%，肉粮禽蛋市场占12.6%，水产品市场占15.3%，蔬菜市场占30%，干鲜果品市场占15%，棉麻土畜烟叶产品市场及其他农产品市场占16%。

16. 农业信息体系建设。农村信息工作体系日趋完善。2011年，全国所有省市区农业部门设立了农业信息化管理和服务机构。全国乡村信息服务站达到100万个，农村信息员70万人。“金农工程”一期初步建成了农业电子政务平台，提高了农业部门决策、管理和服务“三农”的能力。初步整合和构建了有关农业信息资源数据库，建成了农业监测预测、农产品和农业生产资料市场监管、农村市场和科技信息服务三大系统和一个农业综合门户网站，建立了农业电子商务标准体系，为全国农业信息化“标准先行”打下了基础。

17. 农产品质量安全管理。2011年，农产品质量安全监管体系建设进一步加强，农产品质量安全监管能力不断提升。农业部在全国范围内实施了高毒农药、畜产品“瘦肉精”、生鲜乳违禁物质、兽药、水产品禁用药物和农资打假等6个农产品质量安全专项治理行动，成效明显。全年没有发生重大农产品质量安全事件，农产品质量安全整体水平稳中有升，蔬菜、畜禽产品和水产品监测合格率分别为97.4%、

99.6%和96.8%，蔬菜和水产品同比上升0.6和0.1个百分点，畜禽产品持平，农产品质量安全监测合格率连续2年稳定在96%以上。农业标准化扎实推进。2011年，修改形成农药最大残留限量1 795个，新制定农业国家和行业标准494项；新创建蔬菜水果茶叶标准园、畜禽标准化规模化养殖场、水产健康养殖示范场1 993个，新创建全国农业标准化示范县45个；新认证无公害农产品、绿色食品和有机农产品2.94万个，登记保护农产品地理标志产品300个。

18. 农业科研、推广与教育。农作物转基因生物新品种培育重大专项成效显著。转基因抗虫棉产业化全面推进，累计推广14 466.67千公顷，使国产抗虫棉份额达到93%，实现经济效益210亿元。

现代农业产业技术体系建设进展良好。50个产业技术体系积极开展种质资源引进、收集与研究利用工作，创制新型育种材料，研究提出了综合性栽培和病虫害防控技术规程。据不完全统计，2011年34个作物体系共育成并通过国家级和省级品种审定365个；制定各类标准和技术规程241个；申请专利411项，其中授权专利302项；获各类成果206项，其中国家级奖励成果6项、部省级奖励成果52项。

农业公益性行业科研专项成果丰硕，推进了良种良法配套，加快了农机农艺结合，支撑了农业防灾减灾，促进了农业可持续发展。

农民教育和培训工作成绩斐然。继续实施农村劳动力培训阳光工程，全年培训农村劳动力300万人，为现代农业发展和新农村建设提供了有力的人才支撑。

19. 农业农村人才队伍建设。2011年，编制了《农村实用人才和农业科技人才队伍建设中长期规划（2010—2020年）》，指导各省（自治区、直辖市）加强农村实用人才和农业科技人才队伍建设。组织召开全国农业农村人才工作座谈会和农业部农业农村人才工作领导小组会暨现代农业人才支撑计划启动会。评选产生了首批50名农业科研杰出人才，示范性培养1 000多名农业技术骨干人才、3 000名农业产业化龙头企业和农民专业合作组织负责人、7 000名农村生产能手和3 000名农村经纪人。继续开展农村实用人才带头人培训。举办50期培训班，示范培养5 000名基层组织负责人、农民专业合作组织负责人和大学生村官。实施农村实用人才“百万中专生计划”，全年招生15万人。

20. 农业行政能力建设。2011年，农业公共服务机构建设得到加强。乡镇农技推广机构建设进展顺利，95%的县（市）初步完成乡镇农技推广机构改革任务。兽医管理体制改革成效显著，按照乡镇或者区域设置乡镇畜牧兽医站33 083个，村级动物防疫员队伍64.5万人，全国、省、市、县兽医行政管理、动物卫生监督和动物疫病防控工作体系基本建成。农产品质量安全监管机构建设取得积极进展，检验检测体系逐步完善，有30个省（自治区、直辖市）成立了农产品质量安全监管专门机构，建设各级质检机构2 200多个，检测人员2万多名。

21. 农业灾害与病虫害防治。2011年，全年农作物受灾面积32 470.67千公顷，其中成灾12 441.33千公顷，绝收2 892.00千公顷，分别比上年减少4 955.33千公顷、6 096.67千公顷和1 971.33千公顷。全年因各种气象灾害损失粮食3 485万吨，比上午减少675万吨。

全国农作物病虫草鼠害发生面积473 710.82千公顷次，造成粮食损失1 861.45万吨，棉花损失49.39万吨，油料损失85.78万吨。全年累计防治面积554 812.63千公顷次，通过防治挽回粮食损失9 141.02万吨，挽回棉花损失189.88万吨，挽回油料损失337.11万吨。

2011年，全国共发生草原火灾83起，其中一般草原火灾81起，较大草原火灾1起，重大草原火灾1起。受害草原面积为17 473.5公顷，无人员伤亡和牲畜损失。草原鼠害危害面积38 666.67千公顷，约占全国草原面积的10%，与上年基本持平。草原虫害危害面积为17 333.33千公顷，占全国草原面积的4.4%，较上年减少2.3%。

全国疫情形势总体保持平稳，未发生区域性重大动物疫情。

各类自然灾害共造成167.83万公顷养殖面积受灾，水产品损失227.43万吨，死亡（失踪）127人，重伤31人，直接经济损失289.05亿元。

22. 农业可持续发展。2011年，在16个省（自治区、直辖市）的133个村开展农村清洁工程示范村建设。积极推广畜禽粪便、生活污水、生活垃圾、秸秆等生产、生活废弃物资源化利用技术，变废为宝，化害为利，实现了村容整洁。

农业生物资源保护取得新进展。开展农作物近源野生植物、野生果树和野生药用植物等农业野生植物物种资源调查与抢救性收集，共收集种质资源1 000多份。开展农业野生植物资源原位保护，新建农业野生植物原生境保护区（点）13处，对野生猕猴桃、中华水韭、野生茶、野大豆等具有重要农业应用价值的濒危物种进行了保护。

农业面源污染防治工作取得新突破，设立245个定位监测点，在重点流域开展农业面源污染监测，建设农业面源污染综合防治示范区，基本摸清了我国主要流域面源污染状况。

2011年，中央投资43亿元支持发展农村沼气。全国沼气用户达4 168万户，各类大中小型沼气工程8万处，生活污水净化沼气池19万处，沼气年产量150亿立方米，年减排二氧化碳6 100万吨。

23. 农业国际合作与交流。2011年，农业部部长率团出席联合国粮农组织第37届大会、首届二十国集团农业部长会议、第二届金砖国家农业部长会议，深入参与国际粮农政策协商，取得了良好的反响和效果。

务实开展高层交流，有效推动了《中美农业合作战略规划》等双边合作文件的签署。深化贸易政策协调，推动中国园艺产品、水产品输美问题得到有效解决，有效应对美国牛肉输华问题。努力推动“走出去”和“引进来”。截至2011年底，我国先后派出近千名援外农业专家和技术人员；农垦企业已建立了27家境外企业；与有关国家、国外农业机构和国际组织先后建立了60多个联合实验室和国际科技合作中心。

2011年农业和农村政策

24. 增加农业补贴。2011年中央财政安排用于“三农”的支出10 497.7亿元，比上年增加1 917.7亿元，增长22.4%。其中，安排农业“四补贴”1 406亿元，比上年增加180亿元，增长14.7%。此外，安排畜禽良种补贴11.9亿元。补贴机制不断完善，政策时效性进一步增强，有力地促进了农业生产和农民增收。

中央财政安排农作物良种补贴资金220亿元，比上年增加16亿元。良种补贴规模进一步扩大，部分品种标准进一步提高。水稻、小麦、玉米、棉花、东北和内蒙古的大豆、长江流域10个省、直辖市和河南信阳、陕西汉中和安康地区的冬油菜实行全覆盖。

中央财政安排农机具购置补贴175亿元，比上年增加20亿元。补贴机具种类涵盖12大类46个小类180个品目，在此基础上各地可再自行增加30个品目。

中央财政安排种粮直接补贴151亿元，农资综合补贴835亿元，在春耕前通过“一卡通”或“一折通”直接兑付到农民手中。农资综合补贴动态调整制度遵循了“价补统筹、动态调整、只增不减”的原则，补贴机制进一步完善。

安排畜牧良种补贴项目资金11.9亿元，补贴涉及生猪、奶牛、肉牛、羊和牦牛5个畜种。

25. 农村土地承包管理。2011年，农业部等六部门联合成立了全国农村土地承包经营权登记试点工作领导小组，制定下发了《关于开展农村土地承包经营权登记试点工作的意见》，在28个省（自治区、直辖市）确定了50个县（市、区）为全国农村土地承包经营权登记试点地区，共涉及710个乡镇、1.2万个村、477万农户、2 252.67千公顷耕地。农村土地流转规范管理和服务得到加强。全国已有800多个县市设立了土地流转有形市场，1.3万多个乡镇设立了土地流转服务中心。土地承包纠纷调处体系建设逐步建立健全。全国共设立农村土地承包仲裁委员会1 848个，聘任仲裁员16 497名。

26. 农村集体资产与财务管理。农村集体资产财务监管体系不断强化。2011年底，全国村集体财务公开的比例达到96.3%，超过93.5%的村建立民主理财小组。实行了村会计委托代理制的乡镇数达到2.89万个，占乡镇总数的79.4%，涉及村数49.7万个，占总村数的81.2%。县级农村审计监督全面开展，2011年全国各地对41.4万个村进行了农村集体经济审计，占总村数的67.7%，查出违纪单位0.84万个，涉及违纪资金5亿元。农村集体经济组织产权制度改革取得积极进展。截至2011年底，全国实施产权制度改革的村数为2.32万个，其中，已完成产权制度改革的村1.66万个，正在组织实施产权制度改革的村0.66万个，比上年增长17.1%。

27. 减轻农民负担。2011年，重点开展了向村级组织收费专项清理活动，全国对村级组织的清理面达75.9%，查处违规收费案件15 152件。农业部与8省（自治区）联合选择农民负担问题较为突出的9个县（市）和1个地级市开展综合治理，为农民减负1.07亿元。组织交通、国土、计生等部门开展了有关农民负担问题的行业自查。国土、计生系统力度较大，共查处问题725个，撤销违规文件74个，进一步规范了部门涉农收费行为。

2011年，全国农民直接承担的费用（包括上交集体各种款项、各种社会负担、一事一议筹资及以资代劳）人均44.2元，比上年增长14.4%。

28. 推进农村综合改革。2011年，全国共有33 631个乡镇已经完成或正在进行机构改革，占乡镇总数的98%。其中，24个省（自治区、直辖市）已全面完成改革任务。

农村义务教育改革顺利实施。从2011年起将农村义务教育阶段学校生均公用经费基准定额提高100元，中西部地区已经达到年生均小学500元、初中700元的标准，东部地区已达到年生均小学550元、初中750元的标准。中央财政下达农村义务教育经费保障机制改革资金859.1亿元，全国约1.3亿名农村义务教育阶段学生全部享受免学杂费和免费教科书政策，中西部地区约1 228万名家庭经济困难寄宿生获得生活费补助。

县乡财政管理体制改革稳步推进。2011年底，全国共有27个省份对1 080个县实行了财政直接管理，2.93万个乡镇实行了乡财县管。中央财政继续加大对县级基本财力保障机制的支持力度，2011年安排奖补资金775亿元，比上年增长63.2%。

“一事一议”财政奖补工作在全国范围内全面推开。全国2 845个县、27.3万个行政村开展了“一事一议”财政奖补，共建设35.5万个项目，4.7亿农民受益。公益性乡村债务清理化解工作稳妥推进。截至2011年底，全国累计偿还农村义务教育债务921亿元，完成农村义务教育化债工作目标的96%，惠及农村债权人280多万人。

29. 推进农民专业合作社发展。2011年，国家对农民专业合作社的扶持力度进一步加大，中央财政专项扶持资金达7.5亿元，比上年增加约36%。农业部从2004年起开展农民专业合作组织示范项目，扶持了1 199个农民专业合作组织。示范社建设行动深入开展。首批农民专业合作社示范社6 663家，社均年盈余25.74万元，比全国平均水平高1.89倍；成员主要生产资料统一购买率、主要产品（服务）统一销售（提供）率超过80%。2011年，农民专业合作社数量继续保持快速增长。截至2011年底，全国工商登记的农民专业合作社达52.17万家，比上年增长37.6%；出资总额达到7 245亿元，同比增长59.4%；实有入社成员4 100万户，占全国农户总数的16.4%。

30. 深化农村金融改革。新型农村金融机构继续快速发展。2011年末，全国已组建新型农村金融机构786家，其中村镇银行726家，贷款公司10家，农村资金互助社50家。乡镇金融机构和服务空白问题加快解决。2011年共解决了616个空白乡镇机构覆盖问题。农村信用社改革继续深化。2011年末，全国已有402家由农村信用社改制组建的农村银行机构，其中农村商业银行212家、农村合作银行190家。

截至2011年末，银行业金融机构涉农贷款余额达到14.6万亿元，比上年同期增长24.9%，高于各项贷款平均增速8.8个百分点。其中，农村中小金融机构继续发挥支农服务主力军作用，占涉农贷款增量的30%。银行业金融机构农户贷款余额3.1万亿元，当年增加5 079亿元，比上年增长19.1%。

31. 农产品市场调控。近年来，我国农产品市场调控政策不断强化和完善，已经形成了以市场调节为主，以政府调控为辅的农产品市场运行和管理机制。主要调控政策包括由最低收购价、临时收储、预案调控等组成的农产品收购与价格支持政策，由中央储备和地方储备等组成的农产品储备制度，以及调剂国内余缺为主要目标的农产品进出口政策等。这些政策的实施，为保护农民农业收益和生产积极性，保障和稳定市场供应发挥了重要作用。

32. 基层农业技术推广体系改革与建设。2011年，基层农业技术推广体系改革与建设继续全面深化，乡镇农技推广机构普遍健全，运行机制不断完善，条件建设进展加快，公共服务能力显著增强。中央安排投资10亿元，支持全国31个省份的1 084个县建设7 428个乡镇推广机构。继续实施基层农技推广体系改革与建设示范县项目，在800个示范县遴选8万名技术指导员，培育80万名科技示范户，建设8 000个农业科技试验示范基地。农业技术推广法修订被全国人大列入2011年立法计划，农业部起草完成了农业技术推广法修正案草案（征求意见稿）。

33. 兽医管理体制改革。全国31个省（自治区、直辖市）完成了本级兽医工作机构改革，省、市、县三级分别组建了兽医行政管理、动物卫生监督和动物疫病预防控制机构。基层动物防疫公共服务机构普遍健全。新型兽医制度建设稳步推进。全国共有18 563人取得了执业兽医师资格，25 277人取得了执业助理兽医师资格。

34. 农村劳动力转移。2011年，中央继续加大农村劳动力转移工作力度，多渠道、多措施促进农村劳动力转移。2011年，全国农民工总量达到25 278万人，比上年增加1 055万人，增长4.4%。其中，外出农民工15 863万人，增加528万人，增长3.4%。接受各项政府补贴职业培训的农村劳动力累计达1 700多万人次，并得到职业技能鉴定服务。2011年，全国25个省份上调了最低工资标准，平均增幅22%。外出农民工月均收入2 049元，比上年增长21.2%。全国劳动监察部门共为129.2万名农民工补发被拖欠工资及赔偿金29.4亿元。外出受雇农民工被拖欠工资的比例为0.8%，比上年下降了0.6个百分点。农民工社保参保率有所提高，公共服务不断改善。2011年，农民工参加养老保险、医疗保险、失业保险和生育保险的比例分别为13.9%、16.7%、8.0%和5.6%，分别比上年提高4.4、2.4、3.1和2.7个百分点。1 167万名农民工随迁子女在城市接受义务教育。

35. 农业法制建设。2011年底，农业立法工作继续加强。国务院修订通过了《饲料和饲料添加剂管理条例》，农业部修订了《农作物种子生产经营许可证管理办法》，发布了《农作物种子生产经营许可管理办法》、《水产种质资源保护区管理办法》、《农业机械事故处理办法》等一批文件，对25件农业行政法规、156件规章和192件规范性文件涉及行政强制的规定进行了全面清理。农业综合执法扎实推进。全国已有237个市、2 286个县开展了农业综合执法，县级覆盖率达到应建比例的98.2%，23个省（自治区、直辖市）均已实现县级综合执法全覆盖。

2011年农业发展与国民经济

36. 农业对国民经济的贡献。2011年，我国实现农业增加值47 712亿元，比上年增长4.5%，增幅比上年上升0.2个百分点。农业增加值占国内生产总值的比重为10.1%，农业增长对国民经济增长的贡献份额为10.2%，上升2.6个百分点。农产品进出口贸易总额占全国进出口贸易总额的4.3%，比上年上升0.2个百分点。其中，出口占3.2%，上升0.1个百分点；进口占5.4%，上升0.2个百分点。

37. 农业与国民收入分配。2011年，全国农民纯收入总量为45 810.2亿元，占当年国内生产总值的比重为9.7%，比上年下降了0.3个百分点。全国城镇居民可支配收入总量达到150 659.9亿元占国内生产总值的比重是31.9%，比上年下降0.1个百分点。全社会固定资产投资中用于农村的绝对数比上年大幅减少75.3%，城乡固定资产投资严重不平衡。

38. 工农业发展比例关系。2011年，全国工业增加值188 572亿元，比上年实际增长10.7%，增速下降0.5个百分点；农业增加值实际增长4.5%，增速上升0.2个百分点。2011年，工业增加值与农业增加值增长速度之比由上年的2.81 ：1缩小到2.38 ：1。工农业之间均衡增长和良性循环的机制正在逐步建立。

39. 农村非农产业发展与国民经济增长。2011年，乡镇企业增加值占国内生产总值的比重为28.2%，与上年持平。乡镇企业从业人员占全国就业人员比例为21.2%，比上年提高1.1个百分点。农村居民工资性收入以及来自家庭经营非农产业的纯收入占农民人均纯收入的52.5%，比上年上升了1.3个百分点。

40. 城乡居民收入差异。2011年，全国农村居民人均纯收入比上年实际增长11.4%，增速提高0.5个百分点；城镇居民人均可支配收入比上年实际增长8.4%，增速比上年提高0.6个百分点；农村居民收入增速比城镇居民高3.0个百分点。城镇居民人均可支配收入与农村居民人均纯收入之比由上年的3.23 ：1继续缩小到3.13 ：1；农村居民人均现金收入相当于城镇居民人均可支配收入的39.6%，比上年提高2.5个百分点。但城乡居民收入不平衡的问题依然突出，主要表现在城乡居民收入的绝对差距继续扩大，由上年的13 190元扩大到14 833元。

41. 城乡居民消费差异。2011年，城镇居民人均生活消费支出15 161元，名义增长12.5%，增速比上年提高2.7个百分点；农村居民人均消费支出5 221元，名义增长19.2%，增速提高9.5个百分点。城乡居民人均生活消费支出比由上年的3.07 ：1下降到2.90 ：1。但城乡居民消费的绝对差距继续扩大，2011年城镇居民人均生活消费支出比农村居民多9 940元，比上年扩大850元。

42. 区域经济发展差异。2011年，东、中、西部和东北地区占全国国内生产总值的比重分别为52.0%、20.1%、19.2%和8.7%，与上年相比，东部地区下降了1.0个百分点，中部地区上升了0.4个百分点，西部地区上升了0.5个百分点，东北地区上升了0.1个百分点。东部、中部、西部和东北地区国内生产总值之比为5.98 ：2.31 ：2.21 ：1，与上年相比，差距进一步缩小。农民收入的区域差异也有所缩小，但消费水平差异有所扩大。

2012年农业发展趋势

43. 发展目标和任务。中央农村工作会议提出，2012年要深入贯彻落实科学发展观，同步推进工业化、城镇化和农业现代化，围绕强科技保发展、强生产保供给、强民生保稳定，进一步加大强农惠农富农政策力度，奋力夺取农业好收成，合力促进农民较快增收，努力维护农村社会和谐稳定。按照中央部署，农业部提出2012年要以稳定发展粮食生产为重点，加快农业科技进步，全面推进现代农业建设，坚持“两个千方百计、两个努力确保”目标不动摇，千方百计使粮食产量稳定在10 500亿斤以上、农民收入增幅保持在7.5%以上，努力确保不发生重大农产品质量安全事件和区域性重大动物疫情，持续提高农产品供给保障能力，为实现经济社会平稳较快发展提供基础保证。并明确重点做好八个方面的工作：一是完善和落实好强农惠农富农政策，二是全力夺取粮食生产好收成，三是稳定发展“菜篮子”产品生产，四是强化农产品质量安全监管，五是毫不松懈地抓好重大动物疫病防控，六是加强农产品市场体系建设，七是加快现代农业重大工程项目建设，八是努力拓宽农民增收渠道。

44. 农业发展面临的条件。2012年，中央财政用于“三农”的投入拟安排12 287亿元，比上年增加1 868亿元，农业农村发展面临的政策环境将更加有利。国家将继续增加粮食直补、良种补贴、农资综合补贴和农机具购置补贴，新增补贴向主产区、种养大户、农民专业合作社倾斜。落实农资综合补贴动态调整机制，适时增加补贴。扩大农机具购置补贴规模和范围，进一步完善补贴机制和管理办法。增加产粮（油）大县奖励资金，加大生猪调出大县奖励力度。研究建立公益林补偿标准动态调整机制，进一步加大湿地保护力度。加大对牧业、牧区、牧民的支持力度，草原生态保护补助奖励政策覆盖到国家确定的牧区半牧区县（市、旗）。加大村级公益事业建设一事一议财政奖补力度，积极引导农民和社会资金投入“三农”。加大农村金融政策支持力度，持续增加农村信贷投入，确保银行业金融机构涉农贷款增速高于全部贷款平均增速。

但农业农村发展也将面临更多的困难。粮食在“八连增”后继续稳定发展的难度明显加大，耕地、水和劳动力等资源约束进一步加剧，农业生产成本持续上升，农业劳动力数量和质量双下降的趋势难以改变，保持农产品市场稳定难度加大，气候因素存在不确定性，农业防灾减灾压力加大，连续丰收后忽视、放松粮食和农业的倾向容易出现等，使得农业农村保持稳定发展的任务十分艰巨。

45. 农业发展趋势判断。根据农业部农民种植意向调查，预计2012年全国粮食意向种植面积比上年增长0.37%。另据2月底全国500个农情基点县调查，全年粮食意向种植面积比2011年增长1.16%。其中，玉米、水稻、马铃薯意向种植面积分别增长1.6%、0.5%、1.5%，小麦基本持平，大豆下降4.7%。棉花意向种植面积减少5.0%，糖料减少1.3%。油料增长0.5%，蔬菜增长2.2%。预计生猪生产保持基本稳定，禽肉禽蛋继续稳定增加；牛羊肉供给偏紧；奶业生产继续恢复；水产品保持稳步增长。农产品贸易逆差将持续扩大，农民收入有望继续保持较快增长。

目 录

正文附图

正文专栏

附 表

2011年

农业发展状况

2011年农业发展状况

总体状况

2011年是“十二五”计划的开局之年，也是国内外形势异常严峻的一年。干旱、洪涝等自然灾害频繁发生，宏观经济形势复杂多变，“防通胀、保供给、稳物价”任务很艰巨，世界经济形势动荡、政治局势极不稳定。党中央、国务院审时度势、着眼全局，继续大幅度增加“三农”投入，巩固完善强农惠农富农政策，不断强化对粮食和农业生产的支持力度。各级农业部门按照中央部署，紧紧围绕“两个千方百计、两个努力确保”的目标，齐心协力，奋力拼搏，积极应对复杂多变的国内外环境，农业农村经济保持了稳定发展的良好态势，实现了“十二五”良好开局，为我国经济平稳增长、社会稳定和谐奠定了坚实基础。

（一）粮食产量连续八年增长 2011年，粮食产量再创历史新高，达到57 121万吨，比上年增加2 473万吨，首次迈上11 000亿斤新台阶，实现半个世纪以来首次连续8年增产。8年累计增产14 051万吨，年均增产1 750万吨，是新中国成立以来增产幅度最大的时期。粮食单产再创历史新高，达到亩产344.4千克，比上年提高12.8千克，8年提高55.6千克，年均提高7千克，是新中国成立以来单产提高最快的时期之一。粮食产量首次连续5年达到5亿吨以上，粮食综合生产能力稳定登上了5亿吨的台阶。

（二）主要农产品稳定增产 2011年，棉花生产扭转连续3年下滑的局面，产量达到659万吨，增产63万吨。油料生产保持连续4年增长，产量3 307万吨，增产77万吨。糖料生产恢复发展，产量1.25亿吨，增产508万吨。蔬菜保持面积、单产、总产同步增长，预计产量6.79亿吨，增产2 830万吨。水果、茶叶等经济作物继续保持稳定增产的良好势头，增产幅度分别达到9.5%和10.0%。

全年肉类、禽蛋、奶类总产量分别为7 958万吨、2 811万吨和3 811万吨，分别比上年增长0.4%、1.8%和1.7%。其中，牛奶产量3 658万吨，增长2.3%。

水产品总产量5 603.21万吨，同比增长4.3%；渔民人均纯收入10 011.65元，同比增长11.7%。按当年价格计算，全社会渔业经济总产值15 005.01亿元，实现增加值6 881.67亿元。

（三）农村经济平稳发展 2011年，全国乡镇企业营业收入531 002亿元，同比增长11.1%；实现利润总额32 426亿元，同比增长11.0%，销售利润率达6.1%；全年上交税金13 413亿元，同比增长12.2%。全年实现农垦生产总值4 212.47亿元，比上年增长13.5%，连续9年保持12%以上增速。人均农垦生产总值31 691元，同比增长12.6%；人均纯收入9 344元，比上年实际增长9.2%。

（四）农业生产条件明显改善 2011年，全国农业机械总动力达9.77亿千瓦，同比增长5.3%，增幅连续4年超过5%，持续保持快速增长。全国农作物耕种收综合机械化水平达54.8%，同比提高2.5个百分点，连续6年保持2个百分点以上的增幅。粮食作物生产机械化稳步推进，薄弱环节机械化继续快速提升。全国草原综合植被盖度达51%，天然草原鲜草产量突破10亿吨，达10.02亿吨，增加2.7%；草原生态保护补助奖励机制全面启动，全国累计落实草原承包面积242 666.7千公顷，完成种草改良面积10 446.67千公顷，建设草原围栏7 000千公顷，禁牧草原95 066.67千公顷，推行草畜平衡面积143 866.67千公顷；重点天然草原牲畜超载率持续下降。

2011年，国家共安排支持农业生产资金1 309.89亿元，比上年增加28.45%，其中基本建设投资267.86亿元，财政专项资金1 042.03亿元。各类资金重点用于农田建设、新一轮"菜篮子"工程、草原建设与农业生物资源保护、全国农村废弃物资源利用、现代农业公共服务能力条件建设和生产救灾等六个方面建设。

（五）农产品贸易繁荣稳定 截至2011年底，全国共有农产品批发市场4 300多家，全年交易额达到4万亿元。2011年，我国农产品进出口贸易总额为1 556.2亿美元，同比增长27.6%。其中，出口额607.5亿美元，增长23.0%；进口额948.7亿美元，增长30.8%。农产品贸易逆差为341.2亿美元，增长47.4%。2011年全国农产品生产价格持续高位运行，生产价格总水平比上年上涨16.5%，其中，1～4季度同比分别上涨15.6%、18%、20.5%和11.9%，第四季度涨幅缩小。

（六）农业产业化加快发展 产业化组织数量大幅增加，龙头企业经济实力不断壮大，辐射带动能力明显增强，有力促进了农业稳定发展和农民持续增收。截至2011年底，各类产业化组织达到28万个，其中龙头企业达到11万家，各类产业化组织带动农户达1.1亿户，基地规模占全国农业生产总规模的60%以上，农户从事产业化经营年户均增收2 400多元。龙头企业出口创汇额占全国农产品出口额的80%以上，所提供的农产品及加工制品占农产品市场供应量的1/3，占主要城市"菜篮子"产品供给的2/3以上。

（七）农产品质量安全稳步提升 2011年，农产品质量安全监管体系建设进一步加强，农产品质量安全监管能力不断提升，全年没有发生重大农产品质量安全事件。农产品质量安全整体水平稳中有升，蔬菜、畜禽产品和水产品监测合格率分别为97.4%、99.6%和96.8%，农产品质量安全监测合格率连续2年稳定在96%以上。

（八）农民收入增长平稳，生活水平进一步提高 2011年全国农村居民人均纯收入6 977元，比上年增加1 058元，实际增长11.4%，增速比上年提高0.5个百分点。其中，工资性收入2 963元，同比增加532元，对农民增收的贡献率达50.3%；家庭经营纯收入；3 222元，增加389元，增长13.7%，增速同比提高1.6个百分点。

2011年，农村居民人均消费支出5 221元，比上年增加839元，扣除价格因素影响，实际增长12.6%。

种植业

2011年是种植业生产取得突出成就的一年。面对频繁多发的自然灾害、异常波动的农产品市场、变幻莫测的外部环境，各地各部门在党中央、国务院的坚强领导下，认真贯彻各项决策部署，积极落实各项扶持政策，有效应对各种风险挑战，粮食和种植业发展取得了超出预期的好成绩，实现了"十二五"良好开局，为稳增长、控通胀、保民生做出了重要贡献。

（一）粮食实现"八连增" 粮食产量再创历史新高，达到57 121万吨，比上年增加2 473万吨，首次迈上11 000亿斤新台阶，实现半个世纪以来首次连续8年增产（图1、图2）。8年累计增产14 051万吨，年均增产1 750万吨，是新中国成立以来增产幅度最大的时期。粮食单产再创历史新高，平均亩产达到344.4千克，比上年提高12.8千克，8年累计提高55.6千克，是新中国成立以来单产提高最快的时期之一。粮食产量首次连续5年达到5亿吨以上，综合生产能力稳定登上了5亿吨台阶。粮食呈现全面均衡增产的特点，夏粮、早稻、秋粮季季丰收，面积、总产、单产全面提高，水稻、小麦、玉米全部增产，三大主粮总产首次超过5亿吨。全国31个省份有29个实现增产，其中15个创历史新高，两个省超过5 500万吨。

（二）经济作物全面增产 棉、油、糖、果、菜、茶、烟等经济作物实现新世纪以来首次全面增产。棉花生产扭转连续3年下滑的局面，产量达到659万吨，比上年增产63万吨（图3）。油料生产保持连续4年增长，产量3 307万吨，增加77万吨（图4）。糖料生产恢复发展，产量1.25亿吨，增加508万吨（图5）。蔬菜保持面积、单产、总产同步增长，预计产量6.79亿吨，增加2 830万吨。水果、茶叶等经济作物继续保持稳定增产的良好势头，增产幅度均达到10%左右（图6）。

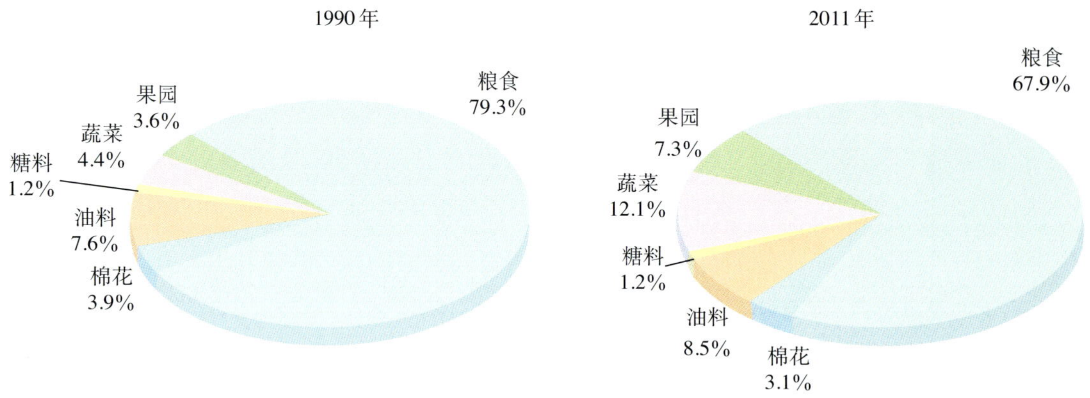

图1　1990、2011年农作物播种面积结构变动情况

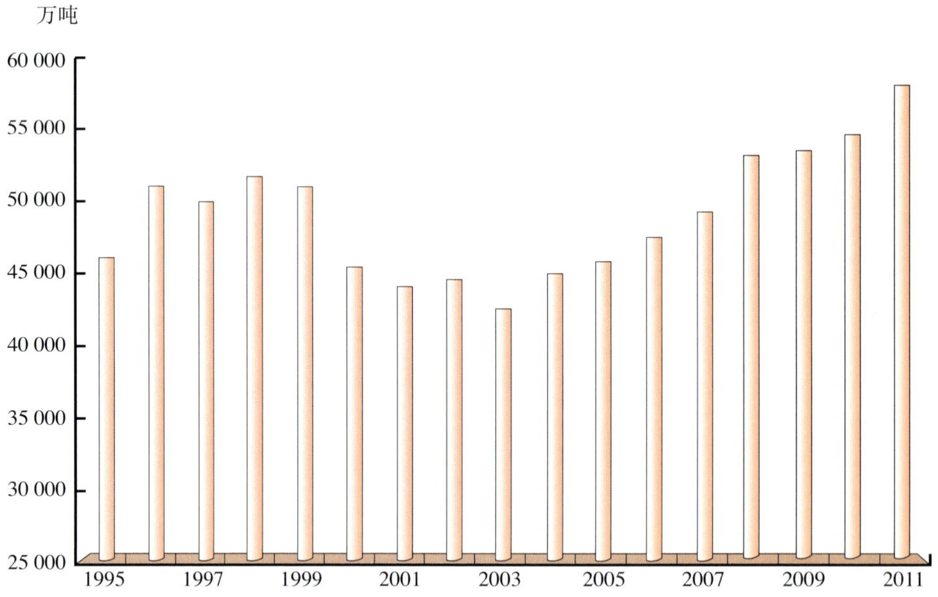

图2　1995—2011年粮食总产量变动情况

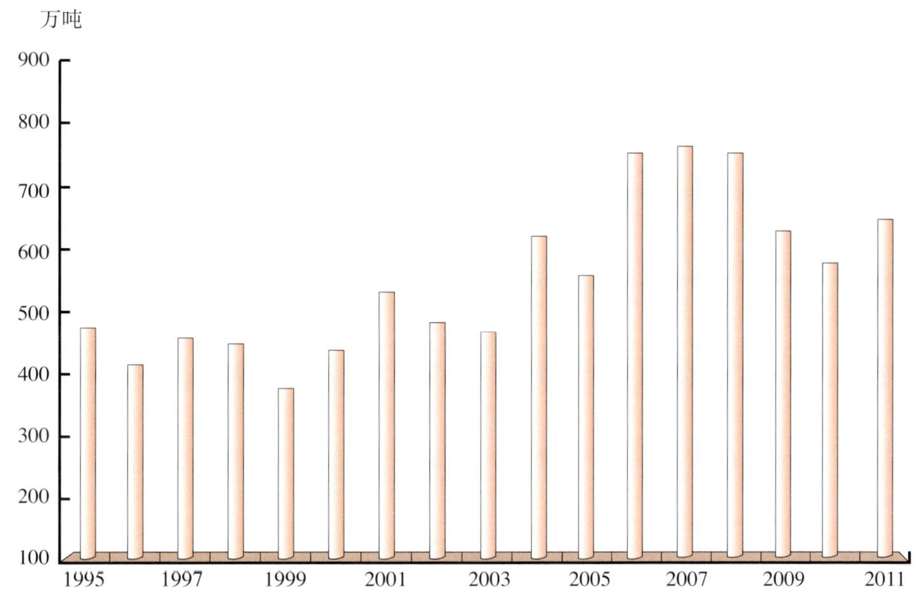

图3　1995—2011年棉花总产量变动情况

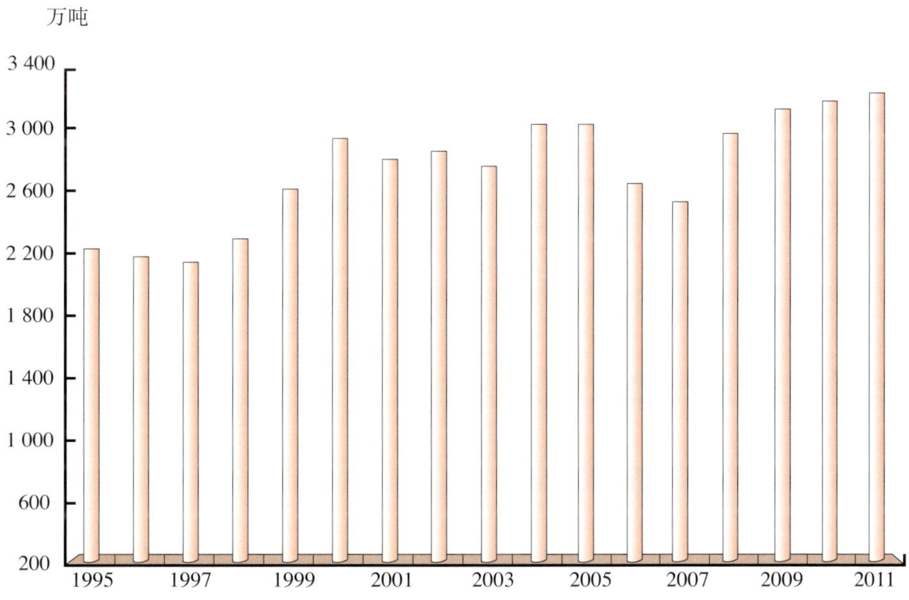

图4　1995—2011年油料总产量变动情况

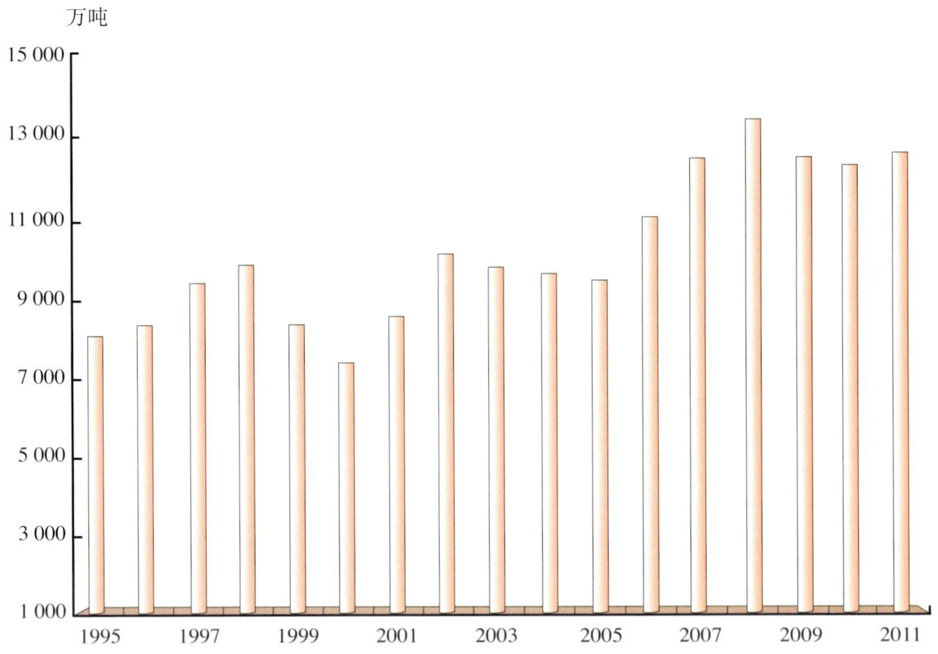

图5　1995—2011年糖料总产量变动情况

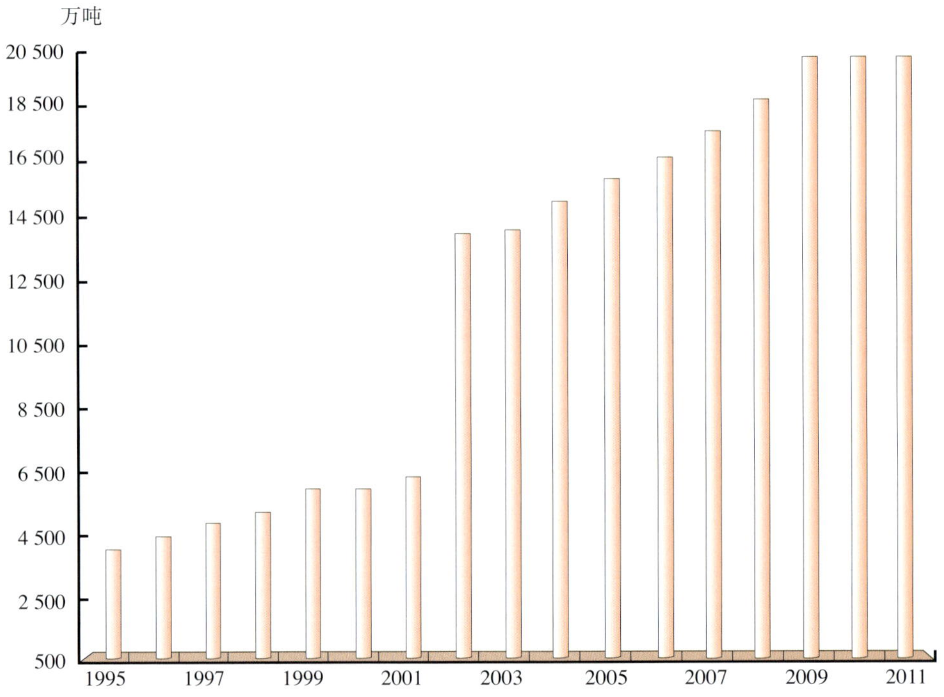

图6　1995—2011年水果总产量变动情况

注：2002年（含）以后水果总产量含果用瓜。

专栏1

实施全国粮食稳定增产行动

2011年，国务院组织开展粮食稳定增产行动，各地各部门通力合作、上下联动，有力促进了各类要素向粮食生产汇集，推动了各方面力量向粮食生产聚焦，取得了显著成效，为实现粮食“八连增”发挥了重要作用。

一是政策落实有力。中央出台了一系列强农惠农政策，针对性强，含金量高，兑现到位，有力支持了抗灾救灾，调动了农民生产积极性。国家发改委加强粮食市场调控，加快实施千亿斤粮食产能规划项目，认真落实粮食最低收购价政策。国土资源部严格落实耕地保护制度，加大农村土地整治力度，2011年补充耕地320多千公顷，建成高标准基本农田4 000多千公顷。财政部及早落实“四补贴”资金，积极落实弱苗施肥补助、大棚育秧、地膜覆盖、高产创建等补助资金，及时下拨农业生产救灾资金。2011年“三农”投入首次超过1万亿元，其中用于粮食的4 985亿元，比上年增加540亿元。

二是指导服务有力。科技指导服务力度大、效果好，提高了技术到位率。农业部组织专家分季节、分品种、分区域、分灾种制定下发了14个技术指导意见，组织开展科技大会战，组织全国农业科研、教学、推广单位的1万名专家和35万名农技推广人员，进村入户，开展技术服务。科技部组织实施粮食丰产科技工程、中低产田改良科技工程、种业科技工程等一批科技项目，开展科技特派员农村科技创业行动。水利部加强农田水利重点工程建设，尤其是在应对北方春旱、南方春夏连旱和西南秋旱中，科学调度水源，加强应急水源工程建设。中国气象局及时发布重大天气变化预警，加强气象防灾减灾工程建设，加大人工影响天气作业力度。监察部全力支持农资打假专项治理，加强对项目资金的监督检查。统计局预测分析粮食产量形势，指导各地搞好高产创建整建制推进县乡的测产验收。粮食局适时启动粮食最低收购价，认真落实好临时收储政策。

三是工作督导有力。2011年粮食生产督导规格之高、部门之多，多年少有。5月下旬和7月下旬，由11个成员单位的部级领导带队，分赴23个省（自治区、直辖市）开展工作督导和技术指导，传递了中央重农抓粮的强烈信号，有力推动了各项政策措施落实，营造了发展粮食生产的良好氛围。

四是表彰奖励有力。2011年底召开的全国粮食生产表彰奖励大会，是新中国成立以来表彰对象最全、规模最大、奖励最多、规格最高的一次。国家追加奖励资金51亿元，加大对产粮大省和大县的奖励力度。各地也积极开展粮食生产表彰奖励，22个省（自治区、直辖市）安排表彰奖励资金11.5亿元，表彰奖励一大批粮食生产先进市（地）、先进县（市、区）、农民专业合作组织等先进单位、先进工作者、有突出贡献的农业科技人员和种粮大户。

（三）种植业既增产又增效 2011年，多数种植产品市场价格较好，出口贸易大幅增长，种植业收益明显提高，对农民增收做出贡献突出。据海关统计，1—12月份，园艺作物累计出口1 544万吨，同比增长7%；出口额185亿美元，同比增长20.4%。初步统计，棉花、糖料、蔬菜、水果、茶叶5大经济作物实现产值1.83万亿元，增长14.4%。预计农民种植业人均增收400元左右，占农民人均纯收入增量的近40%。

（四）政策扶持力度加大 2011年，中央财政增加粮食大县奖励资金40亿元，对粮食生产大县除实行一般性转移支付政策奖励外，对增产部分再给予适当奖励。针对冬麦区持续冬春连旱，长江中下游地区旱涝急转和西南地区严重夏伏旱，中央果断出台了冬小麦抗旱浇水、弱苗施肥、大棚育秧等补助政策，资金额度达到40.8亿元。同时，大幅度增加高产创建和标准园创建资金规模。中央支持粮食和农业生产出台的政策频率之高、力度之大明显超过往年。各级农业部门精心组织，迅速落实，充分发挥政策的导向和激励作用，极大地调动了地方政府抓粮和农民种粮的积极性。

专栏2

园艺作物标准园创建成效显著

一、项目基本情况

近几年，蔬菜等园艺产品价格波动加剧、质量安全不稳定等问题突出，引起社会广泛关注。党中央、国务院对此高度重视，2010年国务院出台了三个文件，对促进蔬菜生产发展、保障市场供应等工作做了一系列部署。为贯彻落实国务院决策部署，加强全国“菜篮子”产品生产基地建设，提高应急供应保障能力、提升产品质量安全水平，农业部和财政部组织实施了园艺作物标准园创建重大项目。2011年中央财政设立专项，支持“菜篮子”产品标准化生产。其中，安排资金2.5亿元，重点支持创建蔬菜标准园500个，安排资金0.5亿元，支持创建水果标准园75个，茶叶标准园25个。

一年来，各级各地采取有力措施，扎实推进标准园创建，积累了宝贵的经验。

1. 强化责任落实。农业部与财政部联合制定、下发项目实施指导意见，并召开全国标准园创建工作布置会议和观摩交流会，明确了目标任务，完善了创建内容，提出了创建要求，规范了标准园创建及资金管理。各地把开展标准园创建作为提升园艺产业素质的重要措施，加强组织领导，强化统筹协调，明确目标任务，完善创建内容，落实行政负责人和技术责任人，有力有序地推进工作。

2. 强化技术指导。2011年，农业部举办标准园生产技术、产品质量管理培训班12期，培训专业合作社、龙头企业及农业部门技术骨干1 100多人。各地组织专家制定标准化生产技术方案，强化技术培训，开展指导服务，推动各项措施落实。据不完全统计，省、市、县三级农业部门共培训农技人员、专业合作社和企业80多万人次。

3. 强化质量管理。农业部组织专家制定标准园管理办法，对投入品、生产档案、产品检测、基地准出、质量追溯等5项质量管理制度进行规范，推动了标准园建立产品质量安全管理长效机制。

4. 强化示范引导。农业部创办园艺作物标准园创建信息网，编发《种植业快报》园艺作物标准园创建专刊16期，与《农民日报》合作开辟“走进园艺标准园”专栏，并刊发文章10篇，精心组织农交会标准园展，及时报道各地动态、经验和成效。同时，在电视、报刊、网络等媒体宣传园艺作物标准园创建的经验及取得的成效，加大宣传力度，扩大了社会影响。各地在关键农时季节，组织种植大户、专业合作社及农技人员，举办现场观摩，扩大了示范效应。

二、标准园创建取得了显著成效

1. 创建规模不断扩大。2011年，创建园数由上年的200个增加到600个，平均每个标准园的面积由2009年的83.33公顷扩大到108公顷，部分地区还涌现出一批万亩标准园。

2. 标准化生产有力推进。各地因地制宜制定并推广了适应于不同区域、不同作物的标准化生产技术模式，明显提高了生产水平。据统计，标准园亩均产量比创建前提高18%；600个标准园累计提供优质产品268.3万吨，增产40.8万吨。北方设施蔬菜标准园普遍采用防虫网加粘虫色板防控虫害、防雾滴棚膜加膜下滴灌防控病害的生态栽培技术模式，一般减少农药、化肥用量30%以上，节约用水50%以上。

3. 机制创新取得新进展。各地积极培育农民专业合作社，引入龙头企业，推行统一生产、统一加工、统一销售的经营方式，提升了组织化程度和产业化水平。据统计，标准园商品化处理率由2009年的63%提高到了目前的76%，贮藏保鲜率由25%提高到了28%。

4. 产品质量和生产效益有新提升。2011年农业部标准园产品农残监测结果显示，水果合格率达100%，蔬菜99.9%，茶叶98.8%。

今后，园艺作物标准园创建将在总结经验的基础上，重点抓好“由园到区”、“由产到销”两个拓展，在更大规模、更广范围、更高层次上深入推进标准园创建，全面提升园艺产品质量、效益和综合生产能力。

（五）抗灾救灾效果显著 2011年冬麦区发生大范围、长时间冬春连旱，长江流域遭遇多年少见的春夏连旱，西南地区遭遇严重夏伏旱。面对频繁发生的自然灾害，各级农业部门加强监测预警，及时响应，科学指导，大力推进科学防灾减灾。在抗旱救灾的紧要关头，从中央到地方共有3万多名农业部门机关干部、16万名农业专家和技术人员深入基层开展巡回技术指导。北方冬麦区扎实推动播后镇压、抗旱浇水、弱苗追肥等措施落实，实现了夏粮抗旱夺丰收。长江中下游地区狠抓改种补种和田间管理，确保了中稻面积落实和早稻恢复性增产。西南地区千方百计扩大晚秋生产，切实减轻了旱灾损失。各级农业部门加强病虫害监测和防控指导，突出抓好小麦药剂拌种和条锈病源头区控制，有效处置黄淮玉米主产区二点委夜蛾的暴发，强化南方水稻黑条矮缩病联防联控，将病虫害损失降到最低。

（六）科技服务支撑有力 农业部积极创新和完善服务形式，增强科技示范带动能力。全年制定下发14个技术指导意见，贯穿粮食生产全过程，因时、因地、因作物提出管理措施，探索了粮食生产全程精细化管理的有效方式。粮食高产创建从点到面，在50个县、500个乡开展整建制试点，带动了大面积平衡增产。园艺作物标准园由200个扩大到600个，在蔬菜优势区域主产县全面推行高毒农药定点经营和实名制购药试点，推进了蔬菜、水果、茶叶优势产区质量水平稳步提升。继续禁用10种高毒农药，专业化统防统治面积达到43 333千公顷次，比上年增加8 667千公顷次；测土配方施肥面积达到80 000千公顷，增加6 667千公顷。各地通过"万名农业科技人员包万村"、"抗旱促春管大会战"等活动，及时把实用技术送到田间地头，有效提高了科技服务入户率和到位率。

专栏3

主要粮食中间消耗与收益

据对全国20 000个农业生产经营单位（规模户、生产大户）和农户的调查，2011年主要粮食中间消耗增加，收益大幅增长。

1．粮食中间消耗增长13%。2011年，平均每亩粮食中间消耗（不包括人工费用和土地成本，下同）为323.33元，比上年增加37.14元，增长13%。分品种看，粳稻平均每亩中间消耗最多，大豆最少；玉米平均每亩中间消耗增幅最高，早籼稻最小。2011年，小麦、玉米、早籼稻、晚籼稻、粳稻和大豆平均每亩中间消耗合计金额分别为337.21元、284.21元、374.75元、377.62元、437.33元和166.25元，比上年分别增长13.1%、13.9%、9.1%、13.1%、13.2%和11.5%。

2．粮食中间消耗增长的特点。一是单位产品中间消耗增幅小于亩均增幅。2011年平均每50千克粮食中间消耗40元，比上年增加2.3元，增长6.1%，增幅比亩均中间消耗增幅低6.9个百分点。单位产品中间消耗增幅较小的根本原因是粮食单产提高，显著降低了单位产品中间消耗增加额。

二是总消耗增长主要来源于化肥和机械作业增加。2011年平均每亩粮食的化肥消耗金额为126.33元，比上年增长13.9%，化肥消耗增加对总消耗增长的贡献率为41.5%；机械作业费用为77.57元/亩，比上年增长15.3%，机械作业费用增加对总消耗增长的贡献率为27.7%。近七成的粮食中间消耗增加额来源于化肥和机械作用费用增加。

三是服务消耗增幅较大，占总消耗的比重上升。2011年，亩均物质消耗和服务消耗分别为229.58元和93.75元，分别比上年增长12.5%和14.2%。服务消耗增幅较大，占总消耗的比重因此稍有上升，由上年的28.7%增加到29%，提高了0.3个百分点。

3．粮食中间消耗快速增加的主要原因。第一，农业生产资料价格大幅上涨是直接原因。据国家统计局城市司调查，2011年，全国农业生产资料价格比上年上涨11.3%，涨幅比上年高8.4个百分点。其中，化肥价格上涨13.3%；农药及农药机械价格上涨2.6%；农用机油价格上涨10.8%；农业生产服务价格上涨8.3%；其他农业生产资料价格上涨8.1%。分月来看，除第一季度外，其他月份农业生产资料价格同比涨幅都在两位数以上，9月份涨幅最高，达到15%。化肥和燃料价格涨幅较大，是化肥消耗和机械作业费用对粮食中间消耗增加的贡献率较大的主要原因。

第二，要素投入量增加及质量提高的影响。良种覆盖率扩大、耕种收综合机械化水平提高、农药化肥等农资投入量的增加和推广应用农业新技术等都会带来粮食中间消耗的增加。2011年，这些要素投入量或要素质量存在不同程度的增长或提高，一定程度上增加了粮食中间消耗。

第三，人工成本增加提高了农林牧渔服务业中间消耗。随着工业化和城镇化的快速推进，农村劳动力无限供给的局面已经发生深刻变化，“民工荒”现象此起彼伏，农民工工资快速上升，提高了农林牧渔服务业中间消耗。农民工监测调查结果表明，2011年外出农民工月均工资收入2 049元，比上年增长21.2%。

4．平均每亩粮食增加值增加。虽然平均每亩中间消耗（投入）增加，但因单产增加较多和价格快速提高，在扣除投入增加影响的基础上，2011年主要粮食品种增加值快速增长。据调查，2011年平均每亩粮食增加值为658.37元，比上年增加了116.75元，增长21%。分品种看，稻谷亩均增加值最高，为826.45元，比上年增加166.9元；大豆最低，为418.9元，比上年增加2.69元，基本持平；小麦和玉米分别为456.22元和719.96元，比上年分别增加57.17元和146.17元。

尽管粮食亩均增加值增加了两成多，但亩均粮食增加值仅为外出务工月均工资的32.1%，相对较低。如果扣除人工费用和土地费用，则亩均粮食增加值会更低。如果加上中央财政四项补贴85元/亩，2011年粮食亩均增加值为743.37元，占外出务工月均工资的36.3%，仍然不高。

粮食中间消耗上涨较快，粮食增加值相对较低，不利于提高农民种粮积极性和稳定粮食播种面积。应多措并举，切实提高粮食增加值。一是要加强农业物质装备水平和科技投入，稳步提高粮食单产水平；二是要坚持和完善最低收购价政策，确保粮食价格合理提高；三是要坚持和完善“四补贴”政策，遏制农资价格过快上涨，合理补偿粮食中间消耗。

畜牧业

2011年，生猪生产加快恢复，禽蛋业稳定发展，奶业持续振兴，畜产品质量稳步提升，饲料生产稳定增长，草原生态保护建设加快推进，“十二五”现代畜牧业建设实现了开门红。全年肉类总产量7 958万吨（图7），禽蛋总产量2811万吨，奶类总产量3 811万吨，分别比上年增长0.4%、1.8%和1.7%。畜产品价格合理回归，有力保障了城乡居民“菜篮子”产品供应，为国家管理通胀预期做出了突出贡献。

（一）生猪生产平稳向好 受2010年行情低迷和冬春仔猪成活率下降影响，生猪价格从年初开始上涨，5、6月份涨幅加大，9月中下旬开始逐步回落，至12月底又出现小幅上涨。生猪存栏从3月份开始连续9个月增长，能繁母猪存栏从5月份开始连续8个月增长，生猪

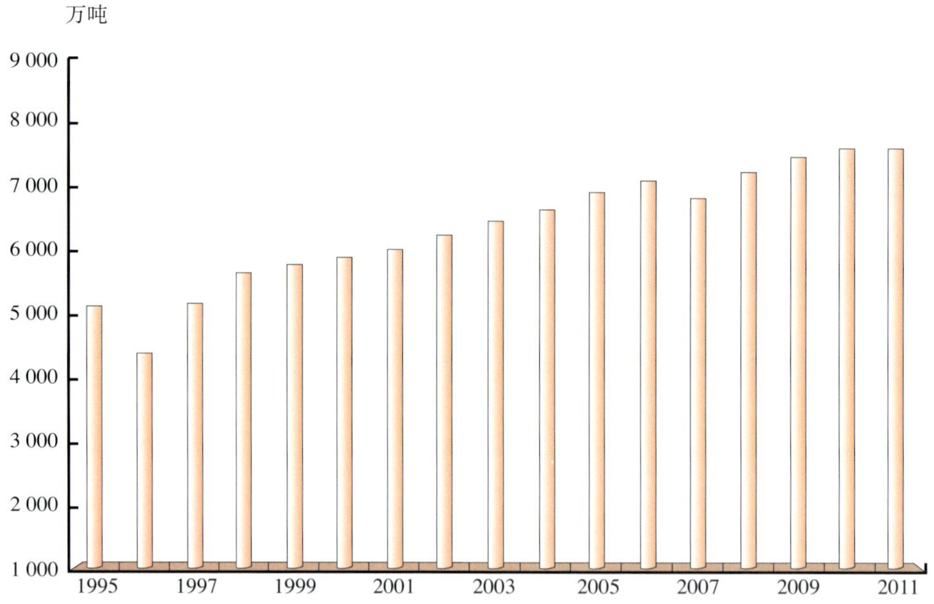

图7 1995—2011年肉类总产量变动情况

产能逐步恢复。年末生猪存栏46 767万头，同比增长0.7%。全年生猪出栏66 170万头，同比下降0.8%。全年出栏一头100千克肥猪平均利润约400元，盈利状况处于历史较好水平。

（二）家禽生产保持平稳，牛羊肉产量下降 鸡蛋价格在元旦春节期间上涨之后持续下降；4月底至9月中旬逐步上升，随后开始下降，至年底又有小幅回升。每只产蛋鸡平均利润约30元，处于近年来较好水平。牛羊肉价格自5月初到年底持续上涨，累计涨幅分别为12.9%和18.4%。全年牛肉产量647万吨，羊肉393万吨，同比分别下降0.9%和1.4%。

（三）奶业生产持续增长 全年牛奶产量3 658万吨，增长2.3%。生鲜乳价格维持在3.2元/千克左右，同比增长10.6%。一头年产5吨的奶牛年获利约2 100元，效益水平较好。全年养殖户亏损比例为18.8%，处于近3年较低水平。

（四）畜产品质量稳步提升 全年累计抽检生鲜乳样品1.14万批次，其中生鲜乳收购站9 800批次、运输车1 600批次，三聚氰胺检测合格率连续3年保持100%。养殖环节非法使用“瘦肉精”问题得到有效遏制，全年累计抽检活畜尿样等样品848万批次，检测合格率达99.98%。“瘦肉精”专项整顿取得明显成效，侦破案件125起，抓获违法犯罪嫌疑人980余人，打掉“瘦肉精”非法生产线12条、制售窝点19个，地下非法生产销售网络已基本被摧毁。

（五）草原保护建设全面提速 除内蒙古中西部地区外，春夏北方大部分草原降水量接近常年或偏多，气温正常或偏高，水热条件有利于草原牧草返青，草原植被长势总体较好。全国草原综合植被盖度达51%，天然草原鲜草产量突破10亿吨，达10.02亿吨，增加2.7%；草原生态保护补助奖励机制全面启动，全国累计落实草原承包面积242 667千公顷，完成种草改良面积10 446.67千公顷，建设草原围栏7 000千公顷，禁牧草原面积95 066.67千公顷，推行草畜平衡面积143 866.67千公顷；重点天然草原牲畜超载率持续下降。

（六）促进牧区发展政策全面加强 2011年，国务院召开全国牧区工作会议，出台了《国务院关于促进牧区又好又快发展的若干意见》（国发［2011］17号），提出了一系列促进牧区发展的政策措施，包括全面建立草原生态保护补助奖励机制，实施草原禁牧补助、草畜平衡奖励和生产资料综合补贴；实施牧区畜牧业转型工程，建设现代草原畜牧业；加强草原生态保护建设工程，增加人工草地、牲畜棚圈、草原固定监测点等建设内容，提高中央财政补助标准，取消县及县以下资金配套；启动牧区易灾县防灾抗灾能力建设工程，支持雪灾易灾县（旗、市）建设饲草料储备库，建立饲草料储备制度；发展牧区特色农畜产品加工业、草原文化产业和旅游业，落实税收优惠政策，促进牧民转产转业，扶持牧区拓宽牧民增收和就业渠道；加强牧区基础设施建设，加快实施游牧民定居工程，大力发展牧区社会事业，加大牧区扶贫开发力度，保障和改善牧区民生。这些政策措施的出台实施，为牧区又好又快发展创造了极为有利的外部环境。

专栏4

畜禽养殖标准化示范创建

2011年，农业部继续在全国生猪、奶牛、蛋鸡、肉鸡、肉牛和肉羊优势区域开展畜禽养殖标准化示范创建活动，下发了《2011年畜禽养殖标准化示范创建活动工作方案》，以“畜禽良种化、养殖设施化、生产规范化、防疫制度化和粪污无害化”为核心，创建了554个畜禽标准化示范场，通过示范场的辐射带动作用，提升畜禽养殖的标准化水平。

为了推动示范创建活动顺利进行，提高畜禽标准化示范场验收评分标准的实用性，农业部组织专家对2010年验收评分标准进行了修订完善，先后举办了两期畜禽养殖标准化示范创建技术培训班，聘请国家产业技术体系专家对示范场验收标准进行了详细解读，共培训省级示范创建工作负责人和专家组成员300余人，汇编发放培训教材400余套。同时，与有关部门积极配合，落实好30亿元生猪、奶牛标准化规模养殖场（小区）建设项目和6亿元扶持“菜篮子”产品生产项目，支持标准化畜禽养殖场建设和示范创建活动开展。9月，在陕西召开畜禽标准化规模养殖现场会，对部分畜禽标准化示范场进行了授牌，总结了各地在推进畜禽标准化规模养殖过程中取得的成效和经验，进一步提高了各级地方主管部门对畜禽标准化规模养殖的认识，明确了示范创建工作重点，初步建立了一套行之有效的工作机制，增强了畜牧兽医技术服务队伍的能力和活力，树立了一批标准化规模养殖的典型，为充分发挥示范带动效应，加快推进畜牧业生产方式转变打下了良好基础。

兽医事业

2011年，兽医事业发展总体良好，全年没有发生区域性重大动物疫情和重大动物产品质量安全事件，有力地保障了畜牧业生产安全、动物产品消费安全和公共卫生安全。

（一）动物疫病综合防控措施落实得力，未发生区域性重大动物疫情 坚持预防为主，落实免疫、监测、流行病学调查、扑杀等综合防控措施，禽流感、高致病性猪蓝耳病、口蹄疫和猪瘟等4种重大动物疫病免疫密度均达到90%以上，抗体合格率达到国家规定要求。全国共监测禽流感样品506万份，口蹄疫样品365万份。在疫病高发季节和防控关键时期，特别是针对口蹄疫、生猪疫病等重点疫病防控和上海世游赛、深圳大运会等重大活动，农业部都及时召开会议，下发文件，进行专题部署。此外，农业部联合香港、澳门兽医部门在广州市首次举行了中国内地—香港—澳门突发重大动物疫情联合应急演练，进一步密切三地防控合作，提高了突发疫情应急处置能力。2011年，全国仅发生1起家禽高致病性禽流感疫情，未发生A型、亚洲Ⅰ型口蹄疫疫情，O型口蹄疫疫情零星散发，有效控制高致病性猪蓝耳病疫情，有效防堵了非洲猪瘟、疯牛病等外来动物疫病传入，猪瘟、新城疫等其他疫情继续保持平稳。

（二）动物卫生监督执法工作扎实开展，未发生重大动物产品质量安全事件 农业部发布《关于进一步加强动物卫生监督工作的意见》和畜牧兽医行政执法六条禁令，规范动物卫生监督执法工作，探索产地检疫和屠宰检疫新模式，推动了动物检疫工作全面深入开展。全国产地检疫动物83.52亿头只，屠宰检疫动物51.63亿头只。继续推进动物标识及动物产品可追溯体系建设。全国累计发放牲畜耳标35.6亿枚，跨省流通生猪耳标佩戴率达95%以上。推动生猪定点屠宰环节“瘦肉精”专项整治各项工作落实，开展生猪屠宰环节“瘦肉精”专项监督检测工作，快速检测“瘦肉精”样品近30万份。加大兽药质量监督抽检和兽药残留检测力度，扩大检测范围和品种，创新完善监督检验工作机制，实施监督抽检与行政执法联动机制，检验检测工作预警作用和执法技术支撑作用进一步增强。2011年，全国共检验兽药13 200批，合格率91.4%；共检验兽药残留样品14 275批，合格率99.96%。组织实施兽药质量安全专项整治和抗菌药专项整治，稳步推进兽药经营质量管理规范（兽药GSP），强化兽药全程监管和宣传培训，排查动物产品质量安全隐患，兽药市场秩序得到良好规范，兽药质量得到显著提高。全年未发生重大动物产品质量安全事件，圆满完成上海世游赛和深圳大运会动物产品质量安全保障任务。

（三）体系制度建设积极推进，兽医管理体制改革进一步深化 全面完成了十七届三中全会关于普遍建立乡镇动物疫病防控机构建设目标。官方兽医和执业兽医制度初步确立，明确了官方兽医身份。进一步完善执业兽医制度建设的总体思路，新型兽医制度建设加快推进。继续组织开展执业兽医资格考试，实现“零差错、零事故”。截至目前，全国共有18 563人取得执业兽医师资格，25 277人取得执业助理兽医师资格。加强乡村兽医登记，培训村级防疫员20万人次，兽医从业人员整体素质稳步提升。

（四）积极参与兽医国际事务，兽医领域国际交流合作取得新突破 我国无牛肺疫（CBPP）状况得到世界动物卫生组织（OIE）认可，这是自2008年被OIE认可为无牛瘟国家以来，我国在动物疫病防控成效国际认可方面取得的又一重大成果。中国农业科学院兰州兽医研究所国家口蹄疫参考实验室等五家兽医实验室被OIE指定为其参考实验室。借助联合国粮农组织（FAO）和OIE平台，利用中国—东南亚国家口蹄疫防控行动计划（SEACFMD），进一步加强我国与东盟国家动物疫病防控合作；签署中蒙动物卫生合作谅解备忘录，初步构建了我国东北、西南边境地区跨境动物疫病联防联控机制。

渔业

2011年，全国渔业克服了干旱、洪涝等灾害造成的不利影响，保持了稳定发展的良好态势，实现了“十二五”渔业发展的良好开局。全年全国水产品总产量5 603.21万吨（图8），比上年增长4.3%；渔民人均纯收入10 011.65元，增加1 048.84元、增长11.7%。按当年价格计算，全社会渔业经济总产值15 005.01亿元，实现增加值6 881.67亿元，其中渔业产值7 883.97亿元，实现增加值4 420.76亿元。

（一）渔业生产取得新发展 2011年全国水产养殖面积7 834.95千公顷，同比增长2.5%。其中，海水养殖面积2 106.38千公顷，增长1.2%；淡水养殖面积5 728.57千公顷，增长3.0%。新创建水产健康养殖示范场839家，实施池塘标准化改造226.67千公顷。水产养殖产量4 023.26万吨，同比增长5.1%，占全国水产品总产量的71.8%。其中海水养殖产量1 551.33万吨，增长4.7%，占海水产品产量的53.4%；淡水养殖产量2 471.93万吨，增长5.3%，占淡水产品产量的91.7%。捕捞业保持稳定发展。继续严格执行海洋捕捞“双控”制度，经国务院同意，农业部印发了《“十二五”期间进一步加强渔船管理控制海洋捕捞强度的通知》，并与沿海各省（自治区、直辖市）渔业主管厅局签订了责任书，推动管理制度和措施的落实。调整捕捞业产业布局和生产作业结构，严厉打击非法捕捞行为；积极推动渔船装备升级，研究筛选节能船型，开展渔船节能减排试点，推广应用一批渔船节能技术与节能产品。2011年海洋捕捞（不含远洋渔业）产量1 241.94万吨，增长3.2%，占海水产品产量的42.7%。淡水捕捞产量223.23万吨，同比降低2.5%，占淡水产品产量的8.3%；远洋渔业产量114.78万吨，同比增长2.8%，占海水产品产量的4.0%。

（二）现代渔业建设取得新进展 各级渔业主管部门抓住国家实施新一轮“菜篮子”工程和加强农业生产能力建设的有利时机，以加快推进现代渔业建设为主攻方向，以现代渔业园区建设为主要抓手，多渠道争取政策和投入，拉动社会投入，强化基础建设，使现代渔业建设取得了新进展。落实中央渔业基建投资9.03亿元，其中渔政渔港投资6亿元。落实渔业资源养护和转产转业中央财政转移支付项目资金3亿元。落实中央财政“菜篮子”渔业专项建设资金1亿元，用于北方16省（自治区、直辖市）现代渔业建设。农业部渔业局在山东省召开现代渔业建设现场会，总结推广山东省

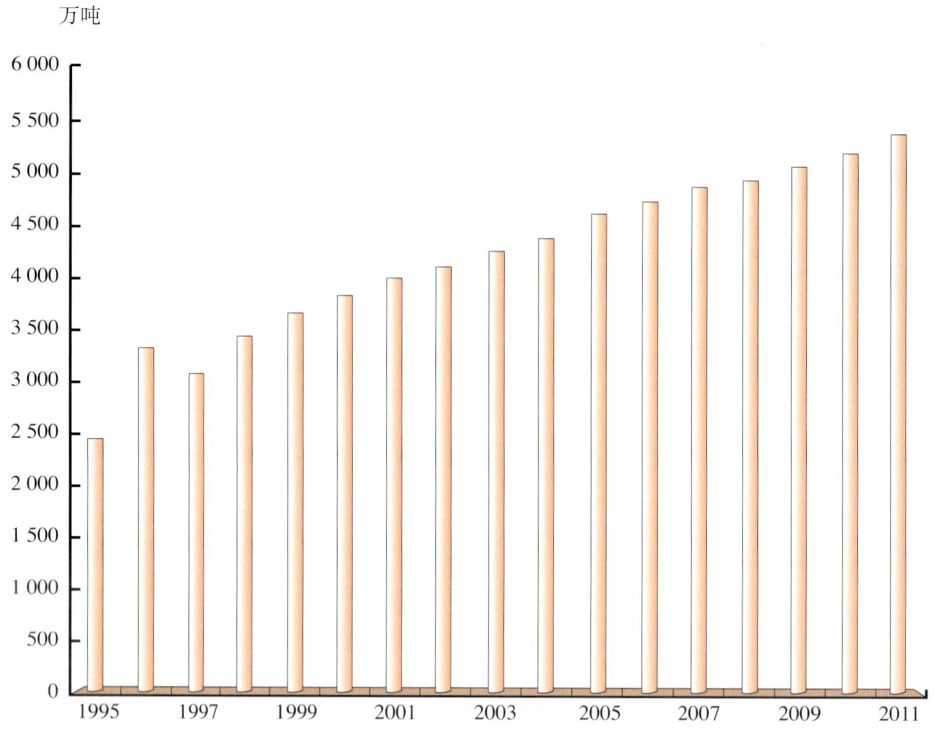

图8 1995—2011年水产品总产量变动情况

东营市、滨州市的经验和作法，交流江苏、浙江、广东等省的经验和做法，使现代渔业建设学有样板、赶有方向。中央投资带动和促进各地增加相应投入，各省财政支渔资金都有不同程度地增加。山东、江苏、浙江、湖北、江西、广东等省利用财政现代农业发展专项资金，建设了一批起点高、效益好、示范带动效应强的现代渔业园区。

（三）水产品市场贸易实现新跨越 国内水产品市场运行平稳，根据水产品批发市场情况统计，2011年水产品批发市场综合平均价格18.24元/千克，比上年上涨5%。其中海水产品综合平均价格33.07元/千克，上涨5.7%；淡水产品综合平均价格12.26元/千克，上涨4.2%。据对可比的38家水产品批发市场成交数据统计，成交量和成交金额同比分别增长4.6%和10.7%。水产品国际贸易形势良好。2011年水产品进出口总量816.12万吨，总额258.09亿美元，同比分别增长14.0%和26.7%。其中出口391.24万吨，出口额177.92亿美元，同比分别增长17.2%和28.7%，出口额占全球水产品出口总额的比重达到14.8%，连续10年位居全球首位。水产品进口424.88万吨，进口额80.17亿美元，同比分别增长11.2%和22.7%。贸易顺差达97.75亿美元，同比增长34%。

（四）水产健康养殖继续较快发展 各地加快养殖水域滩涂规划编制和养殖权登记发证工作进度，保护渔民水域滩涂养殖使用权益。截至2011年底，全国核发《水域滩涂养殖证》40.5万本，发证登记面积549万公顷，发证登记率达到79%。大力推进养殖池塘标准化改造，创建标准化健康养殖示范场，推广生态健康养殖理念和技术，积极开展水产疫病防控和规范用药培训、水产养殖和产品质量安全管理、渔业科技入户工程等，进一步提升水产养殖业设施、装备和科技的现代化水平。

（五）渔业救灾取得新突破 2011年春夏之际，湖北、湖南、江西、安徽、江苏等长江中下游五省先后遭遇历史罕见的干旱和洪涝灾害，部分灾区旱涝急转，对渔业生产造成重大损失，渔业生产、基础设施和资源生态遭受严重破坏，养殖和捕捞渔民生产生活面临困难。党中央、国务院对渔业受灾高度关注，胡锦涛总书记、温家宝总理、回良玉副总理先后亲自视察灾情，并及时召开五省抗旱工作会议，研究部署渔业抗旱救灾恢复生产工作。中央财政及时下拨4亿元救灾资金，支持渔业抗灾救灾。农业部及各地渔业主管部门迅速启动抗灾应急机制，及时落实救灾资金，切实加强抗旱减灾各项工作，最大限度降低旱灾对渔业的影响。同时，按照以丰补歉、减灾增产的工作思路，大力促进非灾区水产养殖生产发展和实施大规模增殖放流，实现了淡水损失海水补、灾区损失全国补，稳定了全国渔业生产，保障了水产品安全有效供给。11月8日，农业部在湖北省召开渔业灾后复产暨池塘改造现场会，总结湖北省的经验，交流江西、江苏等省的作法。经国务院同意，农业部围绕水产原良种工程建设、池塘标准化改造、以船为家渔民上岸安居工程、水生动物增殖放流、渔港建设、渔业政策性保险等六个方面制定了一系列政策，为渔业提高防灾减灾能力打下了坚实基础。

（六）资源养护事业取得新成绩 颁布实施《全国水生生物增殖放流总体规划（2011—2015年）》。农业部与16个省（直辖市）联合开展了17次增殖放流活动，全国共举办1 750余次水生生物增殖放流活动，投入增殖放流资金8.4亿元，放流苗种296亿尾，放流水生野生动物1 800多万尾（只）。开展环保宣传、渔文化知识普及、苗种认捐、祈福放生等多种形式的资源养护活动，形成社会各界广泛参与的良好氛围。农业部颁布实施《水产种质资源保护区管理暂行办法》，审定公布了62个国家级水产种质资源保护区，使国家级水产种质资源保护区数量达到282个。积极做好江豚等重点野生动物保护救助工作，开展了水生野生动物保护科普宣传月活动。完善休渔禁渔制度。经国务院批准，2011年起实施珠江禁渔期制度，涉及珠江流域广东、广西、云南、贵州、湖南、江西等6省（自治区）的37个市（州）近200个县，禁渔渔船28 367艘、渔民114 426人。加大渔业生态环境保护和污染事故调查处理力度。全面施行涉渔工程环境评价制度，组织审查77项涉渔工程环境影响报告书，落实涉渔工程资源生态补偿资金9亿多元。妥善处置蓬莱19-3油田溢油事故。溢油事故发生后，农业部及时启动应急处置机制，组织开展渔业资源调查监测、水产品质量安全检测和渔业资源损害评估，环渤海地区各级渔业部门积极应对，在监测、举证、维稳等方面做了大量细致的工作，为统筹渔业资源损害索赔和养殖渔业损失索赔提供了有力支撑。

（七）渔业安全得到新加强 水产品质量安全监管进一步强化。首次独立进行了水生动物执业兽医全国统考，启动实施水产苗种产地检疫试点和渔业乡村兽医登记，强化水生动物疫情监测和病害防控，全年未发生重大流行性病害。开展了禁用药物和有毒有害物质残留专项治理，推动产地水产品质量安全检打联动，产地水产品检测合格率达到98.3%，比上年提高0.4个百分点。妥善应对日本福岛核泄漏事故影响，及时加强敏感区域、远洋捕捞重点产品监测，及时发布信息，消除了消费者的疑虑，全年未发生重大水产品质量安全事件。

全国渔业“安全生产年”活动深入开展。农业部颁布实施《渔业安全生产工作规划》，并与交通运输部首次联合在沿海开展了安全警示教育活动，会同国家安监总局继续开展了“平安渔业示范县”创建活动，评选出渔业平安示范县45个。认定一批海洋渔业船员培训机构，进一步明确了远洋渔业企业安全生产主体责任。开展了全国渔船、渔港和航标建设情况摸底调查，推进海洋渔船动态管理信息系统建设。组织开展渔船船用产品质量专项整治行动、“十省百县万船”安全调查试点和渔船大县培训等工作，全面加强渔业船舶检验管理，严把渔船安全第一关。积极落实防台抗灾措施，全年11个在我国沿海登陆的台风均未造成渔业人员伤亡。建立渔业船舶水上事故月通报制度，进一步强化应急值守和搜救，及时有效处置渔业船舶水上突发事件。2011年渔业船舶水上安全形势总体平稳，商船与渔船碰撞事故和死亡（失踪）人数明显下降，组织海难救助1 829起，救助渔船2 784艘，救助渔民14 103人，挽回经济损失7.8亿元。

妥善处置各类涉外渔业事件。面对更加复杂的周边渔业形势，对重点海域、重点时段、重点对象强化了巡航监管，积极开展护渔维权行动，钓鱼岛海域常态化巡航、南沙伴随式护渔进一步取得成效，未发生渔船大规模群体性违法赴朝韩敏感水域作业事件。中韩、中日、中越渔业协定平稳实施，中美、中韩、中越、中俄联合巡航执法顺利完成。先后协调指挥我渔政船解救被越南武装舰船控制的我5艘渔船，配合外交部妥善处理了被马来西亚军警抓扣的我2艘渔船，召开了北部湾联合监管会议和《中韩渔业协定》实施十周年暨黄渤海区涉外渔业管理工作会议。

（八）渔政管理取得新成效 继续强化专属经济区巡航、“护渔行动”等渔政执法工作，维护正常生产作业秩序。统筹各海区渔政力量，进一步完善跨海区调度和抽调地方渔政船参加巡航机制，全年共组织63艘渔政船，完成巡航293航次，航程22万海里，观察国内外渔船5 396艘次，驱赶外籍侵渔渔船53艘次，登临检查渔船2 628艘次，登临检查率较往年有一定提升。深入开展以渔船标识专项整治和打击海上暴力抗法为重点的“护渔2011”海洋渔业执法行动，共出动渔政执法人员22万人次，检查渔船17万艘次，处罚违规渔船1.4万艘次。加强休渔禁渔期间渔政执法，海洋伏季休渔期间组织渔政船开展北纬35°线联合执法行动，对查获的违规渔船实施扣港处理，有效打击了海上越线违规作业行为。开展长江春季禁渔专项整治，共查获违禁捕捞船1 515艘次。

加强珠江禁渔期间交叉检查和联合执法，共检查渔船9 000多艘次，查获违规捕捞船188艘次，电、毒、炸鱼案件147起，确保珠江流域首次统一禁渔期制度成功实施。开展为期2个月的长江非法捕捞作业专项整治行动，有效打击电、毒、炸鱼等非法捕捞行为，提高了广大渔民的守法意识。首次组织在长江流域10省市水生生物自然保护区开展渔政执法检查，查处违规工程。渔政队伍建设继续加强，农业部制定发布了《渔业行政执法证管理办法》，统一规范全国渔业执法证件，加强渔政行政人员资格管理；稳步推进渔业应急管理法规和制度建设，修订完善《中华人民共和国渔业船舶水上安全事故报告和统计规定》；深入开展渔业文明执法窗口创建，新创建渔业文明执法窗口单位30个；大力弘扬中国渔政南沙精神，隆重表彰了护渔维权、长江禁渔先进集体和个人。

专栏5

水产健康养殖示范创建

为推进我国水产养殖业发展转变观念、创新模式、挖掘潜力、提高质量，引领水产养殖业从追求数量向数量与质量、效益和生态并重的发展方式转变，农业部从2006年开始在全国开展水产健康养殖示范场创建活动。示范创建坚持行政引导、企业自愿参加，不给特殊政策、靠创建单位自身努力，严格执行考核验收标准、不搞终身制等原则。示范创建的主要工作包括开展水产健康养殖示范、加强水产良种和渔业科技推广、严格水产养殖生产全程质量监控等。2011年，农业部将推进创建作为加快现代渔业建设的重要举措，鼓励和支持各地养殖企业（合作社）参加创建活动，共授予839家水产养殖场、渔业专业合作社“农业部水产健康养殖示范场（第六批）”称号，示范场养殖面积312千公顷，培育健康养殖示范户2.9万户，辐射带动周边20多万养殖户，年供应优质水产品59.4万吨，示范场命名数量和示范规模创历年新高。截至2011年底，全国创建健康养殖示范场数量累积达到2 610个，涉及养殖面积约1 108千公顷，产量500多万吨。水产健康养殖示范场的产品全部获得无公害产品、绿色食品或有机食品认证。

水产健康养殖示范创建活动对提升全国水产养殖发展水平起到积极的促进作用。各示范场不断升级生产设施设备，提高生产条件标准化；大力推广健康养殖模式，提升生产过程规范化；强化健全养殖技术规范，实现生产管理制度化；努力扩展养殖技术服务，增强示范辐射规模化，取得显著成效，资源节约、环境友好、可持续发展的现代养殖理念深入人心。同时，示范场创建活动还加快了池塘标准化改造、养殖生态环境修复、工厂化循环用水设备升级等养殖基础工程的进展。2011年全国实施池塘标准化改造226.67千公顷，各级财政投入资金近14亿元。

乡镇企业

2011年，全国乡镇企业加快转变发展方式，积极应对复杂多变的国际经济环境，努力克服通胀压力增大、成本上升、融资困难等一系列问题，继续保持总量持续增长、结构逐步优化、区域协调发展、投资不断改善、出口止落回升、农民创业就业增收成效显著的良好态势，为“十二五”开好局、起好步奠定了坚实的基础（图9、图10）。

（一）经济总量平稳增长，质量效益同步提升 2011年，全国乡镇企业主要经济指标呈现“高开低走再抬头”趋势。前三季度增加值增速逐季下调，年底前受“两节”消费拉动，增速略有回升，全年增速回升至11.1%，总产值达到550 385亿元。乡镇企业发展质量和效益均有所提升。2011年全国乡镇企业营业收入达到531 002亿元，同比增长11. 1%；实现利润总额32 426亿元，同比增长11.0%，销售利润率达到6.1%；上交税金13 413亿元，同比增长12.2%。

（二）工业产销衔接良好，农产品加工业快速发展 2011年，全国乡镇企业累计完成工业总产值392 432亿元，实现工业销售产值379 644亿元，产销率96.7%，产销衔接良好。在全国固定资产投资紧缩，乡镇工业其他行业总产值增幅普遍不高的情况下，全国乡镇规模农产品加工业实现了较快增长，全年实现总产值89 310亿元，增幅达到13.2%，比乡镇工业平均增速快1.6个百分点；乡镇规模农产品加工业总产值占全国乡镇规模工业的比重达到32.5%，吸纳就业1 751万人。乡镇农产品加工业企业已成为各地工业企业发展中的亮点，吉林、黑龙江、海南三省的规模以上农产品加工企业占当地规模工业总产值的比重超过60%；四川省乡镇农产品加工业总产值、销售产值现价增长率均达到40%以上。

（三）第三产业比重提高，休闲农业发展再上台阶 2011年，全国乡镇第三产业在国家扶持农村服务业发展等有利因素影响下，增长迅速，规模进一步扩大，全年实现增加值31 615亿元，同比增长13.3%，增长速度明显快于第一、二产业，占全部乡镇企业增加值的比重由上年末的23.5%上升到23.8%。休闲农业发展再上台阶。截至2011年底，全国有8.5万个村开展休闲农业与乡村旅游活动，休闲农业与乡村旅游经营单位达170万家，其中农家乐150万家，规模以上休闲农业园区超过3万家，年接待游客超过7.2亿人次，年营业收入达到2 160亿元，从业人员2 600万人。

（四）转型升级步伐加快，经济结构持续优化 2011年，全国乡镇企业建立技术创新中心和研发机构数达到6.77万个，比上年增加1.13万个，增长20.0%，为乡镇企业创新发展夯实了基础、增强了后劲。2011年，全国乡镇企业一、二、三次产业结构由“十一五”初期的1.14∶76.89∶21.97调整为1.25∶74.98∶23.77，三产比重提高，结构更趋合理。在乡镇工业企业的各行业中，传统制造业和高耗能制造业增速放缓，比重比上年有所下降，农产品加工业、装备制造业和高新技术产业获得了较快的发展，总产值比重比上年有较大幅度提高。西部大开发、振兴东北老工业基地、中部崛起等重大战略初见成效，2011年，东部、中部、西部和东北地区乡镇企业

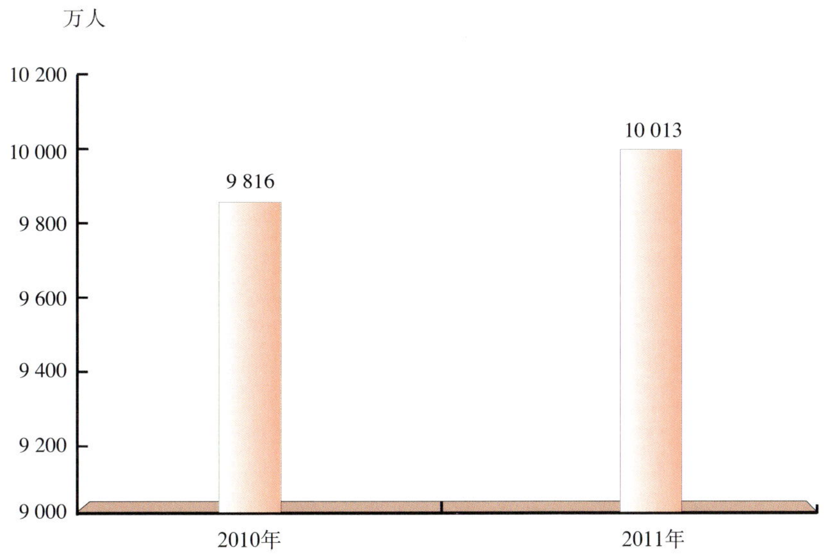

图9　2010年、2011年乡镇企业年末职工人数变动情况

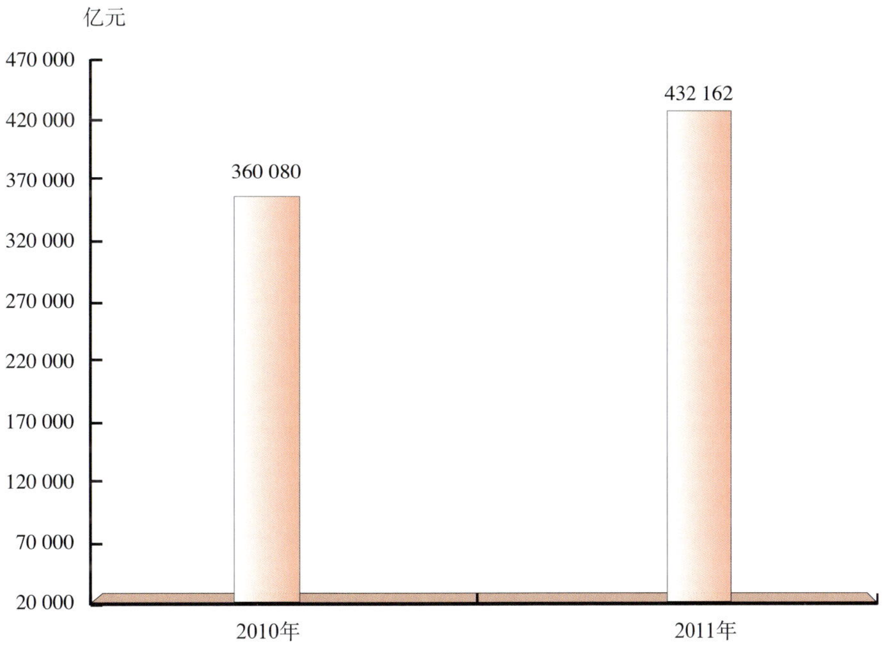

图10　2010年、2011年乡镇企业总产值变动情况

总产值增速分别为10.4%、12.2%、12.0%和12.1%，中西部地区的增长速度总体上快于东部地区。

（五）投资规模继续扩大，中西部地区继续向好 2011年，全国乡镇企业固定资产投资呈现前高后低、逐步收紧态势，总体处于平稳较快的增长区间。全年投资完成额达到62 939.7亿元，同比增长15.4%；其中，工业投资完成额达到50 012.2亿元。项目投资集约化程度进一步提高，超过3万个项目投资金额在5 000万元以上，其中1.2万个项目投资额超亿元。2011年，东部地区乡镇企业完成固定资产投资额40 166.7亿元，占投资总额的63.8%。中西部地区投资增速提升，完成投资额15 532.9亿元，占投资总额的24.7%，比上年提高0.9个百分点；东北地区完成投资额7 240.1亿元，占投资总额的11.5%，比上年提高0.3个百分点。

（六）出口贸易有所增长，中部地区提速明显 2011年，全国乡镇企业出口产品交货值呈“平开稳走缓降”态势，15.3万家有出口实绩的乡镇企业完成出口产品交货值43 734亿元，同比增长11.3%，比上年增幅略降0.3个百分点。中部地区出口增速领先，完成出口产品交货值2 015.9亿元，同比增长26.5%，占乡镇企业全部出口的4.6%，比上年提高0.6个百分点；西部地区完成出口产品交货值1 384.9亿元，同比增长14.1%，占比提高0.1个百分点；东北地区完成出口产品交货值1 448.8亿元，同比增长15.5%，占比提高0.1个百分点。东部地区出口增速放缓，完成出口产品交货值38 884.4亿元，同比增长10.3%，占比下降0.8个百分点。

（七）促进经济社会发展作用突出 2011年，乡镇企业继续为保民生、保稳定作出重要贡献。全国乡镇企业上交税金13 412.9亿元，同比增长12.2%。支农建农及补助农村社会性支出达401.01亿元，比上年增加5.56亿元。年末就业人数达到1.62亿人，吸纳新增就业人数293万人，吸纳城镇下岗失业人员742.6万人，共计支付劳动者报酬26 270.6亿元，同比增长11.9%，农村居民人均从乡镇企业获得工资性收入达到2 471元左右，比上年增加385元左右。农民返乡创业大量涌现，为统筹城乡发展、稳定农村社会、促进农民就业增收做出了积极贡献。2011年全国共有123万打工者利用在外工作学到的技术、积累的经验和资金回乡创业。

农垦经济

2011年，全国农垦加快转变经济发展方式，推进现代农业建设，经济平稳较快发展，垦区民生继续改善，各项社会事业取得新进步，“十二五”规划实现良好开局。

（一）经济持续健康发展 农垦经济总量首超4 000亿元，全年实现农垦生产总值4 212.47亿元，比上年增长13.5%，连续9年保持12%以上增速。其中，第一产业增加值1 394.97亿元，增长9.8%；第二产业增加值1 748.69亿元，增长17.9%；第三产业增加值1 068.81亿元，增长12.5%。第一、第二、第三产业增加值占农垦生产总值的比重分别为33.1%、41.5%和25.4%。人均农垦生产总值31 691元，同比增长12.6%；人均纯收入9 344元，扣除物价因素，比上年实际增长9.2%。

（二）保障供给和现代农业示范带动能力显著增强 2011年，农垦系统加快农业科技推广应用步伐，大力推进标准化生产，加快推进现代农业建设，农业综合生产能力和主要农产品供给保障能力进一步增强。全年实现农业总产值2 803.86亿元，比上年增长11.2%。粮食生产能力再上新台阶，总产破300亿千克大关，达到3 198.65万吨，比上年增产245.36万吨，增长8.3%，实现“八连增”；可供商品粮2 820.93万吨，比上年增加215.69万吨，增长8.3%，商品率达88.2%；粮食亩产达到462千克，增长6.9%。棉花产量163.80万吨，比上年增长13.8%。糖料产量818.54万吨，比上年增长6.7%。畜牧业稳步增长，主要畜产品产量均有所增长。畜牧业占农业总产值的比重达到27.5%，比上年提高1.5个百分点；奶牛年末存栏153.68万头，增长7.4%；牛奶产量405.94万吨，增长10.9%；肉类产量278.91万吨，增长8.8%；水产品产量126.74万吨，增长10.0%。农产品质量安全水平全面提升，据8 家部级质检中心对300多个批次追溯产品抽样检测，合格率达到99.5%。农业装备水平进一步提高，年末农业机械总动力2 283.85万千瓦，增长7.4%；大中型农用拖拉机16.17万台，增长10.8%。耕种收综合机械率达85%；耕地有效灌溉面积达到3 771.33千公顷，增长5.7%。全系统共创建各类现代农业示范区616个，当年开展高产创建和高产攻关单位380个，通过场县共建、窗口展示、科技服务和跨区作业，现代农业示范带动作用进一步显现。

（三）二、三产业继续快速增长 农垦二、三产业结构进一步优化，企业管理机制进一步完善，资本经营和市场融资步伐加快，资源和产业整合取得明显成效，大型企业集团和产业化龙头企业的带动作用日益凸显。全年完成工业增加值1 379.34亿元，比上年增长18.1%；完成建筑业增加值369.35亿元，比上年增长1倍。全年完成批发零售贸易业销售额3 069.76亿元，比上年增长23.1%。农业“走出去”步伐加快。全年出口供货商品总金额656.91亿元，比上年增长21.3%。其中工业品出口额593.02亿元,增长26.6%。新增境外投资36.2亿元，实现境外产值94亿元。

（四）固定资产投资向民生倾斜 全年固定资产投资总额2 441.26亿元，比上年增加630.04亿元,增幅达34.8%，其中：第一产业投资282.25亿元，占投资总额的11.6%；第二产业投资1 186.13亿元，占投资总额的48.6%；第三产业投资972.88亿元，占投资总额的39.8%。当年新增固定资产1 733.26亿元。民生建设步伐加快，道路建设、安全饮水、电网改造、农垦危房改造有效推进，小城镇建设成绩显著，垦区面貌明显改观。全年农垦危房改造完成投资总额285.32亿元，新开工建设45.29万户，基本建成32.72万户。

（五）企业经济效益继续提高 全系统共实现企业利税总额448.89亿元，其中实现利润173.07亿元，比上年增加28.70亿元，增长19.8%，再创历史新高。分产业来看，第一产业利润67.16亿元，增长25.9%；第二产业利润64.25亿元，增长23.9%；第三产业利润41.66亿元，增长6.3%。第一、第二、第三产业利润占利润总额的比重分别为38.8%、37.1%和24.1%。

（六）垦区公益事业建设取得突破 2011

年，中央直属垦区首次被纳入公益事业建设一事一议财政奖补政策实施范围，极大地调动了国有农场基层单位职工群众参与公益事业建设的积极性。2011年，黑龙江和广东垦区151个农场中，有149个农场开展了公益事业建设一事一议财政奖补工作，筹资筹劳58 915万元，其中，财政奖补30 727万元，完成各类公益事业建设项目1 513个，包括修建道路5 824千米、水渠3 095千米、照明设施40 394处、公共绿化819.44万平方米，以及垃圾收集点等其他公益设施2 053处。一些职工群众多年想办而办不了的事得以办成，场容队貌明显改观，生产生活条件大大改善，受益总人口达183.17万人。

专栏6

农垦国有农场农业保险工作取得积极成效

2011年，全国农垦系统把推进农业保险工作作为确保农业增产、职工增收、垦区和谐的重要措施，加大宣传力度，加强政策协调，扎实开展各项工作，努力提高农业保险业务水平，为全国农垦连续9年高速发展、粮食连续8年稳定增产、人均收入连续8年较快增长做出了积极的贡献。

一、主要做法

1.精心组织。为加大农业保险的推广力度，各垦区成立了由多个部门组成的工作领导小组，为开展农业保险提供了强有力的组织保障；按照“广泛参与、自愿参保、政策推动、市场化运作”的原则，创新机制，保证了农业保险的实施效果，新疆生产建设兵团和黑龙江垦区的主要农作物参保比率超过了90%；同时，邀请农场（团场）农技生产部门和农户全程参与理赔工作，保证了定损、理赔的真实、准确。

2.提高农户对农业保险的认识。各垦区派专人深入农场、生产队第一线，了解农户需求，广泛宣传解释政策，有的放矢地开展农业保险工作，使得国家财政保费补贴政策和参加农业保险的好处进一步深入民心，农业职工投保积极性进一步提高，投保面进一步扩大。

3.充分发挥垦区农业保险机构的作用。新疆生产建设兵团和黑龙江垦区，充分利用中华联合财产保险股份有限公司和阳光农业相互保险公司等专业机构优势，建立完善农业保险服务网络，确立了投保、收费、防灾、查勘、赔付相对集中、渠道相对稳定的管理模式，造就了一批专业队伍，对垦区大面积开展农业保险起到重要的保障作用。安徽等垦区出资入股创建农业保险公司，推动全省农垦参加农业保险。内蒙古海拉尔等垦区积极与开展政策性农业保险的保险公司联系，利用保险公司的人才队伍和专业知识，推动试点工作的开展，提高工作效率。

二、主要成效

在国家农业政策保险试点工作的引导下，全国农垦农业保险业务覆盖面迅速扩大，保险水平大幅提高。

1.参保面迅速扩大。2011年，全国农垦34个垦区中，有32个垦区开展了农业保险业务，比2007年增加了13个。其中：24个垦区参加了种植业保险，覆盖了粮食、油料、橡胶等大宗农产品及水果、蔬菜等具有地方特色的部分农作物，参保面积4 300.77千公顷，占全国农垦作物种植面积的67%；31个垦区开展了牲畜保险，参保畜禽1.21亿头（只），是2007年的158倍；天然橡胶农业保险取得突破性进展，从2007年的零星参保到2011年实现参保面积242.17千公顷、7 914.97万株。

2.保费补贴额大幅度增加。2011年，全国农垦农业保险签单保费总额24.43亿元，是2007年的2.7倍。其中中央财政补贴13.98亿元，占保费总额的57.2%，补贴数额是2007年的4.9倍；地方财政补贴1.77亿元，是2007年的5.5倍。

3.参保户广泛受益。2011年，全国农垦应理赔受灾作物面积1 346.82千公顷、牲畜1 632.56万头（只）、天然橡胶194.96千公顷，应理赔资金为10.52亿元，应理赔农户29.95万户（次），已基本落实到位。

三、存在的主要问题

1.政策性农业保险覆盖品种少。目前，各地农垦参保的农业保险品种仍以有国家财政补贴的保险品种为主，覆盖面和参保面比重还不大，满足不了垦区现代农业发展需求。尤其是在农业结构调整中发展起来的甘蔗、剑麻、香蕉、番茄等高效、支柱产业，由于得不到中央财政保费补贴支持及费率负担过重等问题，难以开展农业保险。

2.保险金额测算低，风险抵御能力较弱。现行保险金额由生产物化成本确定，标准偏低。一头能繁母猪生理价值为2000～4000元，进口的种猪价值则高达1万元，但保险金额仅1000元，远不能补偿相应损失，影响了养殖户参保的积极性。

3.赔付程序不规范。现行保险赔付程序复杂，保险事件处理需要一两个月时间，不适应农业保险时效要求高的特点。

4.投保组织工作较难。农户对充分运用保险手段防范和化解农业风险的认识程度不够，加上农畜产品价格波动大、比较效益差、保险示范引导不够等多种原因，农民参保的意愿还不强，基层投保组织工作困难。

农业机械化

2011年，各级农业部门着力优化装备结构布局、主攻薄弱环节机械化、推广先进适用技术，着力落实完善政策、培育发展主体、建设人才队伍、强化公共服务，农业机械化保持了全面快速健康发展的好势头，为全国粮食实现“八连增”和农业综合生产能力建设提供了有力的装备支撑。

（一）农机工业快速增长，支撑保障能力进一步增强 全国农业机械总动力达9.77亿千瓦，比上年增长5.3%，增幅连续4年超过5%。其中，柴油发动机动力占比最大，达80.4%；汽油发动机动力增幅最大，增长10.6%；其他机械动力减少，下降2.0%。农业机械原值达7 114.64亿元，同比增长10.3%；平均每个农户拥有农业机械原值达2 697.27元，占年末农村居民家庭生产性固定资产原值（农业）的36.2%，同比增加0.7个百分点。每百亩耕地拥有农机动力达53.53千瓦，同比增长5.3%。每个农业劳动力拥有农机动力3.53千瓦，同比增长6.8%。每百户拥有拖拉机、拖拉机配套农具、联合收获机分别达8.55台、14.25部和0.42台，同比分别增长2.0%、2.7%、10.5%。2011年全行业共完成工业总产值、工业销售产值分别达2 898亿元和2 829亿元，同比分别增长33.7%和34.4%，增幅高于上年。

（二）农机装备结构进一步优化，主要粮食作物农机具大幅增加 拖拉机拥有量达2 255.87万台，比上年增长3.6%。大中型拖拉机达440.64万台，同比增加48.5万台，增长12.4%，增量和增幅连续4年超过小型拖拉机。拖拉机配套农具比由上年的1∶1.66上升到1∶1.67，其中大中型拖拉机配套农具比由上年的1∶1.57上升到1∶1.59。水稻、玉米农机具快速增长，水稻插秧机达42.69万台，同比增长28.2%；玉米联合收获机达17.00万台，同比增长31.1%。其中，高性能农机具增长较快，乘坐式水稻插秧机、自走式稻麦联合收获机、自走式玉米联合收获机分别达17.73万台、80.4万台和9.37万台，同比分别增长32.8%、13.6%和34.6%。深松机、机动喷雾（粉）机、水稻工厂化育秧设备、秸秆粉碎还田机等增幅均超过10%，油菜、马铃薯、花生、茶叶等作物关键环节农机具增长迅速，农产品初加工机械、畜牧养殖机械保持稳定增长，渔业机械和林果业机械实现了快速增长。

（三）农机作业水平稳步提高，主要农作物薄弱环节机械化生产快速推进 2011年，全国农作物耕种收综合机械化水平达54.8%，比上年提高2.5个百分点，增幅连续6年保持每年递增2个百分点以上。粮食作物生产机械化稳步推进，薄弱环节机械化继续快速提升。小麦耕种收综合机械化水平达92.6%，基本实现了生产全过程机械化。水稻机械种植水平和机收水平分别达26.2%和69.3%，分别比上年提高5.4和4.8个百分点。玉米机收水平达33.6%，比上年提高7.8个百分点，进入快速推进阶段，山东省在全国率先基本实现玉米生产全程机械化。水稻机插秧、机械深松、保护性耕作、机械化秸秆还田等面积分别达7 166.71千公顷、11 049.49千公顷、5 715.83千公顷和31 686.9千公顷，增产增效型、资源节约型、环境友好型农机化新技术应用面积稳步增加。马铃薯、油菜、棉花、花生等作业面积和机械化水平均有提高，畜禽养殖业、林果业、设施农业、农产品初加工业等领域的机械化生产呈加快发展态势。

（四）农机社会化服务深入发展，服务能力进一步增强 农机化作业服务组织总量稳定、结构逐步优化。全国农机化作业服务组织达17.06万个，比上年减少0.5%。其中，拥有农机原值20万～50万元（含20万元）的同比减少3.5%，拥有农机原值50万元（含50万元）以上的同比增长23.9%。农机专业合作社达2.8万个，同比增长28.0%，农机户保持稳定增长，户数和年末人数分别达4 111.08万个和5 088.39万人，同比分别增长1.3%和3.3%，其中拥有农机原值50万元及以上的达4.99万个，增幅超过20%。以农机化作业服务组织为方向，农机化作业服务专业户为主体，农机户为基础，农机中介组织为纽带的农机社会化服务体系基本确立。全年农机化经营总收入达4 509.07亿元，同比增长8.2%，其中农机化田间作业收入、跨区作业收入分别达到1 602.64亿元和200.44亿元，同比分别增长10.7%、9.1%，全年实现利润1 721.68亿元，同比增长6.5%。

（五）安全生产形势总体平稳，农机质量整体较好 全年累计发生在国家等级公路以外的农机事故933起，同比增加14.9%；死亡人数、受伤人数和直接经济损失分别达171人、473人、821.38万元，同比分别下降20.1%、8.5%和5.1%。全国未发生重特大农机安全生产事故，农机事故死亡人数占全年控制考核指标的81.7%，农机安全生产形势保持稳定。农机质量监管力度加大，全国各级农机质量监督机构共收到质量投诉2 446件，同比增加68.3%，其中受理2 207件，处理2 187件，结案率99.1%，为农机户挽回直接经济损失2 470万元。农户对补贴机具质量满意度较高，据调查，用户对补贴机具质量总体满意度达83.5%。

专栏7

水稻育插秧机械化进入快速推广应用阶段

水稻育插秧机械化技术一直是制约水稻生产机械化的薄弱环节。从2006年开始，农业部大力推广水稻育插秧机械化技术，先后在水稻主产区建设了390个水稻育插秧生产机械化示范县，带动了全国水稻育插秧机械化技术的推广应用。水稻机插水平从2006年的6.5%提高到2011年的23%，年均增长2.75个百分点。在购机补贴政策的支持下，水稻插秧机保有量快速增长，从2006年的11.19万台增长到2011年的42.7万台以上，年均增幅达到30%，为水稻机插秧发展奠定了坚实的物质基础。目前，在26个水稻种植省、自治区、直辖市中，黑龙江、江苏、吉林、内蒙古和天津5个省、自治区、直辖市的水稻机插水平已突破了50%，居全国领先地位；辽宁、湖北、山东、宁夏4个省、自治区的水稻机插水平位于20%～50%。

2011年初，农业部印发了《关于加快水稻生产机械化的意见》，确立了全力主攻机插、加速推进机收的工作思路，明确了“十二五”期间的发展目标。一年来，各水稻产区不断加大推进工作力度，呈现出以下五个明显特点。

一是行政推动力度不断加大。各省区市将2011年机插秧面积任务分解到县，并督促落实。黑龙江省对育秧大棚建设给予补助，积极发展大棚育秧，大力开展集中育秧服务，有效地解决了群众育秧难等问题。湖北省将机插秧任务完成情况作为对各市、县目标责任考核的重要内容。湖南省14个市州84个县成立了水稻育插秧机械化工作领导小组，为技术推广工作提供了有力的组织保障。

二是政策扶持力度不断加强。各地将农机购置补贴政策继续向水稻机械倾斜，推动了插秧机、收割机保有量的持续快速增长。2011年全国共补贴购置插秧机7.6万台，较上年增加了20%。浙江省继续实施农机作业补贴，对水稻机插秧作业每亩补助40元。重庆市对插秧机实行累加补贴的同时，对育秧软盘补贴50%。吉林省安排专项补助资金用于高水平水稻育秧流水线和高速插秧机的示范推广。

三是技术指导形式不断创新。农业部水稻生产机械化专家组成员赴北方稻区、单季稻区、西南稻区、双季稻区开展巡回检查和技术指导工作。各地通过召开展示会、现场会、培训班等形式，加强水稻育插秧机械化技术的宣传和培训，有效地提高了农机手的操作技能。福建开展了插秧机操作工阳光工程及职业技能鉴定培训。湖北省将4月份作为全省机插秧推广活动月，集中举办培训班和现场会，掀起了机插秧技术培训的高潮。

四是示范带动作用不断增强。各地积极开展水稻育插秧示范县建设，进一步熟化水稻机械化育插秧技术，发挥了较好的核心示范作用。浙江大力加强了机插秧示范镇、村和示范基地建设。江西省开展了"推进机插秧，创建高产县"活动，在22个部级示范点的基础上，新建省级示范点40个。

五是服务组织能力不断提升。各地加强机插秧供需信息服务，扶持农机大户和农机专业合作社等服务主体开展代耕、代育秧、代插秧作业，既提高了机具利用率、经营效益，也降低了作业费用，促进了机插秧技术的普及推广，取得了良好成效。安徽省大力培育农机服务主体，农机合作社、农机大户共完成水稻机插秧面积230.67千公顷，占全省机插秧面积的69%。江苏省积极推进企社共建，引导农机企业和农机合作组织对接，发挥农机生产企业积极性，提高农机合作社服务能力。服务组织的能力提升为推动水稻生产机械化快速持续发展提供了动力。

农产品价格与市场

（一）农产品价格 据国家统计局对全国26 000个农业生产经营单位和农户的调查，2011年，全国农产品生产价格持续高位运行，生产价格总水平比上年上涨16.5%。其中，1～4季度同比分别上涨15.6%、18%、20.5%和11.9%，第4季度涨幅缩小。农、林、牧、渔四大类农产品生产价格普遍高于上年（图11～图16）。

1. 种植业产品生产价格上涨7.8%。分季度看，1～4季度种植业产品生产价格分别上涨16.5%、8.6%、9%和1.9%。

（1）粮食生产价格上涨9%。分季度看，1～4季度分别上涨12.1%、9.6%、8.4%和7.7%。分品种看，谷物生产价格上涨9.7%，其中，小麦、稻谷和玉米分别上涨5.2%、13.3%和9.9%。豆类上涨5%，其中，大豆上涨6.3%。薯类上涨4.5%。分区域看，粮食主产区和主销区生产价格均上涨9.8%，其他地区上涨8.8%。从最低收购价政策执行情况来看，4季度执行中晚稻最低收购价政策的11省（自治区）中籼稻均价为每500克1.20元，比中晚籼稻最低收购价（国标三等质量标准，下同）高0.13元；晚籼稻均价为每500克1.34元，比中晚籼稻最低收购价高0.27元；粳稻均价为每500克1.36元，比粳稻最低收购价高0.08元。

（2）棉花（籽棉）生产价格下跌20.5%。分季度看，第1、2季度生产价格分别上涨55.1%、41%，4季度下跌22.6%，新棉上市价格跌幅非常突出。在棉花主产省中，新疆下跌19.9%，安徽和湖北分别下跌26.3%和25.2%。

（3）油料生产价格上涨12.1%。分季

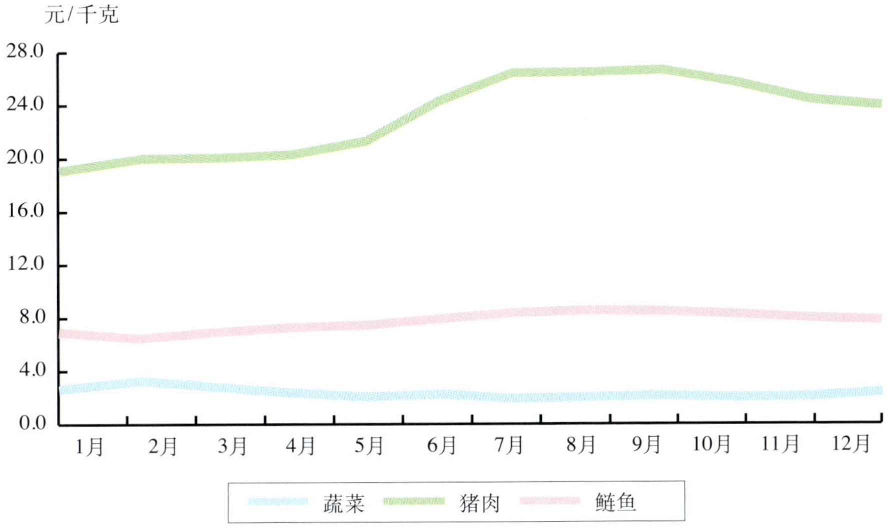

图11　2010年猪肉、鲢鱼、蔬菜批发价格分月变动情况

注：蔬菜为10种蔬菜（大白菜、白萝卜、大葱、黄瓜、西红柿、茄子、青椒、土豆、芹菜、油菜）平均价格。

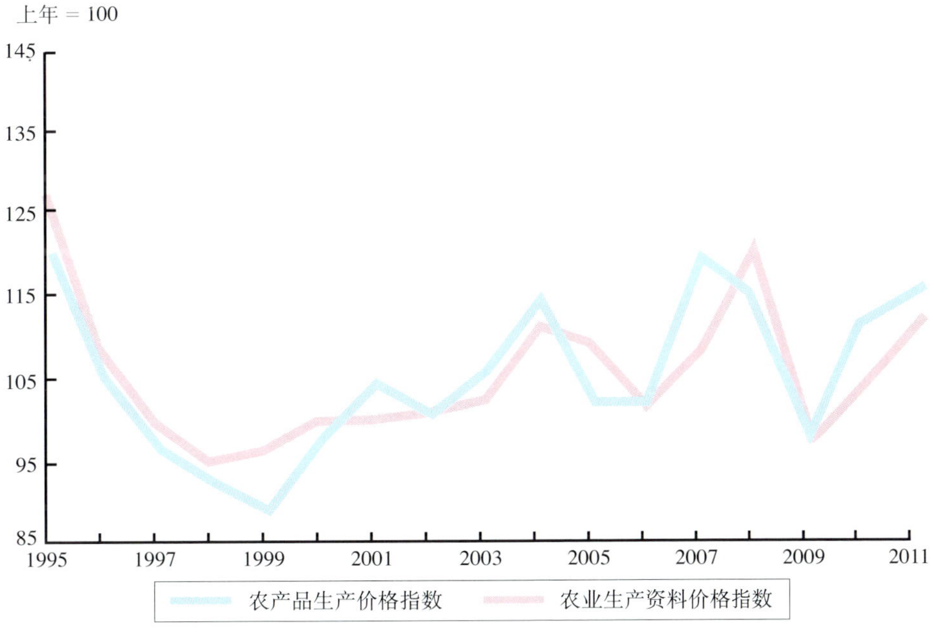

图12　1995—2011年农产品生产价格指数及农业生产资料价格指数变动情况

注：2000年（含）以前农产品生产价格指数为农副产品收购价格指数。

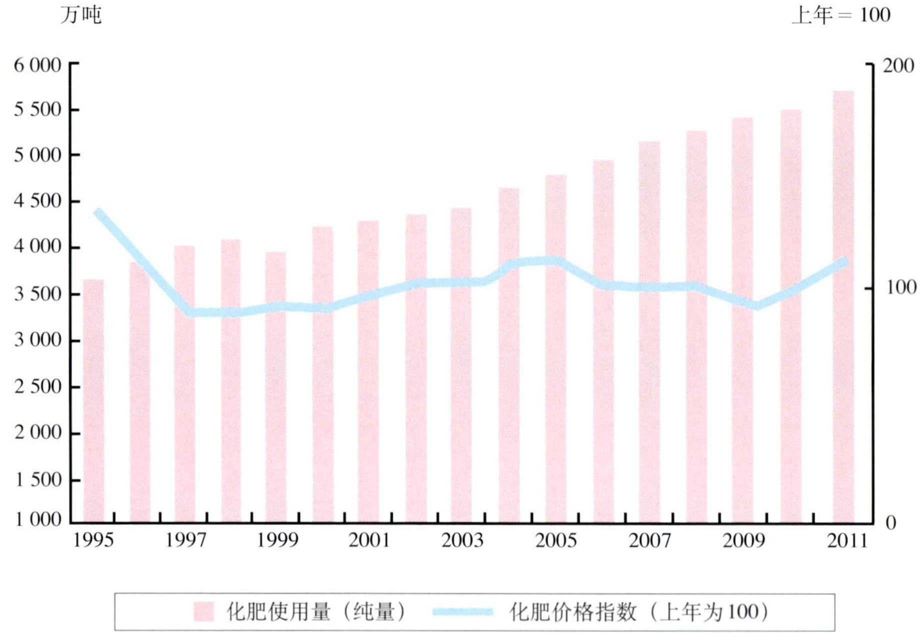

图13　1995—2011年化肥使用量及价格指数变动情况

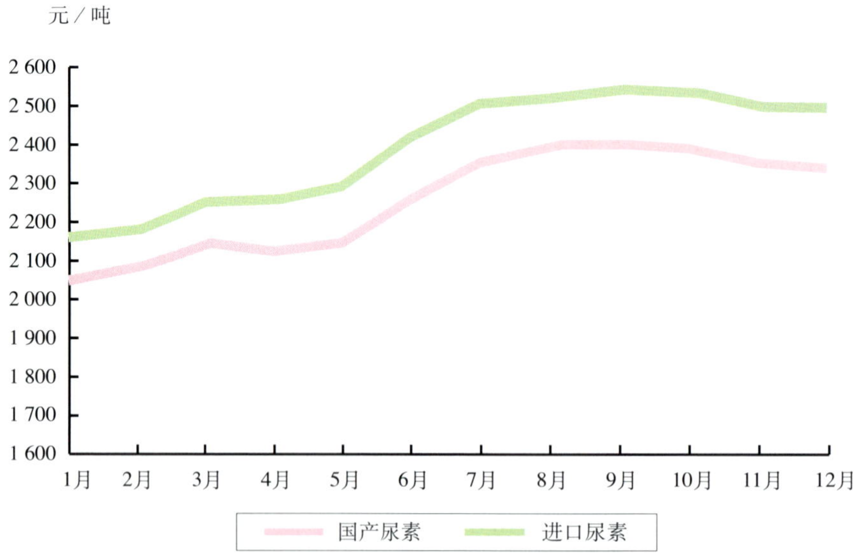

图14　2011年尿素零售价格分月变动情况

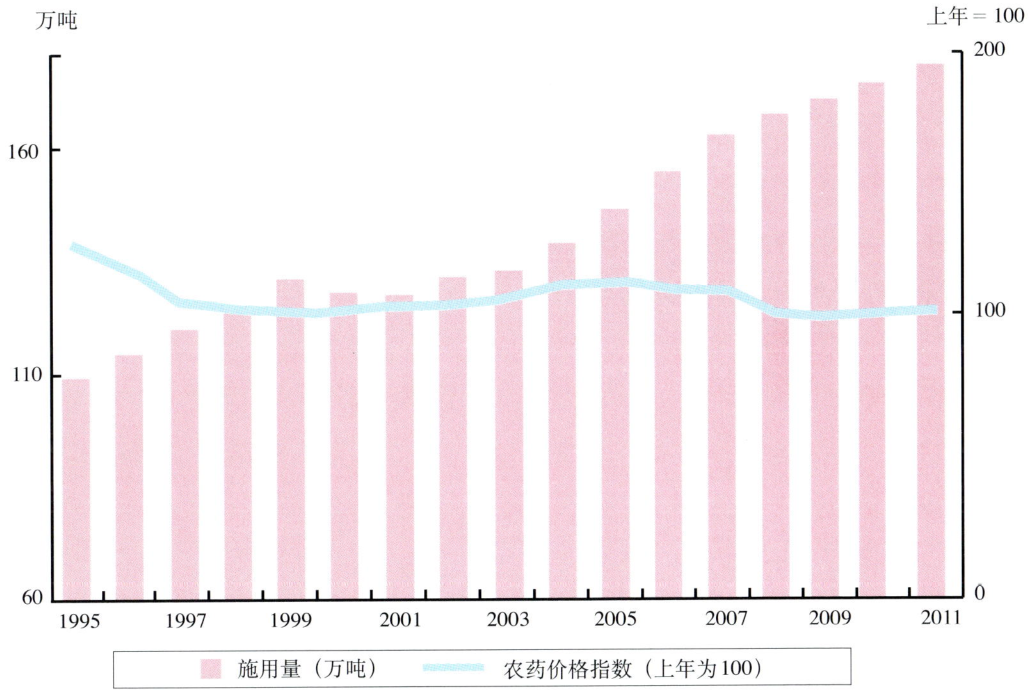

图15　1995—2011年农药施用量及价格指数变动情况

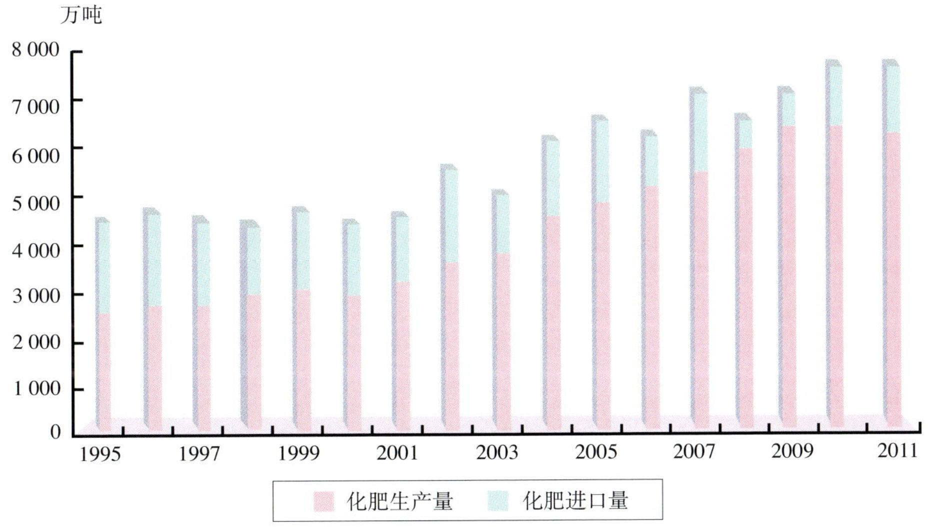

图16　1995—2011年化肥生产量与进口量变动情况

度看，1～4季度分别上涨11.2%、14.3%、16.0%和6.9%。分品种看，花生上涨14.4%，油菜籽上涨8.3%，葵花籽上涨15.1%，芝麻下跌0.6%。

(4) 糖料生产价格上涨25.5%。分季度看，1～4季度分别上涨32.9%、26.7%、19.3%和19.8%。分品种看，甘蔗上涨27.5%，甜菜上涨22.4%。

(5) 蔬菜生产价格上涨3.4%。分季度看，1季度上涨5.9%、2季度下跌0.5%、3季度上涨8.9%、4季度下跌2.2%。分种类看，叶菜类上涨3.7%；白菜类下跌2.2%，其中大白菜下跌10.5%；瓜菜类上涨5.3%；块根、块茎类上涨4.6%；葱蒜类蔬菜下跌1.7%，其中大蒜下跌3.6%；食用菌上涨7.5%。

(6) 水果生产价格上涨6.2%。分季度看，1～4季度分别上涨29%、4.8%、5%和4.4%。分品种看，苹果上涨13.6%，梨上涨5.6%，柑桔上涨4%。

2. 林业产品生产价格上涨14.9%。分季度看，1～4季度分别上涨13.2%、18.4%、14%和12.9%。分种类看，木材生产价格上涨9.8%；竹材上涨12%；胶脂和果实类林产品上涨20.2%，其中橡胶上涨32.6%，松脂下跌2%。

3. 畜牧业产品生产价格上涨26.2%。生猪生产价格上涨37%。分季度看，1～4季度分别上涨18.6%、41.5%、50.7%和29.9%。分区域来看，生猪主产省生产价格上涨37.4%，其他省份上涨36.2%。

活牛和活羊生产价格分别上涨8.1%和15.7%。活家禽生产价格上涨12%，其中，活鸡、活鸭和活鹅分别上涨12.6%、12.1%和10.2%。禽蛋生产价格上涨12.6%，其中，鸡蛋和鸭蛋分别上涨13.2%和11.4%。奶产品生产价格上涨8.1%。毛绒产品生产价格上涨17.1%。

4. 渔业产品生产价格上涨10%。分季度看，1～4季度分别上涨9.8%、9.8%、11.9%和8.7%。海水养殖产品生产价格上涨11.5%，海水捕捞产品上涨11.2%；淡水养殖产品生产价格上涨9.5%，淡水捕捞产品上涨3.7%。

（二）农村居民消费价格 2011年，农村居民消费价格比上年增长5.8%，比全国平均水平高0.4个百分点。分类别看，食品消费价格同比上涨12.4%，其中，粮食上涨12.2%，肉禽及其制品上涨23.7%，蛋上涨13.3%，水产品上涨11.2%，鲜菜上涨1.6%，鲜果上涨16.8%；烟酒及其用品上涨2.4%；衣着上涨1.9%；家庭设备用品及服务上涨1.5%；医疗保健及个人用品上涨3.3%；交通和通信上涨1.3%；娱乐教育文化用品及服务上涨0.8%；居住上涨5.7%（图17）。

（三）农村商品零售价格 2011年，农村商品零售价格比上年上涨5.5%，比全国平均水平高0.6个百分点。分类别看，食品零售价格同比上涨12.2%，饮料、烟酒上涨2.7%，服装、鞋帽上涨1.2%，纺织品上涨5.4%，家用电器及音像器材下跌2.1%，文化办公用品下跌0.6%，日用品上涨0.8%，体育娱乐用品上涨0.6%，交通、通信用品下跌2.8%，家具上涨1.2%，化妆品上涨1.0%，金银珠宝上涨17.5%，中西药品及医疗保健用品上涨4.3%，书报杂志及电子出版物上涨0.8%，燃料上涨11.8%，建筑材料及五金电料上涨5.7%。

（四）乡村消费品零售额 2011年，实现

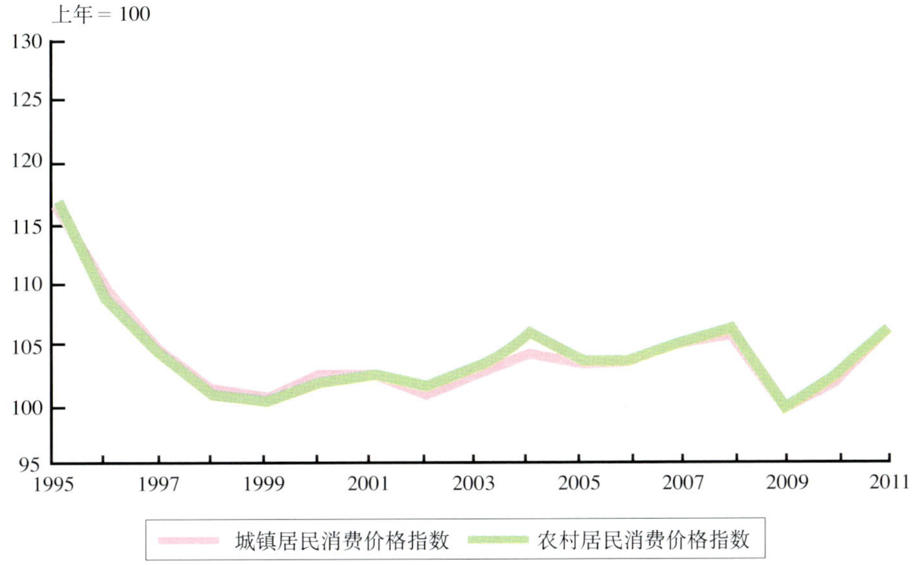

图17　1995—2011年城乡居民消费价格指数变动情况

乡村消费品零售额24 317.5亿元，同比增长16.7%。乡村与城镇零售额增速差距进一步缩小。2011年，乡村与城镇零售额增速差距为0.5个百分点，比上年缩小2.2个百分点。

农产品进出口

2011年，我国农产品进出口均大幅增长，但进口增幅大于出口增幅，农产品贸易逆差扩大。全年农产品进出口贸易总额1 556.2亿美元，比上年增长27.6%。其中，出口额607.5亿美元，增长23.0%；进口额948.7亿美元，增长30.8%。农产品贸易逆差341.2亿美元，增长47.4%（图18～图20）。

（一）谷物净进口同比下降5.2%　2011年，我国谷物出口121.5万吨，同比下降2.3%；进口544.7万吨，下降4.5%；谷物净进口423.2万吨，下降5.2%。

2011年，谷物出口额为8.12亿美元，同比增长17.1%；进口额为20.44亿美元，增长33.8%；谷物贸易逆差12.33亿美元，增长47.7%。其中，小麦产品、大麦产品、玉米产品、稻谷产品的逆差分别为2.63亿美元、6.10亿美元、5.32亿美元、0.19亿美元。

稻谷产品　2011年，出口51.6万吨，同比下降17.1%；进口59.8万吨，增长54.0%；净进口8.2万吨，上年同期为净出口23.4万吨。在稻谷产品的进出口贸易中，大米出口占95.0%，进口占95.2%。2011年，稻谷产品出口额为4.27亿美元，同比增长2.0%；进口额为4.08亿美元，增长50.2%。稻谷产品包括大米、大米粉、稻谷和种用稻谷。

玉米产品　2011年，出口13.6万吨，同比增长6.9%；进口175.4万吨，增长11.5%。净进口161.8万吨，增长11.9%。出口额0.47亿美元，增长39.7%；进口额5.78亿美元，增长

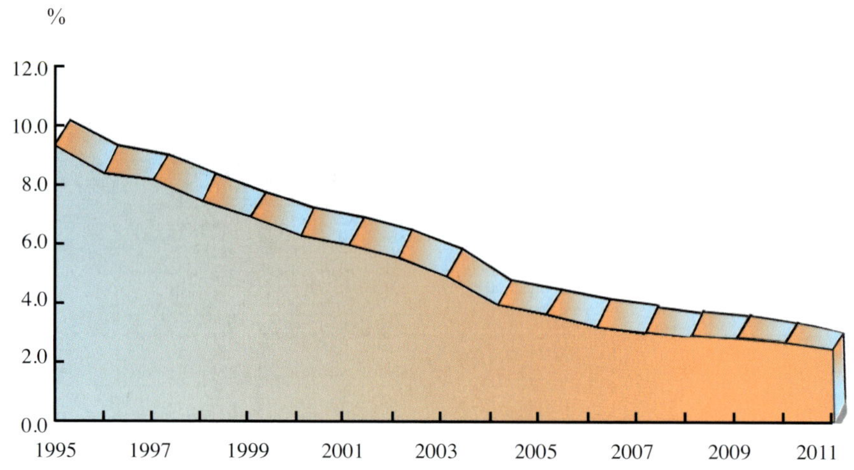

图18 1995—2011年农产品出口额占总出口额比重变动情况

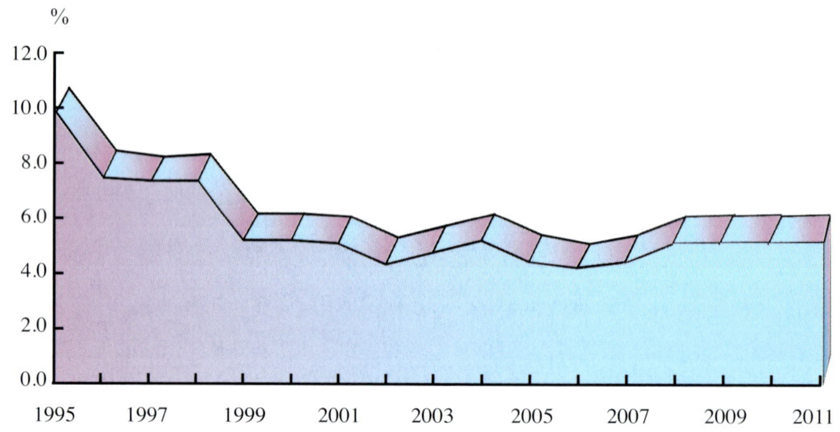

图19 1995—2011年农产品进口额占总进口额比重变动情况

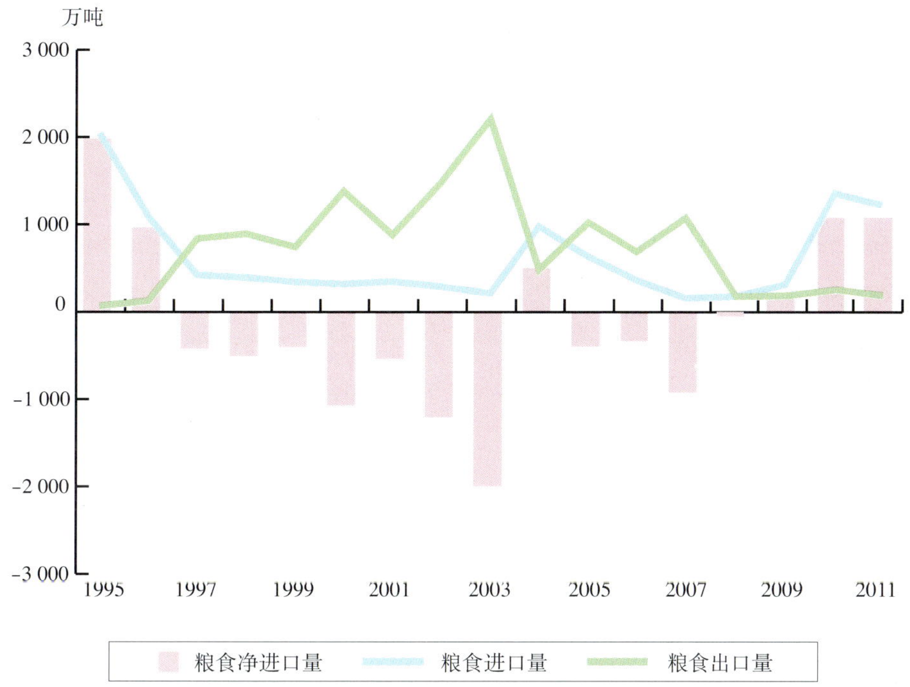

图20　1995—2011年粮食（不含大豆）进出口变动情况

57.2%。玉米产品包括玉米、玉米粉、其他加工玉米和种用玉米。

小麦产品　2011年，出口32.8万吨，同比增长18.4%；进口125.8万吨，增长2.2%。净进口93.0万吨，下降2.5%。出口额1.61亿美元，增长36.7%；进口额4.24亿美元，增长34.1%。小麦产品包括小麦、小麦粉和种用小麦。

大麦产品　2011年，进口177.6万吨，同比下降25.0%；出口0.6万吨，下降53.1%。2011年，我国大麦产品出口额为0.02亿美元，同比下降43.0%；进口额为6.12亿美元，增长14.2%。大麦产品包括大麦、加工大麦和种用大麦。

（二）食用油籽、植物油进口量分别下降3.9%和7.8%

食用油籽　2011年，出口91.2万吨，同比增长3.9%；进口5 481.8万吨，下降3.9%。其中，大豆进口5 264.0万吨，下降3.94%；油菜籽进口126.2万吨，下降21.1%。2011年，食用油籽出口额14.4亿美元，增长22.3%；进口额314.8亿美元，增长18.7%；贸易逆差300.4亿美元。其中，大豆出口额1.67亿美元，增长32.7%；进口额298.3亿美元，增长19.0%；贸易逆差296.7亿美元。

食用植物油　2011年，出口12.4万吨，同比增长29.9%；进口779.8万吨，下降5.6%。其中，豆油进口114.3万吨，下降14.7%。棕榈油进口591.2万吨，增长3.8%；菜油进口55.1万吨，下降44.0%。2011年，食用植物油出口额2.14亿美元，增长65.7%；进口额90.08亿美元，增长25.8%；贸易逆差87.93亿美元。

（三）棉花进口量同比增长14.0%，食糖进口量同比增长65.3%，蔬菜水果进出口额均增长；畜产品贸易逆差同比增长50.9%，水产品贸易顺差同比增长34.1%

棉花 2011年，出口2.79万吨，同比增长2.79倍；进口356.6万吨，增长14.0%。出口额0.82亿美元，增长6.7倍；进口额96.79亿美元，增长65.5%；贸易逆差95.97亿美元。

食糖 2011年，出口5.9万吨，同比下降37.1%；进口291.9万吨，增长65.3%。出口额0.51亿美元，下降19.7%；进口额19.43亿美元，增长1.1倍；贸易逆差18.92亿美元。

蔬菜 2011年，出口973.0万吨，同比增长15.2%；进口16.7万吨，增长11.5%。出口额117.5亿美元，增长17.7%；进口额3.3亿美元，增长16.7%；贸易顺差114.2亿美元。

水果 2011年，出口479.5万吨，同比下降5.5%；进口341.8万吨，增长24.1%。出口额55.2亿美元，增长26.7%；进口额31.1亿美元，增长53.1%；贸易顺差24.13亿美元。

畜产品 2011年，出口额59.9亿美元，同比增长26.2%；进口额134.0亿美元，增长38.8%；贸易逆差为74.0亿美元，增长50.9%。其中，生猪产品出口11.8亿美元，增长16.6%；进口21.4亿美元，增长1.14倍。家禽产品出口17.5亿美元，增长30.6%；进口9.2亿美元，下降7.7%。

水产品 2011年，出口额177.9亿美元，同比增长28.7%；进口额80.2亿美元，增长22.7%；贸易顺差为97.8亿美元，增长34.1%。

（四）一般贸易是我国进出口贸易的主要方式，分别占我国进出口贸易总额的78.9%和81.1% 一般贸易方式出口492.8亿美元，同比增长24.1%，占我国农产品出口总额的81.1%，比上年上升0.76个百分点；进料加工方式出口72.6亿美元，增加15.0%，占12.0%，下降0.8个百分点；来料加工装配贸易方式出口19.3亿美元，增长20.1%，占3.2%，下降0.1个百分点；边境小额出口13.8亿美元，增长19.7%，占2.27%，下降0.06个百分点。

一般贸易方式进口748.1亿美元，同比增长31.0%，占我国农产品进口总额的78.9%，比上年上升0.2个百分点；保税区仓储转口货物贸易方式进口76.0亿美元，增长40.6%，占8.0%，上升0.6个百分点；进料加工方式进口73.9亿美元，增长29.5%，占7.8%，下降0.1个百分点；保税仓库进出境货物贸易方式进口27.9亿美元，增长20.4%，占2.9%，下降0.3个百分点。

（五）进出口市场进一步多元化 亚洲是我国农产品第一大出口市场，2011年，对亚洲出口367.0亿美元，同比增长24.2%，占我国农产品出口总额的60.4%，比上年上升0.6个百分点；欧洲为第二大出口市场，对欧洲出口106.3亿美元，同比增长19.8%，占17.5%，比上年下降0.5个百分点；北美洲为第三大出口市场，对北美洲出口77.0亿美元，同比增长15.8%，占12.7%，比上年下降0.8个百分点。对非洲、南美洲和大洋洲分别出口24.46亿美元、21.43亿美元和11.31亿美元，增幅分别为35.7%、29.4%和30.1%，对这三大洲出口金额合计占我国农产品出口总额的9.4%，比上年上升0.6个百分点。

从国际组织来看，对东盟、北美自由贸易协定组织和欧盟分别出口98.9亿美元、83.3

亿美元和81.6亿美元，增幅分别为32.3%、17.2%和18.1%。

从出口国家和地区来看，2011年出口前10位的国家和地区依次是：日本110.1亿美元，同比增长20.3%，占我国农产品出口总额的18.1%；美国67.8亿美元，增长16.0%，占11.2%；香港59.2亿美元，增长31.3%，占9.7%；韩国41.8亿美元，增长18.3%，占6.9%；印度尼西亚21.5亿美元，增长21.0%，占3.5%；其次是马来西亚、越南、德国、俄罗斯和泰国，出口额分别为21.2亿美元、20.8亿美元、19.9亿美元、19.6亿美元和17.4亿美元，对这五个国家的出口额合计占我国农产品出口总额的16.3%。

2011年，非洲是我国进口农产品第一大洲，进口额为265.2亿美元，同比增长22.2%，占我国农产品进口总额的28.0%，同比下降1.9个百分点；从南美洲进口居第二位，为252.5亿美元，增长29.0%，占26.6%，下降0.4个百分点；从亚洲进口218.2亿美元，增长31.2%，占23.0%，上升0.1个百分点；从欧洲、北美洲以及大洋洲的进口额分别为94.9亿美元、94.7亿美元和23.3亿美元，分别增长37.7%、53.8%和45.3 %，三者合计占我国农产品进口总额的22.4%。

从国际组织来看，从北美自由贸易协定组织、东盟和欧盟进口分别为267.2亿美元、150.2亿美元和70.6亿美元，分别增长22.9%、37.3%和43.0%。

从进口国家看，2011年进口前10位国家依次是：美国233.2亿美元，同比增长25.1%，占我国农产品进口总额的24.6%；巴西156.1亿美元，增长45.4%，占16.5%；澳大利亚64.5亿美元，增长64.0%，占6.8%；阿根廷54.4亿美元，下降4.6%，占5.7%；马来西亚52.6亿美元，增长49.4%，占5.6%；其次是印度尼西亚、印度、加拿大、新西兰和泰国，进口额分别为41.6亿美元、37.6亿美元、31.4亿美元、29.84亿美元和29.83亿美元，分别增长41.2%、46.2%、4.7%、35.2%和19.9%，这五个国家进口额合计占我国农产品进口总额的18.0%。

（六）东部地区进出口均居第一，各地区进出口均有不同程度的增长 2011年，我国东部地区农产品出口额422.4亿美元，同比增长23.1%，占我国农产品出口总额的69.5%，与上年持平；进口额789.1亿美元，增长31.1%，占83.2%，上升0.2个百分点。

东北地区出口额为69.9亿美元，同比增长19.0%，占我国农产品出口总额的11.5%，下降0.4个百分点；进口额62.1亿美元，增长19.5%，占6.5%，下降0.6个百分点。

西部地区出口额为66.9亿美元，同比增长21.7%，占我国农产品出口总额的11.0%，下降0.1个百分点；进口额62.1亿美元，增长26.7%，占6.5%，下降0.3个百分点。

中部地区出口额48.4亿美元，同比增长30.0%，占我国农产品出口总额的8.0%，上升0.5个百分点；进口额35.4亿美元，增长56.4%，占3.7%，上升0.6个百分点。

2011年出口前五位的省依次是：山东161.9亿美元，同比增长20.9%，占我国农产品出口总额的26.7%；广东69.8亿美元，增长22.4%，占11.5%；福建65.6亿美元，增长39.8%，占10.8%；浙江46.9亿美元，增长24.7%，占7.7%；辽宁42.4亿美元，增长

24.9%，占7.0%。

进口前五位的省（直辖市）依次是：山东181.6亿美元，同比增长42.2%，占我国农产品进口总额的19.1%；广东158.7亿美元，增长18.0%，占16.7%；江苏153.3亿美元，增长23.6%，占16.2%；上海76.6亿美元，增长47.8%，占8.1%；天津60.9亿美元，增长34.2%，占6.4%。

农民收入与消费

据国家统计局对全国31个省（自治区、直辖市）7.4万个农村住户抽样调查，2011年，全国农村居民收入实现连续8年较快增长，生活消费水平相应提高，生活质量进一步改善。

（一）农村居民人均纯收入实际增长11.4% 2011年，全国农村居民人均纯收入6 977元，比上年增加1 058元，增长17.9%。剔除价格因素影响，实际增长11.4%，增速比上年提高0.5个百分点。

1. 工资性收入快速增长，占农村居民纯收入的比重继续提高。2011年，农村居民工资性收入为人均2 963元，同比增加532元，增长21.9%。工资性收入对全年农村居民增收的贡献率达50.3%。工资性收入占农村居民纯收入的比重达42.5%，同比提高1.4个百分点。工资性收入快速增长主要是由于农民工工资水平上涨较多。

2. 家庭经营纯收入稳定提高。2011年，农村居民家庭经营纯收入人均3 222元，增加389元，增长13.7%，增速同比提高1.6个百分点。其中，家庭经营第一产业纯收入人均2 520元，增加289元，增长12.9%。家庭经营二、三产业纯收入人均702元，增加101元，增长16.7%。其中，第二产业纯收入人均193元，增加11元，增长5.8%；第三产业纯收入人均509元，增加90元，增长21.4%。2011年农村居民家庭经营纯收入占纯收入比重的46.2%，比上年下降1.7个百分点。

3. 财产性收入保持增长。2011年，农村居民财产性收入人均229元，增加26元，增长13.0%。其中租金收入67元，占财产性收入的29.3%。

4. 转移性收入增速较快。2011年，农村居民转移性收入人均563元，增加110元，增长24.4%，增速同比提高10.6个百分点。农村居民转移性收入增长速度较快，主要是受农村养老保险等政策全面推进的影响。其中，人均离退休金和养老金收入190元，增加77元，增长68.6%。

（二）农民收入差距有所扩大，但收入中位数水平提高 2011年，农村居民人均纯收入基尼系数为0.389 7，比上年的0.378 3扩大0.011 4。由于大多数农村居民收入增速较快，农村居民人均纯收入中位数比人均纯收入的平均数增长速度高。2011年，农村居民人均纯收入中位数为6 194元，比上年增加995元，增长19.1%。农村居民人均纯收入中位数比人均纯收入低783元，但增速高1.2个百分点。

按人均纯收入高低对农村居民收入进行5等份分组，2011年，低收入户、次低收入户、中等收入户、次高收入户和高收入户人均纯收入增速分别为7.0%、17.5%、18.9%、19.5%和19.5%。高收入组农户和低收入组农户人均纯收入的比值从上年的7.5：1提高到2011年的8.4：1。高、低收入组农户收入差距扩大的主要原因是棉花、土豆等部分农产品价格急跌造成部分农户减收，甚至亏损，拉大了高、低收入组农户的差距。

2011年东、中、西、东北地区农村居民人均纯收入分别为9 585元、6 530元、5 247元和7 791元，人均纯收入增长速度分别为17.7%、18.5%、18.8%和21.1%。西部地区增速比东部地区高1.1个百分点。人均收入最高省份与最低省份的收入比2009年为4.19 : 1，2010年为4.08 : 1，2011年为4.11 : 1。

（三）人均生活消费支出实际增长12.6% 2011年，农村居民消费支出人均5 221元，比上年增加839元，增长19.2%，剔除价格因素影响，实际增长12.6%（图21）。

1. 恩格尔系数有所下降。2011年农村居民消费支出中，人均食品消费支出2 107元，比上年增加306元，增长17.0%。农村居民食品消费支出占农民生活消费支出的比重，即恩格尔系数为40.4%，比上年下降0.7个百分点。

2. 衣着支出较快增长。2011年，农民人均衣着消费支出341元，比上年增加77元，增长29.3%。衣着支出占农民生活消费支出的比重为6.5%，比上年提高0.5个百分点。

3. 居住支出较快增长。2011年，农民人均居住支出962元，增加126元，比上年增长15.1%。居住支出占农民生活消费支出的比重为18.4%，比上年下降0.6个百分点。

4. 家庭设备及用品支出增速较快，占比增加。2011年，农民人均家庭设备及用品支出309元，比上年增加75元，增长32.0%，在农民消费的八大类别中增速较快。家庭设备及用品支出占农民生活消费支出的比重为5.9%，比上年提高0.6个百分点。

5. 交通通信支出继续增长。2011年，农民人均交通通信支出547元，比上年增加86元，增长18.6%。交通通讯支出占农民生活消费支出的比重为10.5%，与上年持平。

6. 文教娱乐支出平稳增长。2011年，农民人均文教娱乐支出396元，比上年增加30元，增长8.1%。文教娱乐支出占农民消费支出的比重为7.6%，比上年下降0.8个百分点。

7. 医疗保健支出快速增长。2011年，农民人均医疗保健支出437元，增加111元，增长34.0%。随着新农保大病报销比例提高及家电下乡等惠民政策的实施，也带动了农村居民在相关领域的消费增加。2011年，农村居民购买药品支出人均增加29元，增长26.4%。医疗保健支出占农民消费支出的比重为8.4%，比上年提高1个百分点。

8. 服务性支出比重有所下降。2011年农村居民服务性支出比重有所下降，在全部消费支出中，人均商品性支出3 813元，增加693元，增长22.2%；人均服务性支出1 408元，增加146元，增长11.6%。服务性支出占全部消费支出的比重为27.0%，比上年下降1.8个百分点。

（四）生活质量持续改善

1. 食品消费更加营养丰富。2011年，随着农村居民收入的快速增长，农村居民食品消费更加趋于营养丰富。农村居民人均消费粮食172千克，比上年下降5.9%；消费蔬菜89千克，下降4.2%；消费植物油6.6千克，增长19.5%；消费禽蛋5.4千克，增长5.4%；消费肉类23.3千克，增长5.2%；消费水产品5.4千克，增长4.0%；消费瓜果21.3千克，增长8.5%。

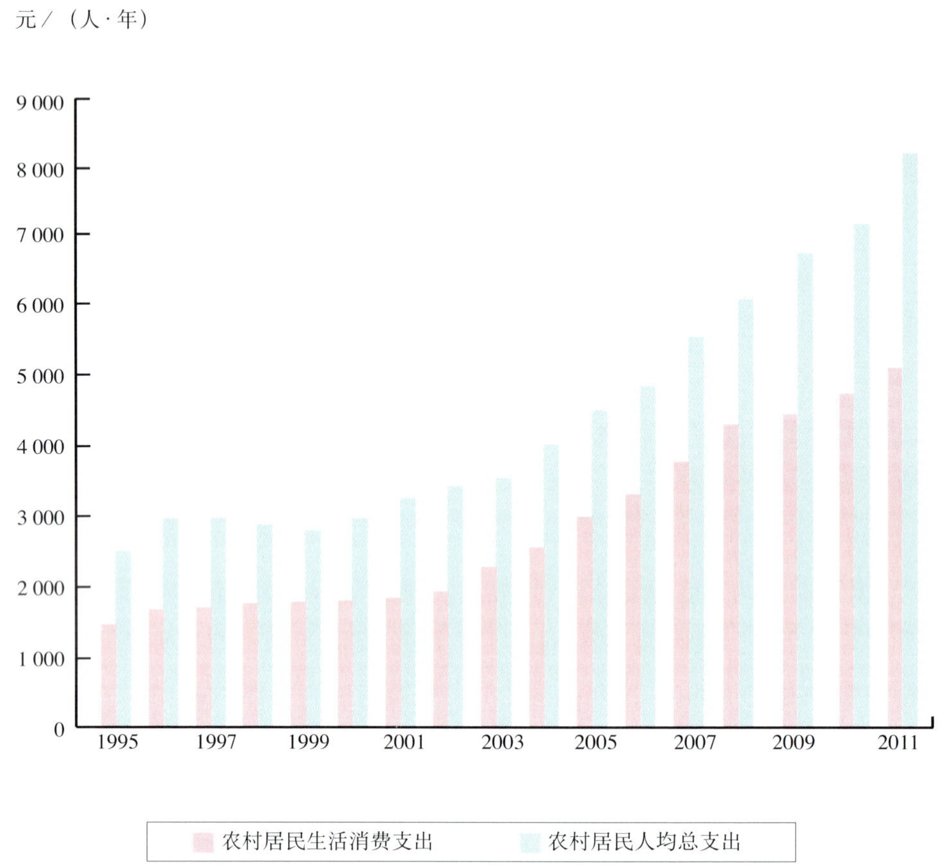

图21 1995—2011年农村居民人均生活费支出变动情况

2. 居住条件和居住环境进一步改善。2011年，农村居民人均居住面积36.2平方米，比上年增长6.3%。其中69.7%的农户人均居住面积大于25平方米，比上年提高4.6个百分点。从居住条件来看，一是住房卫生条件改善。2011年有94.1%的农户居住的住房拥有卫生设备，比上年提高0.3个百分点；其中，住房有水冲式卫生厕所的农户占22.9%，提高1.9个百分点，无厕所的农户占5.9%，减少0.3个百分点。二是供暖条件改善。2011年有43.5%的农户住房拥有取暖设备，其中使用空调和暖气的农户占20.9%，比上年提高2.1个百分点。三是使用清洁能源的农户增加。2011年使用清洁燃料如沼气、燃气、燃油、电、太阳能的农户占38.2%，比上年提高7.1个百分点。四是饮用安全卫生水的农户增加。2011年有79%农户饮用安全卫生水，比上年提高1.1个百分点；其中，饮用自来水的农户占55.1%，提高6.3个百分点。五是住房外部环境有较大改善。2011年，有52.9%的农户住宅外有水泥或柏油状路面，比上年提高2.9个百分点；住宅外有石头或石板等硬质路面的农户占22.4%，比上年提高1.1个百分点；住宅外为土路等非硬质路面的农户占24.7%，比上年下降4个百分点。

3. 主要耐用消费品拥有量不断增加。2011年，农村居民家庭年末主要耐用消费品拥有量不断增加，尤其是手机拥有量增加较多，生活用家电设备增长较快。平均每百户农村居民家庭拥有彩色电视机115.5台，比上年增长3.3%；洗衣机62.6台，增长9.2%；电冰箱61.5台，增长36.2%；摩托车60.9辆，增长3.1%；电动自行车32.7辆，增长41.2 %；移动电话179.7部，增长31.6%；空调22.6台，增长41.1%；抽油烟机13.2台，增长19.1%；微波炉11.8台，增长28.2%；热水器36.7台，增长29.9%，其中具有节能功能的太阳能热水器23.5台，增长48.6%，占热水器的比重为64.1%，提高8.1个百分点；此外，2011年平均每百户农村居民家庭拥有生活用汽车5.5辆，比上年增长1倍；电脑18台，增长73.2%，其中有近3/4的电脑接入了互联网。

财政支农投入

2011年，中央财政用于“三农”的支出合计10 497.7亿元，其中农业生产支出4 089.7亿元，对农民的粮食直补、农资综合补贴、农机购置补贴1 406亿元，促进农村教育、卫生等社会事业发展支出4 381.5亿元，农产品储备费用和利息等支出620.5亿元。

在中央财政用于“三农”的支出中，农业部组织实施的强农惠农富农政策资金1 309.89亿元，比上年增加28. 5%，其中基本建设投资267.86亿元，财政专项资金1 042.03亿元。各类资金重点用于农田建设、新一轮“菜篮子”工程、草原建设与农业生物资源保护、全国农村废弃物资源利用、现代农业公共服务能力条件建设和生产救灾等六个方面建设。

（一）农田建设及各种补贴499.04亿元 其中，基本建设投资安排新增千亿斤粮食田间工程及农技服务体系65亿元，油料生产基地2亿元，糖料生产基地1亿元，旱作节水农业示范工程3亿元，棉花生产基地0.71亿元，农垦天然橡胶基地1.22亿元，农垦现代农业示范工程0.03亿元，国家现代农业示范区标准农田建设项目1.07亿元；财政专项资金安排水稻、小麦、玉米、棉花、东北大豆、长江流域冬油菜、藏区青稞以及部分省马铃薯、花生、天然橡胶等农作物良种补贴220亿元，农机购置补贴175亿元，渔业柴油补贴171.7亿元，测土配方施肥补助15亿元，畜禽良种补贴9.9亿元，粮棉油糖高产创建15亿元。

（二）新一轮“菜篮子”工程63.3亿元 其中，基本建设投资安排生猪标准化规模养殖小区（场）25亿元，奶牛标准化规模养殖小区（场）5亿元，海南冬季瓜菜生产基地及预冷处理系统1.1亿元；财政专项资金安排扶持“菜篮子”产品生产10亿元，能繁母猪补贴22.2亿元。

（三）草原建设与农业生物资源保护163.92亿元 其中，基本建设投资安排天然草原退牧还草工程20亿元，草原防火0.51亿元，保护性耕作工程3亿元，农业生物资源保护工程0.36亿元，湿地保护0.45亿元；财政专项资金安排草原生态保护136.6亿元，转产转业与渔业资源保护3亿元。

（四）全国农村废弃物资源利用43.04亿

元 其中，基本建设投资安排农村沼气工程43亿元，非粮食生物质能试点示范工程0.04亿元。

（五）现代农业公共服务能力建设463.30亿元 其中，基本建设投资安排基层农业技术推广体系建设工程10亿元，动物防疫体系建设工程8亿元，植物保护工程4亿元，农产品质量安全检验检测体系建设工程10亿元，种植业种子工程5亿元，养殖业良种工程3亿元，渔政渔港工程5.91亿元，农业科技创新与推广能力建设6.92亿元，农垦公益性项目1.15亿元，农垦公检法设施0.09万元；财政专项资金安排现代农业产业技术体系13.23亿元，基层农技推广体系改革与建设示范县补助8亿元，农业科研与推广专项31.8亿元，农村劳动力转移培训补助11亿元，农作物病虫害防治4亿元，重大动物疫病免疫、扑杀补助以及基层动物防疫工作补助39.8亿元，直属垦区经济社会发展补助78.8亿元，农产品质量安全监管、农业执法与资源保护、国际交流合作、农业行政管理及部属单位建设与运转、农业经济运行监测与政策研究等项目资金41亿元。

（六）生产救灾等方面77.29亿元 其中，基本建设投资安排农垦危房改造及配套基础设施39.29亿元，血吸虫病综合治理2亿元；财政专项资金安排农业生产救灾资金36亿元。

农业综合开发

2011年，农业综合开发共计投入资金448.87亿元，其中中央财政资金230亿元，带动地方财政配套投入109.65亿元，引导农民筹资投劳及吸引银行贷款、企业自筹资金109.2亿元。

（一）推进粮食生产核心区建设 一是更加注重支持粮食主产区发展粮食生产。2011年，中央财政安排农业综合开发资金147.89亿元用于粮食主产区，占中央财政总投入的64.3%。同时，将29个纳入《全国新增1 000亿斤粮食生产能力规划（2009—2020年）》（简称《千亿斤规划》）的非农业综合开发县以及19个符合政策的农业大县纳入农业综合开发范围。至此，《千亿斤规划》确定的800个产粮大县全部纳入了农业综合开发范围。

二是大力推进中低产田改造和高标准农田建设。明确规定除生态建设任务比较重的省（自治区、直辖市）外，其他地区安排用于中低产田改造、高标准农田示范工程建设和中型灌区节水配套改造的财政资金，不得低于土地治理项目财政资金的90%。在土地治理项目的建设中，坚持田水路林山综合治理，突出抓好以农田水利设施为重点的基础设施建设，加强灌区末级渠系建设，搞好田间工程配套，发展节水灌溉，改善农业生产条件，增强农业抵御自然灾害的能力。2011年，全国安排中低产田改造和高标准农田示范工程建设资金271.57亿元（其中中央财政资金159.74亿元），预计在全国改造中低产田1 119.26千公顷，建设高标准农田499.89千公顷。

三是着力推进高标准农田示范工程建设。除在存量资金中继续加大对高标准农田示范工程建设投入外，要求各地区将中央财政农业综合开发新增资金主要用于高标准农田示范工程建设。2011年，农业综合开发高标准农田示范工程项目建设共投入财政资金90.11亿元（其中中央财政资金59.81亿元），在全国安排高标准农田示范工程建设499.89千公顷，比上年增长42.8%。

四是突出加强中型灌区续建配套和节水改造。落实《中共中央国务院关于加快水利改革发展的决定》（中发[2011]1号）中“到2020年，基本完成大型灌区、重点中型灌区续建配套和节水改造任务”的要求，继续加大对中型灌区节水配套改造的投入力度。全年安排中央财政资金9.22亿元（含部门项目资金6.62亿元），新建续建中型灌区节水配套改造项目175个（其中新建项目96个、续建项目79个）。

五是因地制宜安排实施生态综合治理项目。2011年，安排中央财政资金10.25亿元，在全国建设草原（场）155.87千公顷，治理小流域91.46千公顷，治理土地沙化5.87千公顷。

通过上述举措，2011年农业综合开发预计可新增粮食生产能力31.42亿千克、棉花生产能力0.45亿千克、油料生产能力1.65亿千克，糖料生产能力4.18亿千克。项目区当年新改造粮田可亩均增产粮食100～150千克，由此直接带动农民亩均增加收入250元左右，3 000万农民从中受益。

（二）支持农业产业化经营 2011年，农业综合开发投入中央财政资金35.81亿元，立项扶持农业产业化项目5 427个，预计新建产业化经营项目可使2 200多万农民直接受益，受益农民人均年增加纯收入约500元。重点开展了以下工作：

一是加大财政贴息扶持力度。采取贷款贴息方式，引导金融资本投入项目建设。2011年，共安排中央财政贴息资金18.41亿元，扶持了2 742个贷款贴息项目，“撬动”各类金融机构贷款750亿元用于支持农业产业化发展。

二是扶持农民专业合作社发展。2011年，中央财政存量资金安排12.8亿元，扶持了2 528个财政补助项目。其中，中央财政投入7.07亿元补助资金，扶持了1 783个农民专业合作社项目。

三是支持“菜篮子”蔬菜基地建设。安排中央财政资金4.6亿元，专项支持京、津、冀3省市实施“菜篮子”设施蔬菜基地建设项目，发展蔬菜生产，提高了北方大中城市特别是环京津地区蔬菜应急保障能力。

（三）加大部门项目扶持力度 2011年，共安排中央财政资金21.76亿元用于部门项目建设，比上年增加4.25亿元，增长24.3%。在全面推进项目建设的同时，着重突出几项重点工作：安排中央财政资金6.62亿元，由水利部门组织实施，新建续建了124个中型灌区节水配套改造项目；安排中央财政资金2.06亿元，专门用于扶持木本油料项目建设；安排中央财政资金1.4亿元，支持供销社开展新型合作示范项目建设，立项扶持项目220个；安排中央财政资金2.3亿元用于良种繁育基地建设，其中1亿元用于脱毒马铃薯种薯繁育基地建设。

（四）继续完善运行管理机制 一是研究谋划重大政策框架。继续修改完善《农业综合开发“十二五”工作安排意见》，着手编制《国家农业综合开发高标准农田建设规划（2011—2020年）》。二是修订完善管理制度。在资金管理方面，修订了财政资金县级报账实施办法，加强报账资金管理，提高报账执行可操作性；修订财政资金违规违纪行为处理办法，对违规违纪问题的处理主体、处理权限、处理方式、扣减指标额度等问题作出进一步完善；建立健全绩效评价制度，研究制定了项目资金绩效评价办法，进一步明确考核标准，完善项目资金绩效评价体系。在项目管理方面，修改完善项目评审办法，进一步加强和规范项目评审工作。三是加强农业综合开发县动态管理。在继续从严控制的前提下，确定2012年纯新增开发县37个，适时退出开发潜力较小的开发县（市、区、农场）12个，相应增加了12个开发潜力较大的农牧业大县。四是深入推进科学化规范化管理。在资金管理方面，科学分配中央财政农业综合开发资金；提前下达中央财政资金指标；加快资金支出进度；进一步改进灾毁工程修复补助资金分配方式。在项目管理方面，公开发布项目申报指南；认真组织开展项目专家评审工作，对地方负责评审项目严格进行抽查，及时备案核准，确保项目科学立项；认真审核批复项目计划，确保项目顺利建成。五是全面开展综合检查。取消了每三年进行一次的验收考评，调整为每年开展一次综合检查。2011年第一次在全国范围开展综合检查工作，从委托招标的50家社会中介机构中选择38家对37个省（自治区、直辖市、兵团、农垦）和5个中央有关部门的农业综合开发资金和项目实施情况进行了全面综合检查，实地抽查了215个县，占全国开发县总数的9.9%。

扶贫开发

2011年是我国扶贫开发历史上具有里程碑意义的一年。

（一）《中国农村扶贫开发纲要（2011—2020年）》颁布实施 2011年5月27日，中共中央国务院下发了《关于印发〈中国农村扶贫开发纲要（2011—2020年）〉的通知》（中发[2011]10号，以下简称《扶贫开发纲要》），这是自“八七”扶贫攻坚计划以来，我国扶贫工作领域的第三个纲领性文件。文件在全面总结扶贫开发成就的基础上，客观分析了当前扶贫工作存在的困难和问题，系统提出了新阶段扶贫开发工作的总体思路、指导思想、目标任务、工作格局和政策措施。为强化落实各项政策措施，8月1日，中共中央办公厅、国务院办公厅印发了《关于贯彻实施〈中国农村扶贫开发纲要（2011—2020年）〉重要政策措施分工方案》的通知。

（二）中央扶贫开发工作会议召开 11月29—30日，中央扶贫开发工作会议在北京召开，会议总结了我国扶贫开发工作取得的成就和经验，分析了当前和今后一个时期扶贫开发的形势和任务，对于贯彻落实《扶贫开发纲要》，动员全党全社会力量，打好新一轮扶贫开发攻坚战具有深远意义。会上，胡锦涛总书记、温家宝总理作了重要讲话，回良玉副总理作了总结讲话。会议对2001—2010年为扶贫开发作出突出贡献的先进集体和先进个人进行了表彰。会后，22个省（自治区、直辖市）以党委、政府名义召开了省级扶贫开发工作会议，8个省（自治区）与农村工作会议合并召开，全面传达中央扶贫开发工作会议精神。中央和国家机关各有关部门、中央管理的金融机构和国有重要骨干企业、各民主党派中央和全国工商联、有关人民团体分别以党组会、常务会、办公会、董事会等形式对中央扶贫开发工作会议精神进行了认真的传达学习。

（三）国家扶贫标准大幅度提高 根据《扶贫开发纲要》和到2020年实现全面建设小康社会的目标要求，2011年，中央决定将农民人均纯收入2 300元（2010年不变价）作为新的国家扶贫标准，新标准比2009年1 196元的标准提高了92%。2011年底，按新标准确定的农村扶贫对象规模为1.22亿，占农村户籍人口的比重为12.7%。新扶贫标准考虑了扶贫对象发展生产、增加收入的需要，得到国内外一致好评。

（四）连片特困地区区域发展与扶贫攻坚规划试点启动实施 一是确定连片特困地区为新阶段扶贫攻坚主战场。按照集中连片、突出重点、全国统筹、区划完整的原则，以2007—2009年县域农民人均纯收入、县域人均财政一般预算收入和县域人均国内生产总值三项指标作为基础指标，以革命老区县、少数民族地区县和边境地区县作为调整指标，以此为依据，全国确定了14个连片特困地区，共包括680个县或县级单位，国土面积392万平方千米。二是率先启动武陵山片区区域发展与扶贫攻坚试点。根据《国务院关于武陵山片区区域发展与扶贫攻坚规划（2011—2020年）的批复》（国函［2011］125号），11月15日，国务院扶贫开发领导小组在湖南省湘西土家族苗族自治州召开了武陵山片区区域发展与扶贫攻坚试点启动会。武陵山片区将按照区域发展带动扶贫开发、扶贫开发促进区域发展的基本思路，加大投入力度，整合各类资源，着力解决瓶颈制约和突出矛盾，加快脱贫致富步伐，为全国扶贫攻坚发挥示范引领作用。

（五）专项扶贫工作稳步推进 一是积极协调，努力增加财政专项扶贫资金投入，2011年财政专项扶贫资金投入达到272亿元，比上年增长22%，增量达到历史最高水平。二是按照国家发展与改革委员会《关于印发“十二五”期间报国务院审批的专项规划整体预案的通知》精神，编制“十二五”扶贫开发整村推进规划，3万个贫困村被纳入规划。2011年已在9 000个贫困村启动实施。三是积极支持贫困地区发展特色优势产业，加大政策性金融支持产业化扶贫工作力度，稳步推进“县为单位、整合资金、整村推进、连片开发”试点，2011年继续在100个试点县安排专项资金5亿元，开展试点工作。四是稳步推进易地扶贫搬迁。全年完成扶贫搬迁19万户、78万人。五是抓好劳动力转移培训和干部培训，在100个重点县开展了雨露计划实施方式改革试点。对试点县农村贫困家庭中2011—2012学年接受职业教育及一年以上技能培训的学生，每人补助1 500元。其中，2011年秋季学期补助700元/人，2012年春季学期补助800元/人。补助对象同时享受国家中等职业学校减免学费和生活补贴政策，以及一年以上职业培训优惠等政策。六是推进贫困革命老区整村推进试点工作。2011年，安排5.25亿元中央专项彩票公益金用于19个省（自治区、直辖市）35个贫困革命老区县实施贫困村整村推进。七是加强对青海玉树地震灾区和甘肃舟曲灾区扶贫开发和防灾减灾试点项目的指导。八是启动实施四川大小凉山扶贫开发与艾滋病综合防治试点。继续推进阿坝扶贫开发和综合防治大骨节病、贵州威宁喀斯特地区扶贫开发综合治理、新疆边境扶贫等试点。

（六）社会扶贫工作水平逐步提升 一是定点扶贫工作不断强化。2011年，新增3个定点帮扶县。参与扶贫的中央帮扶单位共向定点县选派挂职干部404名，赴定点县考察6 873人次，其中部级领导189人次；直接投入帮扶资金和物资15.4亿元；帮助引进各类资金50.5亿元、项目1 308个、人才47人、技术15项；举办培训班1 614期，培训各级干部、技术人员和农村劳动力14.9万人次，组织劳务输出3.1万人次；资助贫困学生2.1万人。二是东西扶贫协作取得新进展。2011年，东部省市共向西部贫困地区提供财政援助资金84 026.3万元，援建学校147所、卫生院80所、公路1 012.71千米、基本农田3.5千公顷，解决了32.63万人和15.46万头大牲畜的饮水困难；动员社会力量捐款5 999.49万元，捐物折款4 557.88万元，派出志愿者288人次；协作企业达195个，协议合作项目2 216个，协议合作投资1 201.28亿元；党政干部交流473人次，举办培训班123期，培训4 686人次；专业技术人才交流1 035人次，举办培训班161期，输出技术15项；有组织的劳务输出188 733人次，举办培训班156期，培训436 615人次。三是国际减贫交流合作深入开展。成功组织和举办了第五届中国—东盟社会发展与减贫论坛、第五届10·17国际消除贫困日纪念活动、第二届中非减贫与发展会议等重大国际会议；培训了330多名来自发展中国家的减贫官员，配合有关部门向近百位外国友人介绍了中国扶贫理念和经验。世行五期扶贫项目、亚行技援扶贫项目等扎实推进。

（七）两项制度衔接工作有效开展 2011年8月，在陕西召开了扶贫开发与农村低保两项制度有效衔接工作现场会，总结成功经验，全面推进贫困识别工作。同时，各省自治区、直辖市积极落实扶持政策，确保识别出的扶贫对象应扶尽扶。湖南省将帮扶已经登记造册的80万扶贫对象作为重点民生工程，安排3.2亿元财政扶贫资金，按人均400元的标准，确定帮扶项目、明确帮扶责任人、建立帮扶责任卡，帮助对象户发展生产。广东省通过实施“规划到户、责任到人”的“双到”工程，帮助扶贫对象发展经济建设项目，有劳动能力的37万贫困户年人均纯收入达到3 504元，比上年增加1 094元。

饲料工业

2011年饲料行业克服原料价格上涨、养殖产品市场波动等不利因素影响，加快转变发展方式，顺应需求变化，加强质量安全管理，积极调整产品结构，继续保持了稳定发展的好势头，商品饲料产量、产值再创新高，产业集中度进一步提高，产业体系更加健全完善，企业专业化规模化加快推进，质量安全在高水平上保持稳定。

（一）总产量稳步增长 2011年，全国商品饲料总产量1.81亿吨，比上年增长11.5%。其中，配合饲料产量1.49亿吨，增长15%；浓缩饲料产量2 543万吨，下降4%；添加剂预混合饲料产量605万吨，增长4.5%。从饲料品种看，猪饲料6 830万吨，增长14.9%；蛋禽饲料3 173万吨，增长5.5%；肉禽饲料5 283万吨，增长11.6%；水产饲料1 684万吨，增长12.1%；反刍饲料775万吨，增长6.5%；其他饲料316万吨，增长12%。

（二）产品质量不断提高 《饲料和饲料添加剂管理条例》经修订后正式颁布实施，饲料法律法规体系更加完善；经过连续三年的饲料质量安全整治行动，饲料执法体系不断健全，监测技术不断提高，执法力度不断增强；饲料行业监管工作全面化、规范化、制度化加快推进，饲料质量水平稳步提升，有力保障了饲料行业的持续健康发展。2011年，全国共检查饲料生产企业、经营单位和养殖场户14 802个(次)，抽检饲料、动物尿液24 727批次。饲料产品总体合格率达到95.5%，比上年提高1.6个百分点。瘦肉精、三聚氰胺等违禁药物和违禁添加物检出率逐年下降，动物性产品质量安全水平明显提高。

（三）产品结构加快调整 在玉米等大宗饲料原料价格高位运行、畜牧水产规模化标准养殖比例提高、散养户加快退出等因素影响下，配合饲料、浓缩饲料和添加剂预混合饲料三种主要商品饲料结构进一步调整，配合饲料产量占总产量比重进一步提高，达到82.6%，浓缩饲料比重下降到14.1%，添加剂预混合饲料比重3.3%，三者比值为24.7 ：4.2 ：1。从近三年的统计数据看，配合饲料延续了比重持续提高的势头，替代养殖户自配饲料的速度进一步加快。

（四）产业集中度进一步提高 2011年，我国配合饲料、浓缩饲料、添加剂预混合饲料等三类饲料加工企业数量为10 915家，比上年增加72家。受玉米、鱼粉等大宗饲料原料价格高位运行、原料市场供应紧张、商品饲料市场份额争夺激烈影响，中小型饲料企业由于资金周转压力大、管理水平低、成本控制能力弱、服务能力不强，发展速度放缓，一些地区中小企业退出。大型饲料企业则通过扩建、收购等方式加速企业扩张步伐，行业整合速度进一步加快。大型饲料企业集团加快向养殖业、畜产品加工业等上下游产业延伸，发展产业化经营，降低企业经营风险，规模化竞争优势更加明显。

（五）区域稳步协调发展 2011年，东部地区饲料总产量为9 417万吨，占全国饲料总产量的52.1% ；中部地区饲料总产量为5 221万吨，占全国的28.9% ；西部地区饲料总产量为3 424万吨，占全国的19%。与上年相比，东部地区增长11.0%，中部地区增长10.5%，西部地区增长14.4%。饲料产量突破千万吨的省份由上年的5个增加到6个。分别为：广东省（2 095万吨，同比增长11.4%）、山东省(2 050万吨，增长12.7%)、河南省（1 262万吨，增长9.4%)、辽宁省（1 216万吨，增长8.3%)、河北省（1 150万吨，增长5.9%)、湖南省（1 006万吨，增长10%)。以上6省合计产量8 779万吨，占全国总产量48.6%。

（六）饲料添加剂产量稳定增长 2011年我国饲料添加剂企业达到1 396家；单一饲料原料企业达到2 000家；动物源性饲料企业达到986家；饲料加工机械企业达到57家。2011年，饲料添加剂产量629.0万吨，比上年增长9.9%。主要饲料添加剂品种中，氨基酸产量90.1万吨，增长26.3% ；维生素产量72.2万吨，增长15.4% ；矿物元素及其络合物产量403.9万吨，增长5.0% ；酶制剂产量7.6万吨，增长5.6% ；抗氧化剂产量5.1万吨，增长30.7% ；防腐、防霉剂产量4.8万吨，增长29.3% ；微生物添加剂产量8.2万吨，增长11.4%。

（七）从业高学历专业人才数量增加 2011年，饲料企业年末职工人数为68.2万人，比上年增长9.8%。其中，大专以上学历的职工数27万人，占职工总人数的39.5%，其中，博士1 853人，增长6.6% ；硕士8 038人，增长7.2% ；大学本科85 488人，增长10.1% ；大学专科173 149人，增长21.0% ；其他学历413 379人，增长5.6%。拥有技术职称的技工68 797人，增长2.4%。

专栏8

饲料质量安全监管和“瘦肉精”专项整治

2011年，农业部门狠抓质量安全监管，深入推进“瘦肉精”专项整治，着力完善管理体制机制，推动饲料和养殖环节质量安全水平稳步提升。

1.加强饲料行业法制建设。配合国务院法制办完成《饲料和饲料添加剂管理条例》(以下简称《条例》)修订工作。起草完成《饲料和饲料添加剂生产许可管理办法》等4个《条例》的配套管理办法，以及《饲料质量安全管理规范》、《饲料原料目录》等技术规范性文件。

2.妥善处置河南“瘦肉精”案件。第一时间紧急行动，案件发生当天赶赴现场督查；第一时间全面部署，连夜发出紧急通知，要求各地迅速行动，加强生猪养殖重点地区排查；第一时间公开信息，及时组织召开新闻通气会全面介绍全国“瘦肉精”监管工作及成效，公布后续行动和措施。

3.深入组织开展“瘦肉精”专项整治。按照国务院《“瘦肉精”专项整治方案》部署，组织多部门联合开展督查，通过中央主流媒体适时公布专项整治工作进展，协调落实应急经费1 850万元，制定实施养殖环节“瘦肉精”监测计划。截至2011年10月底，各地共出动执法人员224万人次，在饲料、养殖、收购贩运环节检查生产经营主体284万个，签订《不使用“瘦肉精”承诺书》245万份，发放各类宣传材料1 402万份，培训188万人次，落实监管经费4.92亿元，抽检各类样品848万批次。

4.督促各地从严查处违法案件。督促属地管理部门加大案件查处力度，吊销2家“瘦肉精”涉案饲料企业生产许可证，并移送公安部门立案侦查。第一时间处置山东、河北等地发生的“瘦肉精”案件，责成有关省份及时调查核实，积极回应媒体关切，并有针对性地采取监管措施。

5.强化企业监督管理。一是严把行业准入关。从严行政许可，审核发放饲料添加剂和添加剂预混合饲料生产许可证1 087个，注销饲料添加剂和添加剂预混合饲料生产许可证187个。二是加强企业监督检查。在河北等10个省（自治区、直辖市）200家饲料生产企业开展跨省互检。三是组织试点实施《饲料质量安全管理规范》，完成30家企业试点工作。

上述工作取得了明显成效。饲料质量安全状况继续改善。2011年，全国各类饲料产品质量卫生指标合格率达到95.5%，比上年提高1.62个百分点，违禁物质检出率为0.06%，继续保持较低水平；在对2 618批次饲料原料和奶牛饲料样品三聚氰胺监测中，仅有2批次样品检测不合格。养殖中违禁使用“瘦肉精”的现象得到有效遏制。据统计，全国各级畜牧兽医部门共抽检活畜尿液等样品848万批次，检出含“瘦肉精”样品1 481个，检出率0.02%。农业部组织的11种“瘦肉精”类物质排查监测数据显示，从养殖环节抽检的4 543批次活畜尿样中，仅有7批次检出盐酸克伦特罗，检出率0.15%。

2012年，饲料质量安全监管和“瘦肉精”专项整治将主要做好以下重点工作：一是宣传贯彻落实《条例》及配套规章。二是全面规范饲料生产经营行为。三是加强饲料和养殖环节质量安全监管。四是强化饲料行业技术支撑。

草原保护与建设

2011年，草原保护与建设继续深入开展，草原生态环境加速恶化的势头得到遏制，局部地区生态环境明显改善。全年共建设草原围栏约7 000千公顷，累计种草保留面积10 466.67千公顷，改良草原3 061千公顷，全国草原综合植被盖度达51%。

（一）草原保护建设工程加快实施 继续组织实施退牧还草、京津风沙源草原治理、游牧民定居等工程项目，开展草原围栏封育和人工种草，实施严重退化草原补播改良，建设草原防火隔离带和无鼠害示范区，推行禁牧休牧和草畜平衡制度，保护和恢复草原生态环境，取得了积极成效。据农业部监测，2011年，工程项目治理区比非工程区的草原植被盖度平均高出10个百分点，高度平均提高42.8%，鲜草产量平均提高49.9%，可食鲜草产量平均提高54.3%；全国天然草原鲜草产量突破10亿吨，达10.02亿吨，比上年增加2.7%。

（二）草原生态保护补奖机制全面建立 2011年，中央财政安排136亿元资金，在西藏、内蒙古、新疆（含新疆生产建设兵团）、青海、四川、甘肃、宁夏和云南等8个省、自治区，启动建立草原生态保护补助奖励机制。实施草原禁牧补助、草畜平衡奖励、牧草良种补贴和牧民生产资料综合补贴，同时根据各地绩效考评结果，对落实草原生态补助奖励政策较好的地方政府安排资金奖励。在保护草原生态环境的同时，推动了牧区传统粗放生产方式的转变、提高了草原畜牧业生产效率。2011年，全国禁牧草原面积95 066.67千公顷，推行草畜平衡面积143 866.67千公顷；全国重点天然草原牲畜超载率28%，比上年下降2个百分点。

（三）草原承包经营制度稳步推进 2011年，农业部通过制度设计、文件规范、宣传引导、监督检查和工程带动等措施，稳步推进草原承包经营制度的实行。截至2011年底，全国累计承包草原面积达242 667千公顷，占全国可利用草原面积的72.8%，牧区草原承包率超过90%。

（四）草原执法和防灾减灾能力建设不断强化 严厉查处和打击各种破坏草原的违法行为，维护农牧民合法权益。2011年，全国各类草原违法案件发案17 245起，比上年减少15.7%；全年草原违法案件共破坏草原12.12千公顷，比上年减少22.2%。积极开展草原火灾和鼠虫害防控，努力减轻农牧民群众因灾损失。2011年，全国共建设边境草原防火隔离带2 944公里，共购置易损易耗防火物资装备10 940台(套、个)，对中央草原防火物资储备库和27个极高火险市、26个极高火险县的草原防火物资储备库（站），以及在四川汶川地震灾害中调用物资的6个储备库进行了物资补充。全国草原鼠虫害防治机构共配备大型机械269台（套），中小型喷雾器1.77万台（套），全年共防治草原鼠害7 030千公顷，防治草原虫害5 340千公顷，生物防治比例分别达到80%和50%，有效遏制了草原鼠虫害蔓延的趋势，使防治区内草原植被得到恢复，生态环境得到明显改善。

水生生物资源养护

（一）水生生物增殖放流 2011年，全国共投入增殖放流资金8.4亿元，共放流苗种296亿尾，其中放流海洋经济物种151亿尾，淡水经济物种1 451亿尾，珍稀濒危物种1 800万尾。

增殖放流的海洋经济物种主要包括中国对虾、竹节虾、长毛对虾、斑节对虾、海蜇、梭子蟹、牙鲆、真鲷、黑鲷、梭鱼、笛鲷类、大黄鱼等。其中中国对虾76.28亿尾、竹节虾22.26亿尾、长毛对虾3.6亿尾、斑节对虾1.77亿尾、大黄鱼1 769万尾、鲷科鱼类3 936万尾、鲆鲽类9.14亿尾、梭鱼822万尾、蟹类4.2亿只、海蜇4.4亿只。增殖放流的淡水经济物种主要包括四大家鱼、鲤、鲫、鳊、鲂、翘嘴鲌、中华绒螯蟹、细鳞斜颌鲴等。其中四大家鱼47.8亿尾、鲤4.08亿尾、鲫4.4亿尾、鳊鲂类3 883万尾、中华绒螯蟹2.04亿尾、翘嘴鲌845.5万尾、细鳞斜颌鲴1 894万尾。增殖放流的珍稀濒危水生野生动物主要包括中华鲟、史氏鲟、达氏鳇、胭脂鱼、海龟、大鲵、青海湖裸鲤、细鳞鱼等。

为进一步规范和加强增殖放流项目管理，提高财政资金使用效率，确保中央支渔惠渔政策落到实处，农业部办公厅下发《关于开展增殖放流项目专项检查的通知》（农办渔[2011]21号），组织对2009年和2010年增殖放流转移支付项目开展专项检查。通过检查，全面梳理了2009和2010年中央财政增殖放流转移支付项目资金使用、项目管理和放流任务完成情况。

（二）重大养护活动 2011年，农业部共与16个省（直辖市）联合开展了17次增殖放流活动。全国共举办1 750余次水生生物增殖放流活动，并开展环保宣传、渔文化知识普及、苗种认捐、祈福放生等活动，形成了社会各界广泛参与的良好氛围。

与广西壮族自治区人民政府联合举办珠江生物增殖放流活动，向珠江投放重要经济生物260多万尾。与福建省人民政府在福州市联合举办台湾海峡海洋生物增殖放流活动，向台湾海峡投放重要海洋经济和珍稀濒危生物180多万尾。与山东省人民政府联合举办黄海生物增殖放流活动，放流牙鲆、黑鲷、花鲈、中国对虾等四个品种。与江西、湖北、湖南、安徽、江苏五省联合举办长江中下游渔业资源修复放流活动，放流青、草、鲢、鳙、鲤、鲫、鲂、胭脂鱼和甲鱼等重要经济和珍稀濒危生物5亿尾以上，种植水草1.83千公顷，底播贝类308万粒。首次与西藏自治区人民政府联合举办尼洋河生物增殖放流活动，向尼洋河投放异齿裂腹鱼、尖裸鲤、拉萨裸裂尻等西藏地区特有鱼类33万尾。此外，还与天津、辽宁、浙江、青海、宁夏、云南、新疆等省（自治区、直辖市）人民政府联合开展了放流活动。

（三）水产种质资源保护 农业部于2011年12月审定公布了第五批62个国家级水产种质资源保护区，分布于长江、淮河、黑龙江、黄河等水系的43条江河、12个湖泊、2个水库，以及黄海、东海和南海的5个海湾、岛礁、滩涂等水域生态系统。重要的保护品种达上百种，包括《国家重点保护经济水生动植物资源名录》所列的鲤、鲫、鳜、鳊、白甲鱼、长薄鳅、刀鲚、大马哈鱼、黄鳝、黄颡鱼、细鳞斜颌鲴、中华绒螯蟹、光倒刺鲃、重口裂腹鱼、长吻鮠、西施舌、文蛤等国家重点保护经济物种、洄游性水生生物以及地方特有种质资源。截至2011年底，农业部共审定公布了五批282处国家级水产种质资源保护区。2011年3月，

《水产种质资源保护区管理暂行办法》正式实施。根据管理办法，农业部组织各地开展了水产种质资源保护区规划编制工作。

（四）休渔禁渔 伏季休渔、长江禁渔和珠江禁渔制度顺利实施。黄渤海区和东海区刺网渔船首次全部纳入伏季休渔管理，三个海区近15万艘海洋捕捞渔船休渔，其中包括4万多艘刺网渔船，基本做到“船进港，网封存，证集中，人上岸”，没有发生大规模的违规和严重暴力抗法事件。2011年珠江首次禁渔，各级渔业部门采取多种措施，使珠江禁渔期制度平稳有序执行，实现了预期目标。2011年是长江禁渔期制度实施十周年。十年来，长江禁渔取得显著成效，在保护资源环境、扩大社会影响、锻炼渔政队伍、创新养护制度等方面发挥了重要作用。

（五）水生野生动植物保护 水生生物自然保护区建设积极推进。2011年5—10月，农业部首次组织开展为期半年的长江流域涉保护区渔政执法专项活动，对长江上游珍稀特有鱼类国家级自然保护区、长江湖北新螺段白鱀豚国家级自然保护区进行执法检查，清理整顿了一批非法工程建设和采砂活动。组织有关专家对涉国家级自然保护区重庆段的9个工程影响进行了评价。

珍稀濒危水生野生动物放流和救护得到加强。农业部印发了《珍稀濒危水生动物增殖放流规划》，要求各地结合实际做好本地增殖放流计划的细化完善工作，科学合理确定适宜放流的物种、水域、时间以及数量等。在湖北省宜昌市举办2011年长江珍稀濒危水生生物增殖放流活动，现场放流中华鲟、达氏鲟、胭脂鱼及长江特有鱼类57万尾。在海南省琼海市举办海龟增殖放流活动，现场放流海龟200头。积极开展长江江豚保护。针对春夏之交长江中下游地区严重旱情、江豚生存受到严重威胁的紧急情况，农业部发出《关于请做好长江天鹅洲白鱀豚国家级自然保护区江豚保护工作的紧急通知》，并立即组织专家开展江豚受威胁情况评估和对策研究，制定江豚救助应急预案，组成救护小组，落实救灾资金300万元用于支持保护区补水工作，使保护区水量得到及时补充，保证了江豚生存安全。

水生野生动物特许利用管理进一步强化。农业部组织对海洋馆、水族馆进行实地核查，对水生野生动物展演场馆进行评估，对部分需整改展演场馆进行核查再评估。针对欧盟2011年度全面禁止欧鳗苗种出口的新政策，农业部渔政指挥中心会同国家濒管办组织有关省份渔业行政主管部门、鳗业协会研究应对措施，并赴福建省对欧洲鳗鲡进出口管理情况进行调研，及时帮助欧鳗生产企业解决困难和问题。认真做好水生野生动物特许利用审批工作，全年共办理水生野生动物特许利用审批414件。

（六）渔业生态环境保护 蓬莱19－3油田溢油事故发生后，农业部按照国务院的决策部署和工作分工，立即成立了溢油事故渔业应急处置工作小组，启动了海洋溢油突发事件渔业应急处置程序，组织了水产养殖病害、水域生态环境监测、水产品质量检测、渔业资源评估等领域专家，开展了渔业资源损害调查评估和索赔准备工作，指导协助地方开展溢油事故渔业处置和养殖渔业损失索赔工作。及时调度福建闽江死鱼情况，协助申请救灾资金，并积极协调有关力量帮助贵州应对乌江死鱼事件。

组织各地和有关专家对《全国重要江河湖泊水功能区划（征求意见稿）》进行研究和汇总，提出622条意见反馈水利部。参与审查松花江、海河、淮河、珠江、黄河口、太湖、鄱阳湖、金沙江、岷江等流域规划，对严重破坏水生生物资源的工程措施提出反对意见，并明确要求增殖放流等水生生物资源养护重点内容在规划中予以充分体现。积极参与新一轮《全国海洋功能区划》和各沿海省区市海洋功能区划修编审查工作，保护渔业发展空间，切实维护渔业利益。

根据《水产种质资源保护区管理暂行办法》，初步建立国家级水产种质资源保护区内建设项目审查程序。先后组织审查了24个涉国家级水产种质资源保护区的建设项目环境影响评价报告，并提出了明确的生态补偿要求。继续参与海洋工程建设项目环境影响评价工作，全年共参与审查了长兴岛临港工业区等53项海洋工程环境影响报告书。

农业部与环保部联合发布了《中国渔业生态环境状况公报（2010）》。举办了全国渔业污染事故调查鉴定资格上岗培训班，共培训学员100余名。组织渔业水域污染事故技术审定委员会专家考核潮州、汕尾、惠州、深圳龙岗、东莞、江门、阳江等地资质条件。

专栏9

珠江禁渔期制度实施

珠江流域水生生物资源丰富，是我国南方水生生物资源的基因库和全国重要淡水渔业生产基地。为养护珠江生物资源、保护生物多样性、促进珠江渔业可持续发展和生态文明建设，根据《中华人民共和国渔业法》和《中国水生生物资源养护行动纲要》，经国务院同意，自2011年起实行珠江禁渔期制度。

1.统一禁渔水域范围。禁渔水域范围包括珠江在江西、湖南、广东、广西、贵州和云南六省（自治区）的干流、重要支流及通江湖泊。珠江干流包括西江上游的南盘江、红水河、黔江、浔江和西江下游；支流包括东江、北江、柳江（含融江）、桂江（含漓江）、郁江（含邕江）和北盘江；通江湖泊包括抚仙湖、星云湖、异龙湖、杞麓湖和阳宗海。珠江入海河口水域界限由广东省渔业行政主管部门确定、公布，并报农业部备案。各省（自治区）可根据本地实际，将其他相关河流、湖泊纳入禁渔范围。

2.禁渔时间。禁渔时间为每年的4月1日12时至6月1日12时。各省（自治区）可根据本地实际，在执行统一禁渔规定的基础上，适当延长禁渔时间。

3.禁止作业方式。禁渔期间在禁渔水域范围内禁止所有捕捞作业。国家级水产原种场因采捕珠江天然水产苗种、有关科研单位进行珠江渔业资源调查研究确需进行捕捞的，须经省级渔业行政主管部门核准后报农业部审批。

实行珠江禁渔期制度，养护珠江生物资源，是贯彻落实科学发展观、促进生态文明建设的重要举措，是实现珠江生物资源可持续利用、维系水域生态平衡的有效措施。2011年珠江禁渔期制度涉及珠江流域广东、广西、云南、贵州、湖南和江西六省（自治区）的37个市（州）近200个县，禁渔涉及渔船28 367艘、渔民114 426人。农业部和沿江各级人民政府对珠江禁渔期制度高度重视，进行周密细致的部署。各级渔业部门狠抓落实，通过广泛宣传、扩大影响，加强管理、严格执法，帮扶渔民、增殖资源，使珠江禁渔期制度平稳有序执行，实现了预期目标。据监测，珠江禁渔的第一个月，漂流性仔鱼资源明显增加，开捕后单船渔获量同比增长20%～30%。

5 农业产业化经营

2011年，我国农业产业化快速发展，组织数量大幅增加，龙头企业经济实力不断壮大，辐射带动能力明显增强，有力促进了农业稳定发展和农民持续增收。

（一）农业产业化组织快速成长 截至2011年底，各类产业化组织达到28万个，其中龙头企业达到11万家，带动全国40%以上的农户从事农业生产，基地规模占全国农业生产总规模的60%以上。2011年，龙头企业销售收入达5.7万亿元，出口创汇额占全国农产品出口额的80%以上，所提供的农产品及加工制品占农产品市场供应量的1/3，占主要城市“菜篮子”产品供给的2/3以上。“十一五”期间，龙头企业投入原料生产基地建设资金年均递增近20%，2011年超过3 000亿元。

（二）农业产业体系逐步完善 龙头企业不断强化良种繁育、原料基地等上游产业链建设，大力发展精深加工，拓展包装储藏、物流配送和市场营销等下游环节，打造完整产业链条，优化产业结构，促进产业升级，推动了现代农业产业体系的构建。截至2011年底，各类产业化组织辐射带动种植业生产基地占全国农作物播种面积的60%以上，带动畜禽饲养量占全国饲养总量的70%以上，带动养殖水面占全国总养殖水面的80%以上。龙头企业从事农产品加工业产值与原料采购值之比达到2∶1，流通型龙头企业市场交易额超过2万亿元。

（三）科技创新活力不断增强 龙头企业不断加大研发力度，积极开发新品种，加快先进适用技术的推广应用，已成为推进农业科技进步与创新的重要力量。“十一五”期间，国家重点龙头企业共投入科研经费772亿元，年均增长18.7%。截至2011年底，90%以上的国家重点龙头企业建立了研发中心，60%的企业科研成果获得省级以上科技成果认定或奖励。截至2011年底，省级以上龙头企业科技人员达到38.5万人，占全国农业科技人才资源总量的36.8%。龙头企业通过建设高标准的原料生产基地，加大新品种、新技术、新工艺的试验示范和推广力度，促进农业科技成果转化为现实生产力。2011年，每个国家重点龙头企业平均投入4 500多万元建设标准化种养基地。

（四）辐射带动能力不断增强 龙头企业通过多种方式密切与农民的利益关系，实现企业与农民共享产业化发展成果。一是通过保护价和加价收购农产品、利润返还、股份分红等形式，完善与农户的利益联结机制。截至2011年底，通过合同、合作、股份合作三种较为紧密的利益联结方式带动农户的产业化组织占总数的98%以上。二是通过组织农户生产、吸纳农民就业等途径，不断提高带农就业增收能力。截至2011年底，各类产业化组织带动农户达1.1亿户，农户从事产业化经营年户均增收2 400多元。国家重点龙头企业平均吸纳就业2 100多人，每个职工年均工资福利近2万元。三是通过为基地农户提供优良品种、技术培训、病虫害防治、贷款担保等方式，不断增强服务功能。“十一五”期间，龙头企业为基地农户提供生产资料垫付资金年均超过300亿元，培训农民资金累计达260亿元，年均培训600万人次。

农产品加工业

2011年，在国际经济形势持续动荡、国内经济增长下行压力加大等不利情况下，我国农产品加工业总体保持了平稳较快发展。产销衔接良好，经济效益稳步提高，出口基本稳定，区域发展进一步协调。2011年，全国共有规模以上农产品加工企业7.95万个，从业人员1 926.44万人，完成总产值150 659亿元，比上年增长29.6%（名义增长率，下同）；占工业总产值的比重约为17.6%，比上年上升了0.1个百分点；完成销售产值147 581亿元，主营业务收入147 100亿元，利润总额9 774亿元，出口交货值13 921亿元。

（一）生产持续稳定增长，食品工业增长较快 全年规模以上农产品加工业月平均产值12 555亿元，12月达到最大值14 486亿元。食品工业共完成总产值76 168亿元，比上年增长31.6%，高出农产品加工业平均增速2.0个百分点，占农产品加工业总产值的50.6%，比上年提高0.8个百分点。在农产品加工业中，农副食品加工业总产值44 707亿元，增长33.0%；食品制造业总产值14 212亿元，增长31.7%；饮料制造业总产值10 465亿元，增长34.3%；烟草制品业总产值6 785亿元，增长19.1%。

（二）内需持续增长，产销衔接良好 全年规模以上农产品加工企业实现销售产值147 581亿元，产销率达98.0%，与上年持平，比工业产销率高出0.2个百分点；各月产销率基本保持在98%，最大波动0.5个百分点，产销衔接始终保持良好状态。全年农产品加工业内销率为90.6%，比上年提高1.1个百分点，内销率的提高抵消了外销减少带来的负面影响，保证了农产品加工业持续稳定发展。

（三）经济效益与产销同步增长，劳动生产率大幅提高 全年规模以上农产品加工企业实现主营业务收入和利润总额分别达147 100亿元和9 774亿元，分别比上年增长29.7%和34.5%。营业收入利润率为6.6%，比上年提高0.2个百分点；其中食品工业利润率为7.3%，比上年提高0.4个百分点。人均年产值782 059元，增长18.2%，其中食品工业人均年产值达到1 159 653元。

（四）加工制品产量稳定增长，初加工向产区集中 全年农产品加工制品产量基本保持稳定增长态势。其中，小麦粉产量11 678万吨，比上年增长24.1%；大米产量8 840万吨，增长20.4%；精制食品植物油产量4 332万吨，增长19.6%；成品糖产量1 184万吨，增长5.9%。粮食、蔬菜、水果、油料（大豆除外）等初加工向产区集中趋势明显。小麦主产区加工小麦粉9 743万吨，占全国的83%；稻谷主产区加工大米6 183万吨，占全国的70%；甘蔗主产区广西成品糖产量占全国的63%。

（五）月度出口基本保持稳定，增速回落 全年月平均出口额1 160亿元，月波动幅度不大，基本保持稳定。全年农产品加工业完成出口交货值13 921亿元，同比增长16.1%。受国际经济形势影响，下半年出口增幅逐月下降。

（六）固定资产投资持续较快增长，食品工业投资增长明显 全年农产品加工业（不含中药）累计投资20 519亿元，比上年增长34.8%，增幅比制造业高出3个百分点，占制造业投资的比重由上年的19.6%上升到20.0%。食品工业累计投资9 790亿元，同比增长37.5%。占农产品加工业投资的比重由上年的46.8%上升到47.7%。其中农副食品加工业和饮料制造业投资增幅分别高达44.1%和40.7%。

（七）中西部地区加速发展，区域协调发展趋势显现 全年东部地区实现农产品加工业产值90 978亿元，占全国的比重为60.4%，比上年下降2.6个百分点；中部地区产值38 447亿元，占全国的比重为25.5%，上升2.0个百分点；西部地区产值21 233亿元，占全国的比重为14.1%，上升0.6个百分点。在固定资产投资方面，中西部地区也明显快于东部地区。

我国农产品加工业虽然保持了持续较快的发展势头，但也还存在一些问题。主要表现在：一是小型企业多，生产、经营面临诸多困难。二是一些行业产能过剩，企业利润率偏低。三是精深加工程度低，产品附加值不高。四是出口下滑，部分行业受到冲击。虽然2011年全年农产品加工业完成出口交货值13 921亿元，比上年增长16.2%，但受国际经济形势影响，下半年出口增幅逐月下降。

农作物病虫害防治体系建设

2011年，我国农作物病虫害中等发生。其中，水稻“两迁”害虫、小麦蚜虫、玉米螟、二点委夜蛾、蝗虫、马铃薯晚疫病等重大病虫害对粮食安全生产造成严重威胁。各级党委政府和农业部门加强组织领导，进一步完善政府主导、属地责任、联防联控三大机制，及早安排部署，尽早落实责任，强化监测预警，大力推进专业化统防统治，组织群防群治、联防联控，全力打好防控战役，有效地控制了病虫危害，实现了飞蝗不起飞成灾，土蝗不扩散危害，重大病虫危害损失率控制在5%以内，重大植物疫情不蔓延危害的防控目标，为农业生产稳定发展和粮食连续8年增产作出了重要贡献。

（一）病虫监测预警 2011年，农业部编发农作物重大病虫发生防治信息周报30期，病虫发生防治种植快报12期，《植物病虫情报》32期，在中央电视台农业频道发布农作物病虫预报22期、综合频道天气预报栏目先后发布小麦赤霉病、穗期蚜虫、东亚飞蝗、稻飞虱、玉米二点委夜蛾、稻瘟病等警报6期，通过中国农技推广网等网站发布各类病虫预报信息300多条，重大病虫害中短期预报准确率达到了90%以上。全国农作物重大病虫害数字化监测预警系统进一步完善，使用面明显扩大。据统计，31个省（自治区、直辖市）植保机构以及600个全国农作物重大病虫监测预警区域站累计上报数据840多万项，比上年增加65%，显著提高了信息传递时效性和分析处理能力，丰富了国家农作物病虫害测报资料数据库。坚持重大病虫趋势会商和防控对策研讨制度，组织全国性会商活动10多次，制定了《南方水稻黑条矮缩病联防联控方案》、《二点委夜蛾防控技术要点》等，较好地指导了防控行动。

（二）病虫专业化统防统治　2011年，农业部大力推进专业化统防统治，印发了《农作物病虫害专业化统防统治管理办法》，组织设计并公布了专业化统防统治全国统一服务标识，认定了500个规范化防治服务组织，并挂牌和授权使用全国统一服务标示。6月15日，在湖南省长沙市召开全国农作物病虫专业化统防统治工作会议，进一步明确了发展专业化统防统治“政府支持、市场运作、农民自愿、因地制宜”的原则；在支持环节上，突出发展专业化防治组织；在防治模式上，突出发展全程承包服务；在区域布局上，突出重点作物、关键区域和重大病虫；在推进方式上，突出整建制示范带动；在工作措施上，把专业化统防统治作为转变农业发展方式、推进现代农业发展的重要措施，作为植保工作的重中之重，真正抓出声势、抓出经验、抓出成效。据统计，截至2011年底，全国已注册的专业化统防统治组织达到1.5万个，比上年增加3 000个，完成统防统治面积43 333.33千公顷次，其中小麦、水稻统防统治覆盖率15%以上，同比增加3个百分点。

（三）病虫绿色防控　2011年，农业部印发了《关于推进农作物病虫害绿色防控工作的意见》，组织推广了以生物防治为主的蝗虫绿色防控技术、玉米螟绿色防控技术，建立106个农作物病虫害绿色防控技术集成示范区，在示范区集成和优化以生物防治、生态控制、物理防治、理化诱控和化学调控等技术措施为主的全程绿色防控技术体系，带动全国各级建立绿色防控示范区1 500多个，示范面积达到6 666.67千公顷次。据统计，2011全国绿色防控技术应用面积已上升到67 866.67千公顷次，占农作物病虫害防控面积的12.3%，同比增加2.2个百分点。编发蔬菜、果树、茶叶绿色防控技术彩色挂图3万册，举办绿色防控技术培训班4期，培训技术骨干497名，举办农民田间学校304间，培训农民技术骨干9 400多人。

（四）安全用药知识培训普及　2011年，农业部将安全用药知识培训普及纳入为农民办理的实事之一，在21个省（自治区、直辖市）举办安全用药培训班350期次，累计培训专业化统防统治从业人员、农药经销商、种植专业户等1.7万人次。组织编发《农药安全使用挂图》4.5万套、《科学安全用药培训指南》1.5万册，免费赠送防护雨披1.5万套、防护面罩3万个。同时，结合推进专业化统防统治，在江苏等14省100个县（市、区）共举办培训班672期，培训专业化防治组织1 279个，占2011年全国注册的专业化防治组织的8.5%，培训统防统治骨干机手4.1万人次。

（五）植物疫情阻截监管 2011年，继续贯彻落实《农业植物疫情报告与发布管理办法》，疫情监测、报告、发布制度进一步得到规范。6月和12月，农业部会同国家质量监督检验检疫总局先后联合发布公告，将木薯绵粉蚧和异株苋亚属杂草列入《中华人民共和国进境植物检疫性有害生物名录》，对德国和新西兰油菜茎基溃疡病菌寄主植物采取临时紧急检疫措施，严格引种检疫审批监管，加强疫情监测，防范疫情传入。10月，在新疆召开了全国植物检疫工作会议，系统总结“十一五”以来全国植物检疫工作的成效和经验，分析当前面临的形势和挑战，提出了“内强素质、外树形象、规范执法、科学防控”的总体思路，以及队伍建设、检疫监管、阻截防控、宣传普及、协调配合和法规建设等六项重点工作。同时，组织开展重大植物疫情联合监测和协作防控行动，较好遏制苹果蠹蛾、柑橘黄龙病、稻水象甲等检疫性有害生物的扩散蔓延，疫情防控科学化水平明显提升；组织制定了《番茄溃疡病菌检疫检测与鉴定技术》等7项农业行业标准；继续推行植物检疫审批全国联网动态化管理，全国85%以上的检疫机构已实行网上出证管理，同比增加5个百分点。

（六）植保防灾成效 据统计，2011年农作物病虫害发生4.73亿公顷次，比上年减少0.1亿公顷次，累计防治5.54亿公顷次，与上年基本持平。其中，粮食作物病虫害发生2.46亿公顷次，防治3.01亿公顷次，减少粮食损失6 366万吨；棉花病虫0.25亿公顷，防治0.3亿公顷，减少产量损失近159万吨；油料病虫发生0.18亿公顷次，防治0.19亿公顷，减少产量损失232万吨；蔬菜、果树病虫发生0.64亿公顷，防治0.87亿公顷次，减少产量损失6 658万吨。

农产品市场体系建设

据不完全统计，截至2011年底，全国共有农产品批发市场4 300多家，全年交易额达到4万亿元。从市场规模看，据国家统计局统计，至2010年底，全国亿元以上农产品专业批发市场发展到981家，比2004年增长1.5倍；摊位数53.7万个，增长1.9倍；营业面积达到4 063.7万平方米，增长2.9倍；年成交额10 593.2亿元，增长3.9倍。从市场结构看，在2010年亿元以上专业农产品批发市场中，粮食市场占11%，肉禽蛋市场占12.6%，水产品市场占15.3%，蔬菜市场占30%，干鲜果品市场占15%，棉麻土畜烟叶产品市场及其他农产品市场占16%。总体看，我国已形成以鲜活农产品为主的大型专业市场流通网络，在促进农业生产商品化、专业化、规模化、区域化、标准化，完善农产品大市场、大流通格局，引导农民调整农业结构、实现增产增收和保障供给等方面，发挥了不可替代的作用。

（一）推进国家级农产品专业批发市场建设 制定在优势产区建立大型农产品专业市场工作方案。根据《国民经济和社会发展第十二个五年规划纲要》中提出的关于“建设一批国家级重点大型批发市场和区域性批发市场”的要求，农业部组织编制了《建设国家级农产品专业市场工作方案》，明确了国家级农产品专业市场建设的总体思路、基本目标、建设内容、布局条件、实现方式、支持重点和工作安排，“十二五”期间将重点培育10～15家国家级专业批发市场，将其打造成相关产品的物流集散中心、价格形成中心、信息传播中心、科技研发中心和会展贸易中心。开展国家级专业批发市场建设调研论证。按照“系统谋划，扎实论证，有序部署，积极推进”的原则，组织开展实地调研。先后赴云南、山东、广东等10多个省份，深入优势产区、农产品市场和产业化龙头企业，座谈研究专业市场建设的必要性、可行性和实现形式。农业部与商务部签署《合作框架协议》，明确提出“近期重点支持在主产区和关键物流结点建设若干大型专业性农产品批发市场”，与发改委、财政部等有关部门共同研究形成意见共识。先后三次邀请高等院校、咨询机构、批发市场、行业协会等有关方面专家，座谈论证专业市场建设的定位、原则、目标、内容、措施。启动国家级洛川苹果批发市场建设。9月印发了《农业部关于支持建设国家级洛川苹果批发市场的函》（农市函[2011]13号），11月启动了国家级洛川苹果批发市场建设，为建设洛川苹果现代产业园区推动黄土高原苹果产业带率先实现专业化、标准化、规模化和集约化，引领全国苹果产业发展，提供有力支撑。

（二）协调金融机构为市场基础设施建设提供贷款支持 积极协调中国农业银行落实与农业部签署的《共同支持农产品批发市场建设合作框架协议》，为市场基础设施建设提供贷款支持。截至2011年末，向全国444家企业累计发放农村流通体系建设贷款292.86亿元，其中，短期贷款99.42亿元，中长期贷款193.44亿元。贷款余额193.52亿元。截至2011年末，农发行贷款支持农业部“农产品批发市场升级改造工程”项目22个，累计发放贷款25.96亿元。支持282家农产品批发市场和物流中心建设，贷款金额189.33亿元；支持40家流通龙头企业的农产品冷链物流项目，贷款金额29.18亿元。

（三）启动农村经纪人培训试点 全国农村经纪人达到600万人左右，从事农、林、牧、渔、运、批、销等各个涉农行业，在农产品市场流通中发挥着不可替代的作用，80%的农产品由农村经纪人收购后进入流通环节。为增强农村经纪人从事农产品流通的稳定性，提高其业务素质和经纪能力，2011年农业部启动了农村经纪人培训试点，在山东、湖北、江苏、四川、湖南、河北、浙江、江西、甘肃、广西等10个省（自治区），对3 000名重点经纪人进行培训，有2 800人通过了农村经纪人职业技能资格鉴定，合格率达到90%以上。按照农业部《农村实用人才和农业科技人才队伍建设中长期规划（2010—2020年）》，计划用10年时间培训3万名农村经纪人，从2012年起将重点面向中西部地区的农村青年和从事或拟从事农产品营销的人员，提高其市场信息采集分析、农产品储运、农产品网络营销、资金筹集等综合能力，打造一支骨干农村经纪人队伍。

专栏10

农产品市场监测预警体系建设

2002年初，农业部主动适应农业农村经济结构战略性调整和加入世界贸易组织的要求，按照“边建设、边运行、边出成果”的原则，由市场与经济信息司牵头，组织部内有关单位，启动农产品市场监测预警体系建设，定期对主要农产品的生产、需求、库存、进出口、市场行情和生产成本进行动态监测、分析，实施先兆预警，努力建设一支高素质分析师队伍，打造数据、分析、会商和发布四大平台，实现服务宏观决策和指导农业生产经营两大功能。

2002年6月，启动对玉米、小麦、棉花、大豆、糖料等5个可能受国际市场影响较大的品种的月度市场监测；2003年1月，月度监测范围扩大到小麦、玉米、稻谷、棉花、大豆、糖料、油料等7个品种；2005年6月，把具有一定基础的畜产品、水产品品种季度监测纳入农产品市场监测预警系统工作范围；2009年1月以后，监测的品种扩大到粮棉油糖肉蛋奶等18个品种。

主要做法包括：

一是加强信息采集和数据库建设，打造数据平台。在全国利用基点调查县开展农业统计、农产品和农业生产资料价格、农产品成本收益调查，在全国400多家大型农产品批发市场开展鲜活农产品批发市场价格调查，已经形成了较为完善的信息采集工作体系。整合部内数据资源，将各司局的农业农村经济重要数据进行汇总，建立了覆盖种植业、畜牧业、渔业、农垦、农机、乡镇企业等农业各行业的信息采集体系，每月编报《农业农村经济重要数据月报》，报送国务院及相关部门。狠抓基础数据库建设和信息资源开发，目前已形成涵盖种植业、渔业、畜牧业等几十个农业和农村经济数据库，为监测预警工作提供了有力的数据支撑。

二是多措并举开展综合会商，打造会商平台。每月组织水稻、小麦、玉米、大豆、棉花、油料、糖料、猪肉和蔬菜等9个重点品种会商，分析研判各品种生产、供给、进出口和市场价格变化情况，并撰写《农产品供需形势分析月报》。每季度组织相关部委、相关单位和科研院校专家就品种信息进行沟通和交流，就产品市场运行中存在的问题、走势及调控政策进行会商，开展专题研究。在农产品集中上市的关键季节，通过电话会商、视频会商、派出调研组等形式，及时调度地方农产品生产和收购情况。建立农业部市场预警专家委员会，跟踪、研究农业农村经济发展中的重大和突发性问题，及时提出政策建议，主动回应和引导社会舆论，组建专家顾问组，确定阶段性分析方向和重点研究课题，借助外脑提升监测预警工作水平。加强与联合国粮农组织的交流与合作，积极“走出去”，推动开展中国农业展望工作。

三是构建多元化分析研判体系，打造分析平台。加强与相关单位的沟通与合作，努力形成大联合、大协作合力推进工作的格局。与种植业司、畜牧业司、渔业局签署合作备忘录，明确综合分析研判以市场司为主，专业司局参与；专业分析研判以专业司局为主，市场司协助。与有关直属单位形成紧密型外围联动机制，依托农研中心、信息中心、贸促中心、中国农科院信息所和农经所等单位，建立农产品市场监测预警系统，每月定期对粮棉油糖等18个品种进行监测分析。在部外，扩大与有关科研院校的协作，形成了以中科院、社科院、人民大学、中国农大等单位为主的发散型联动机制。在地方，密切与省级农业部门联动，建立覆盖全国范围的监测预警分析师队伍，完善多方参与、团队攻坚的合作研究机制。

四是拓展信息发布内容和渠道，打造发布平台。从2003年开始，农业部向社会推出了《农业部经济信息发布日历》，通过不断创新发布内容和形式，提升信息发布影响力，形成了“监测数据与分析研判相结合、对上服务与对外发布相呼应、日周月季年报以及多种媒体全覆盖”的工作格局。通过农民日报、中国农业信息网、CCTV7、农产品市场周刊、中央农业广播学校等部属“五个一”媒体定期对外发布监测预警信息。从2009年10月起，农业部监测的市场信息每天在CCTV2反复播报，开辟了信息发布新窗口。

在各地农业主管部门的大力支持下，近年来农产品市场监测预警工作稳步推进，决策支持、公共服务和应急监测能力显著增强，得到各级领导充分肯定和社会各界普遍好评。

五、农业信息体系建设

（一）农村信息工作体系日趋完善 随着投入的不断增加和制度的不断完善，覆盖面较广的农业信息工作组织机构和队伍体系基本形成。全国所有省市区农业部门都设立了农业信息化管理和服务机构。全国现有乡村信息服务站100万个，农村信息员70万人。

（二）《全国农业农村信息化发展“十二五”规划》发布实施 根据《国民经济和社会发展第十二个五年规划纲要》和《全国农业和农村经济发展第十二个五年规划》要求，农业部发布了《全国农业农村信息化发展“十二五”规划》，指导“十二五”期间全国农业农村信息化发展。

（三）“金农工程”一期（农业部本级）项目通过初验 2011年，“金农工程”一期初步建成了农业电子政务平台，提高了农业部门决策、管理和服务“三农”的能力。初步整合和构建了有关农业信息资源数据库，建成了农业监测预测、农产品和农业生产资料市场监管、农村市场和科技信息服务三大系统和一个农业综合门户网站，建立了农业电子政务标准规范体系，为全国农业信息化“标准先行”打下了基础。“金农工程”一期（农业部本级）项目顺利通过初步验收，18个省级项目完成建设任务，项目建设已达到了预期目标，为进一步推进农业信息化建设奠定了基础，“金农工程”二期需求调研开始启动。

（四）12316“三农”综合信息服务平台成效显著 通过“三电合一”项目的积累完善，12316“三农”综合信息服务平台运行机制日益健全，服务功能不断增强，影响力逐步显现，农民对服务效果的满意度大幅提升。在服务内容方面，从过去的生产技术服务为主，逐步扩大到政策咨询、法律服务、市场商务等与农民生产生活相关的各个方面。在服务手段方面，从电话咨询向手机短信、网络视频、现场指导等多种手段相结合转变。

（五）农业物联网应用示范项目进展顺利 根据国家发展改革委的要求，农业部积极组织编写了农业物联网应用示范可行性研究报告和实施方案，经国家发改委和财政部正式批复，确定黑龙江农垦大田种植物联网应用示范、北京设施农业物联网应用示范和江苏省无锡市养殖业物联网应用示范等3个项目为国家物联网应用示范工程智能农业项目。项目将全面推进物联网技术在农业中的推广应用，为农业信息化建设工程奠定基础。

（六）农业信息化标准建设取得进展 2011年，组织有关专家编制了农业信息化标准体系框架，制定了农业信息化通用术语标准和农村信息服务站建设规范标准，编制了“十二五”期间农业信息化标准建设工作重点和农业物联网应用标准工作重点。

（七）农业信息化评价试点工作开展 2011年，农业部组织有关专家进行农业信息化评价方法的研究，并在黑龙江省、福建省、河南省和重庆市开展农业信息化发展评价试点工作。

5 农产品质量安全管理

（一）农产品质量安全保持“总体平稳、逐步向好”的发展态势 2011年，各级农业部门认真贯彻落实党中央、国务院的决策部署，坚持标本兼治、综合治理，全面加强农产品质量安全监管，取得了显著成效，全年没有发生重大农产品质量安全事件，农产品质量安全整体水平稳中有升。农产品质量安全监测合格率连续2年稳定在96%以上，蔬菜、畜禽产品和水产品监测合格率分别为97.4%、99.6%和96.8%。其中，蔬菜和水产品监测合格率分别比上年提高0.6和0.1个百分点，畜禽产品持平。监管体系建设进一步加强，农产品质量安全监管能力不断提升。

（二）农产品质量安全专项整治成效明显 根据国务院的部署，在全国范围内实施了高毒农药、畜产品“瘦肉精”、生鲜乳违禁物质、兽药、水产品禁用药物和农资打假等6个专项治理行动。全国农业系统共出动执法人员416万余人次，检查相关生产经营单位289万余个次，取缔无证照企业1 020家，吊销证照企业332家，查处问题4.1万余起，立案查处2.9万余起，移送司法机关152起，整治工作取得了明显成效。

1.“瘦肉精”专项整治。农业、公安等9部门联合行动，从“瘦肉精”生产、销售、使用等各环节入手，侦破案件120余起，捣毁非法加工、仓储窝点19个，基本摧毁“瘦肉精”地下生产销售网络，是近10年来打击最彻底、成效最突出的一年。推动出台了新修订的《饲料和饲料添加剂管理条例》，建立了部门协调联动机制和涉案线索移送与案件督办机制，组织开展了“瘦肉精”清查收缴工作，督促各地建立活畜出栏无“瘦肉精”承诺制度和养殖档案制度。

2. 高毒农药专项整治。停止了22种高毒农药的新增登记，注销6种高毒农药在蔬菜、水果、茶叶上的登记，撤销10种农药的登记证和生产许可证，禁止生产、销售和使用的高毒农药种类扩大到33种。在全国蔬菜主产县全面推进高毒农药定点经营和实名购买制度，大力实施病虫害统防统治。

3. 生鲜乳专项整治。围绕生鲜乳生产、收购和运输3个关键环节，加强生鲜乳质量安全监督监测，严厉打击在生鲜乳中添加三聚氰胺、皮革水解蛋白等各类违禁物质的违法行为。强化生鲜乳收购、运输许可管理，推动生鲜乳收购站标准化建设。建立健全奶畜养殖及生鲜乳生产收购监督抽检、异地抽检、进货查验、从重处罚、生鲜乳收购站信用档案及“黑名单”通报等制度，奶站管理水平和生鲜乳质量安全水平大幅提高。

4. 兽药专项整治。以严打制售禁用药物及假劣兽药为重点，建立健全用药记录和休药期制度，提升兽药质量和安全用药水平，加强畜禽产品兽药残留监控。制定了兽药经营质量管理规范（GSP）实施细则、检查验收办法、评定标准，全力推进兽药GSP贯彻实施。2011年兽药产品质量抽检合格率比上年提升0.8个百分点，畜禽产品兽药残留抽检合格率连续五年保持在99%以上。

5. 水产品专项整治。以打击非法使用硝基呋喃、孔雀石绿等违禁物质为重点，严格规范水产苗种生产行为，查缴养殖环节违法使用的禁用药物，及时查处不合格产品。修改完善《水产苗种生产管理办法》和《海水贝类养殖生产区划分及产品质量安全监督管理办法》，制定了水产专用药残快速检测产品验证方案，探索推进水产品质量安全追溯试点工作。

6. 农资打假。以春季、秋季两次专项行动为重点，查处案件2.7万件，为农民挽回直接经济损失7.03亿元。组织开展了放心农资下乡进村活动，全国共出动执法和科技人员16万人次，举办现场培训咨询活动8 300场次，发放明白纸、宣传资料1 800万份。推进放心农资下乡进村示范县建设，畅通优质农资下乡进村渠道，不断提高放心优质农资的产品覆盖面，全国示范县总数达到191个。

专栏11

加强生鲜乳质量安全监管

2011年，农业部门认真贯彻落实《奶业整顿和振兴规划纲要》、《国务院办公厅关于进一步加强乳品质量安全工作的通知》和《国务院办公厅关于严厉打击食品非法添加行为切实加强食品添加剂监管的通知》中各项任务和要求，继续实施生鲜乳专项整治，采取有效措施，加强违禁添加问题治理，努力确保生鲜乳质量安全和奶业生产稳定。

一、以生鲜乳违禁物质专项整治为抓手，扎实推进奶站标准化建设与管理

一是严许可、强监管，开展奶站清理整顿“回头看”活动。经过两年的清理整顿，全国1.3万个奶站已全部实现持证经营。2011年，农业部下发文件，督促各地做好奶站清理整顿“回头看”活动，加强奶站和运输车监管，切实做好收购许可证和准运证核发换发工作，密切关注市场上出现的“鲜奶吧”等一些乳品消费新模式，依法依职做好环节监管。各省畜牧（奶业）主管部门依据地区自身特点和实际，多措并举，推进奶站清理整顿再查、复查、抽查等工作，消除生鲜乳质量安全隐患，规范生鲜乳

收购行为，维持奶业生产良好秩序。二是多手段、强督导，开展奶站拉网大检查。采用部级随机抽查、省际间交叉互查、各市县自查等多种方式，对奶站进行拉网式检查，督促奶站和运输车标准化管理和建设。先后派出20多个督导组，赴奶业主产省和重点省督导，检查30多个奶牛养殖县、130个奶站、115辆生鲜乳运输车以及近40家乳品加工企业。7月，农业部在山东组织召开了全国奶站违禁物质问题专项整治工作会，总结前一阶段整治工作，部署了今后整治任务。各省畜牧（奶业）主管部门精心组织，周密安排，在开展奶站标准化建设与管理检查的同时，加大生鲜乳抽检力度，对抽取的样品，全部进行违禁物质检测，确保生鲜乳质量安全。

二、以奶站和运输车为重点，深入开展生鲜乳质量安全监测与执法

一是制定计划，部署工作。对全国监测工作进行全面部署，特别是在奶站和运输车现场检查中，统一制表、打分评判、以评促改，增强监测执法工作的可操作性，降低工作难度，减少任务量，提质增效。各省级畜牧（奶业）主管部门分别制定了本省的生鲜乳质量安全监测计划和生鲜乳违禁物质专项监测方案，全面开展生鲜乳监测。经过各级畜牧（奶业）主管部门的努力，全年生鲜乳监测基本实现两个“全覆盖”，即抽检实现对全国所有奶站全覆盖，检测指标实现三聚氰胺、碱类物质、皮革水解蛋白、β-内酰胺酶和硫氰酸钠等5种违禁添加物全覆盖。二是多种形式，全面监测。2011年生鲜乳监测组织形式多样，主要有生鲜乳违禁物质监测、生鲜乳质量安全异地抽检、重点地区隐患排查、生鲜乳理化指标监测、《生乳》国标重金属和生物毒素指标监测、重点省拉网式飞行式抽检等。全年累计抽检2万多批次生鲜乳样品，三聚氰胺含量全部符合管理限量值规定，脂肪、蛋白质、铅等检测值全部符合《生乳》国标要求，未检出皮革水解蛋白和碱类物质等违禁添加物。全国生鲜乳质量安全状况总体良好。

三、以落实好各项奶业扶持政策为切入点，打牢奶业发展基础和生鲜乳质量安全防线

按照畜牧业“十二五”发展规划和《全国奶业发展规划》提出的现代奶业建设目标，畜牧（奶业）主管部门以奶牛标准化规模养殖为重点，大力实施奶牛良种补贴和生产性能测定（DHI）补贴等扶持政策，不断加强奶源基地建设，打牢奶业发展基础和生鲜乳质量安全防线。一是抓奶牛规模养殖。提高奶牛标准化规模养殖补贴条件和金额，鼓励乳品企业自建、参股和收购规模养殖场，优先扶持奶农合作社和乳品企业建立的养殖场，特别是地方品牌乳品企业的奶源基地建设。将扶持的起点由奶牛存栏200头提高到300头，3个档次的补贴标准分别提高至80万元、130万元和170万元。全年落实资金5亿元，共计扶持528个奶牛养殖场。二是抓奶牛良种补贴。针对奶牛良种补贴中存在的问题，督促地方加强项目管理和资金使用管理，确保项目资金使用安全和优质冻精补贴发放到位。落实奶牛良补资金2.6亿元，对全国896万头奶牛实行良种冻精补贴。三是抓奶牛生产性能测定。全年测定43.6万头奶牛，参测牛只产奶量比上年有较大提高，乳脂率和乳蛋白率明显增加，体细胞显著降低，生鲜乳质量明显提高，每头牛胎次产量平均超过7 000千克，比上年增加300千克。

四、以确保质量安全为重心，妥善应对奶业突发事件

2011年国内相继发生“皮革奶”风波、《生乳》国标炒作、奶牛“追悼会”、牛奶投毒、“调制合格奶”以及雀巢“克扣门”等多起事件，畜牧（奶业）主管部门积极做好突发事件的应对工作。一是密

切监测跟踪。加强信息综合监测，实现全天候舆情监测、无节假日监控。二是及时妥善应对。坚持做到早监测、早发现、早反应、早处理，安排专人接受记者采访，在主流媒体撰文，澄清事实，正确舆论引导。三是建立应急机制。制定应急预案，建立各级联动的应急机制，做好应对工作，做到第一时间上报，第一时间响应，第一时间查处，第一时间通报，第一时间反馈。

五、以加强奶农培训和质量安全宣传为保障，着力营造奶业生产发展良好氛围

一是加强培训。全年累计开展培训班20多期，宣讲奶业法律法规、政策制度、技术标准，培训人数达9 000人次。二是加强宣传。一方面，加大《生乳》国标宣传力度；另一方面，加强部门信息报送，宣传奶业发展及生鲜乳质量安全方面的工作和成效。

当前，我国奶业正从数量扩张向结构优化转变，全面提高产业素质和竞争力的速度持续加快。今后将进一步完善和加强生鲜乳质量安全监管工作，牢固构筑起生鲜乳质量安全防线，努力确保生鲜乳质量安全。

（三）农产品质量安全风险监测和评估进一步深化

1. 农产品质量安全监测范围不断扩大。例行监测品种扩大到91种，监测参数增加到91种，监测范围覆盖全国144个大中城市，监测工作预警作用进一步增强。全年组织开展了4次例行监测，对14类农产品进行了普查，组织实施了农药及农药残留监控、兽药及兽药残留监控、饲料及饲料添加剂监控、水产品药残监控等一系列监控计划，共检测样品10万多个。进一步加强分析会商，强化“检打联动”，督促地方对不合格产品进行查处和重点监管。

2. 农产品质量安全风险评估加快推进。启动了农产品质量安全风险评估体系建设规划，建立65个部级农产品质量安全风险评估实验室，设立了农产品质量安全风险评估财政专项，推动9个省农科院建立了专门的质量标准研究机构。针对元旦、春节期间的生产、消费特点，组织对蔬菜、水果、茶叶、畜产品、水产品等8大类农产品开展质量安全风险摸底评估工作，及时排查突出问题隐患。组建了农产品质量安全专家组，在16个专业领域聘任了66位专家，充分发挥专家“智库”作用，进一步强化农产品质量安全科学研究、风险评估、技术指导和消费引导等工作。新设立农产品质量安全科研学科群，建立1个部级综合性重点实验室、7个部级专业性实验室，启动检测技术、溯源技术等5个农业行业科技重大项目，着力用科技手段解决农产品质量安全问题。

3. 重大活动农产品质量安全监测力度加大。2011年，为保障上海世界游泳锦标赛、深圳世界大学生运动会和西安世界园艺博览会等几个重大活动的农产品质量安全，各地在以往经验的基础上，加大专项监测力度，狠抓基地监管，促进产销衔接，实行联防联控，顺利实现了农产品供应充足、品种丰富、质量安全的保障目标。

（四）农业标准化扎实推进

1. 标准体系建设步伐加快。新组建全国果品标准化技术委员会和全国沼气标准化技术委员会，农业系统标委会已达18个。标准清理及制修订工作进展顺利，修改形成农药最大残留限量1 795个，新制定农业国家和行业标准494项。

2. 标准实施示范力度加大。深入开展标准化生产创建活动，新创建蔬菜水果茶叶标准园、畜禽标准化规模化养殖场、水产健康养殖示范场1 993个，新创建全国农业标准化示范县45个，组织对“十一五”期间创建的501个全国农业标准化示范县进行了考核验收。

3. 无公害农产品、绿色食品、有机农产品和农产品地理标志（简称“三品一标”）稳步发展。在提高认证门槛、确保认证质量的基础上，新认证无公害农产品、绿色食品和有机农产品2.94万个，登记保护农产品地理标志产品300个。开展了“三品一标”打假行动，全面强化证后监管，完善监管机制，维护品牌公信力。

（五）农产品质量安全应急管理全面强化

1. 突发性问题得到有效处置。2011年，国内先后发生了镉稻米、“瘦肉精”、西瓜膨大剂等多起突发问题；国外也发生了日本核辐射、德国大肠杆菌等问题。各级农业部门快速反应，科学应对，有力有序有效地进行处置。对于确有问题的，有针对性地开展集中整治，切实化解风险，及时消除隐患；对于不实信息炒作或夸大宣传的，第一时间组织专家澄清，进行科学解读，消除不必要的恐慌；对于境外发生的，加强监测与防控，跟踪事态变化，强化与相关部门沟通，做好技术储备，防止波及国内。基本做到了应急措施到位、负面影响降至最低程度，没有对产业产生大的冲击。

2. 应急能力建设切实加强。农业部举办了农产品质量安全应急培训，建立了舆情监测和分析队伍，进一步强化信息通报和全国联动机制。各省也都明确了应急工作联络员，吉林新修订了农产品质量安全应急预案，浙江、上海、新疆等地农业部门开展了农产品质量安全应急演练，有效地磨合了机制，锻炼了队伍。

3. 正面舆论引导效果明显。为消除突发性问题带来的不利影响，农业部启动了为期3个月的集中宣传活动，多次召开新闻通气会，陆续在主流媒体刊发新闻稿40多篇，有针对性地组织专家进行科普解读。配合国务院食品安全办开展“食品安全宣传周”、“食品安全在行动”等系列活动，编写了“农产品质量安全知识小折页”和“农产品质量安全知识百科”，较好宣传了质量安全科学知识，提高了生产经营者的法制观念和质量安全意识，得到广大网民积极评价和国务院领导同志肯定。

（六）监管体系建设取得重要进展

1. 乡镇农产品质量安全监管机构建设加快推进。农业部印发了加快推进乡镇监管机构建设的指导意见，配套出台5项推进措施，进一步明确了乡镇监管机构建设方式和工作职责。组织召开全国乡镇农业公共服务机构建设工作会议，对加快建立健全乡镇农业公共服务机构提出了明确的目标、任务和要求。加强示范引导，在《农民日报》上进行系列报道，普及各地成功做法和典型经验。加大培训力度，编写专门培训教材，组织各省（自治区、直辖市）分片区进行乡镇监管机构建设业务培训，近半数省份制定了具体的建设规划和实施方案，许多省份以政府名义印发了加快推进乡镇监管站所建设的实施意见。经过努力，建立农产品质量安全监管机构的乡镇比例由年初的10%迅速提高到40%。

2. 质检体系建设规划加快实施。新落实中央投资10亿元，支持建设质检机构421个。全国县级质检站总数达到1 339个，县级质检站投资建设已接近70%。为加强检测技术岗位练兵，组织开展了全国首次检测技术大比武活动，共有1 367个地县级质检机构、6 792名检测人员参加了“大比武”，激发了基层同志学习钻研检测技术的热情，有效提高了基层的检测能力和技术水平。

专栏12

加强农药市场监管保障农业生产和农产品质量安全

2011年，农业部连续第三年开展“农药市场监管年活动”，以禁限用高毒农药治理和农药质量监管为重点，加强源头治理，规范农药经营行为，整顿市场秩序，农药产品质量明显提高，切实保障了农业生产安全和农产品质量安全。

1.淘汰一批高毒农药。根据国务院批复的《高毒农药淘汰和禁用工作方案》，农业部会同工业和信息化部、环境保护部、工商总局和质检总局联合发布了第1586号公告，停止22种高毒农药的新增登记，撤销6种高毒农药在蔬菜、水果、茶叶等产品上的使用登记，撤销10种农药的登记证和生产许可证。公告生效后，我国禁止生产、销售和使用的农药达33种，限用农药17种。

2.推行高毒农药定点经营。2011年开展高毒农药定点经营管理工作的省份从2010年的13个发展到25个，地市由58个发展到99个，县级由436个发展到806个。山东、湖南等省实现了高毒农药定点经营全覆盖；天津、山西、新疆等省（自治区、直辖市）在蔬菜、水果生产区全面实行高毒农药定点经营；河南、贵州等省将高毒农药定点工作由蔬菜优势区域重点县，逐步向水果、茶叶、食用菌、中药材等其他经济作物优势区推开。各地逐步建立起“合理布局、市场准入、持证上岗、专柜销售、购销台帐、门店公示、实名购买、流向记录、监督检查”等高毒农药规范化经营管理制度。

3.加强农药市场监管。结合农时，在全国范围内组织开展小麦、蔬菜、水稻用农药市场监督抽查，2011年共抽查了农药样品5 190个，合格率为87.5%，比上年提高了1.2个百分点；抽查农药产品标签5 244个，合格率为81.9%，比上年提高了3.6个百分点。对37个生产企业开展了农药产品质量专项监督抽查，共抽取57个样品，合格率为84.2%。监督抽查结果在全国范围内进行了通报，并根据监督抽查结果吊销了4个农药登记证。5月份在全国组织开展了市场执法检查活动，重点检查市场监管年活动部署、高毒农药监管、案件查处等情况，在各地自查的基础上，农业部派出5个督导组，分赴山东、河南等10个省开展了督导检查。同时对部分企业违规生产10%草甘膦水剂问题进行了调查，共调查企业62家，发现违规企业3家，责成地方农业部门督促企业整改。

4.完善农药残留标准体系。全年共召开了三次农药残留标准审评委员会会议，制定清理了一批标准，农药残留标准体系进一步完善。完成了254种农药535项残留限量标准制定，其中已发布61种农药134项限量，85种农药181项限量已经报卫生部联合发布，129种农药209项限量通过审议，即将按照WTO规则进行成员官方评议。对2009年以前制定的201种农药874项残留限量进行了全面清理，形成199种农药1 795项最大残留限量标准，已经通过委员会审议，并按照WTO规则进行成员官方评议。

5.深化农药登记审批制度改革。农业部制定了《农药行政审批工作规范》，进一步明确了审批单位、审批内容、办理程序、办理时限等要求。农业部发布了第1618号公告，自9月1日起在全国范围内全面启动农药田间试验网上审批工作，提高了审批的透明度和效率。

6.推进《农药管理条例》修订。农业部配合国务院法制办就《农药管理条例》修订有关问题进行了认真的梳理，并赴河北、山东和广东等地开展了有针对性的调研，认真听取了各主体、各部门的意见，国务院法制办于7月20日在官网上公开征求社会意见。根据调研结果和各部门及公众反馈的修改意见，对修订草案进一步完善，取得了积极进展，为《农药管理条例》的早日出台创造了良好条件。

农作物种业发展

2011年是农作物种业发展极不平凡的一年。4月，国务院印发《关于加快推进现代农作物种业发展的意见》（国发[2011]8号），首次把农作物种业定位为国家战略性、基础性核心产业，明确提出了推进种业体制改革，提升专业科技创新能力、企业竞争能力、供种保障能力和市场监管能力，构建以产业为主导、企业为主体、基地为依托、产学研相结合、育繁推一体化的现代种业体系的目标和重点建设任务。5月，首次召开全国农作物种业工作会议，对今后一个时期的现代种业发展进行了部署安排。各级农业部门认真落实国务院部署和要求，以发展现代种业为目标，深化改革创新，狠抓政策措施落实，加快推动产业升级发展，确保生产用种安全，为现代农业发展提供有力支撑。

我国是农作物生产用种大国，常年用种量100多亿千克，种子市值600亿元以上，是世界第二大种业市场。改革开放以来特别是2000年《种子法》颁布以来，种子产业化、市场化、法治化进程逐步加快，种业发展成效显著。主要表现在：育种水平逐步提升。2001年以来国家和省级审定品种1.5万多个，生产上品种更新2～3次，超级稻、矮败小麦、抗虫棉和杂交油菜育种居国际先进水平。良种占农业科技贡献率的比重由“九五”初期的29%提高到43%，良种覆盖率达96%以上。供种能力逐步提高。主要农作物商品化供种率由2001年的40%提高到65%以上，商品化供种能力达到80亿千克，杂交玉米、杂交水稻全部精选加工、包装和标牌销售，种子质量抽样合格率保持在90%以上。种子企业实力逐步增强。育繁推一体化企业由2001年的10多家发展到90多家，销售额200多亿元，市场份额在30%以上，集中度逐步提升。企业育种投入明显增加，隆平高科等骨干企业自主选育一批优良品种。法律制度和管理体系逐步健全。农业部先后出台品种审定、生产经营许可等18项配套规章，25个省份出台了地方性法规，形成了以《种子法》为核心的种子法律制度，全国95%的涉农县市成立了种子管理机构，为依法治种提供了有力保障。

（一）品种审定与退出 2011年国家级审定主要农作物品种143个，其中水稻29个、玉米25个、棉花15个、大豆9个、小麦21个、油菜31个、马铃薯3个；年度退出国审品种21个，截至2011年累计退出国审品种468个。省级审定主要农作物品种1 688个次，其中水稻410个次、玉米527个次、小麦120个次、大豆103个次、棉花57个次、油菜81个次、马铃薯23个次、其他主要农作物367个次；年度退出省审品种1 326个，截至2011年累计退出省审品种6 086个次。

（二）植物新品种保护 自1997年颁布《植物新品种保护条例》以来，我国植物新品种保护事业从无到有取得长足发展。截至2011年12月，已累计受理植物新品种保护申请9 016件，授权3 713件。其中大田作物申请7 638件、授权3 444件，蔬菜花卉申请1 102件、授权208件；国内科研教学单位申请4 949件、授权2 316件，国内企业和个人申请3 512件、授权1 328件，国外机构和个人申请555件、授权69件。其中，2011年全国受理新品种保护申请1 255件、授权240件，年度申请量位居世界第二，其中国内企业和个人申请598件，首次超过国内科研教学单位的595件。

（三）种子企业许可 2011年8月，农业部修订《农作物种子生产经营许可管理办法》，大幅提高市场准入门槛，种子企业数量进一步减少。截至2011年底，持有效期内种子经营许可证的种子企业共计7 144家。农业部发证的种子企业255家，其中育繁推一体化企业91家、进出口种子企业95家、外资种子企业31家，省级农业行政主管部门发证的企业2 658家，地市级农业行政主管部门发证的企业2 201家，县级农业行政主管部门发证的企业2 030家，种子企业“多、小、散”状况将逐步改观。

（四）主要农作物种子生产 2011年杂交玉米制种面积273.33千公顷，制种产量13.6亿千克，加上库存4亿千克，可供种17.6亿千克，2012年杂交玉米种子供大于求。杂交水稻制种面积112千公顷，制种产量2.9亿千克，加上库存0.5亿千克，可供种3.4亿千克，2012年供需平衡有余。棉花繁制种面积102.67千公顷，繁制种产量1.56亿千克，加上库存0.6亿千克，可供种2.16亿千克，2012年可满足生产需求。大豆繁种面积184千公顷，繁种产量4.2亿千克，加上库存729万千克，可供种4.3亿千克，2012年供大于求。冬小麦秋冬繁种面积858.67千公顷，繁种产量50亿千克，2012年供大于求。冬油菜秋冬繁制种11.6千公顷，繁制种产量1 418万千克，加上库存425万千克，可供种1 843万千克，2012年供需平衡有余。

（五）种子市场监管 农业部连续两年开展种子执法年活动，依法吊销、注销或撤消不合格企业许可证500多个，责成700多家问题企业限期整改，依法清理不合格企业1 200多家。组织春季市场检查和冬季企业督查，范围扩大到24个省、30多种作物，建立了玉米品种DNA指纹图谱库，开展玉米和水稻品种真实性检测。据检测，杂交水稻种子合格率达到95%

以上，玉米种子达到90%以上。建立部省联合督办案件机制，累计派出执法人员35万人次，检查企业及门市26万家，依法查处案件6 800多起。中国种子协会推动企业诚信建设，授予62家AAA级、79家AA级和21家A级信用企业，引导53家企业启动玉米制种自律行动。

（六）种子进出口贸易 2011年我国从39个国家或地区进口农作物种子2 268万千克，贸易额2.29亿美元。其中，用于大田生产、对外制种和试验用种的分别为2 252万千克、14.3万千克和1.7万千克。分品种看，向日葵种子455万千克，贸易额6 160万美元；甜菜种子154万千克，贸易额2 106万美元；蔬菜种子1 028万千克，贸易额12 754万美元；花卉种苗2 693万株、贸易额677万美元。北京、广东两地进口分别为700万千克和692万千克，均占进口总量30%以上，居前两位。我国向17个国家或地区出口农作物种子6 022万千克，贸易额1.78亿美元，其中杂交水稻、杂交玉米种子分别为5 791万千克、209万千克，主要出口到越南、孟加拉、巴基斯坦、印度尼西亚和菲律宾等亚非及拉美国家。

专栏13

农业部种子管理局成立

为贯彻落实《国务院关于加快推进现代农作物种业发展的意见》（国发[2011]8号）精神，切实加强种业发展规划建设和种子市场监管，促进农作物种业健康发展，根据行政管理体制改革和事业单位分类改革有关规定，经农业部党组研究并报中编办批准，农业部决定成立种子管理局。2011年9月4日，农业部召开种子管理局成立大会，标志着种子管理局正式组建完成，开始全面履行各项职能。

种子管理局的主要职责是：拟订种子产业发展战略和规划，提出相关政策建议并组织实施。起草有关种子方面的法律法规、规章和标准，并监督执行。指导种子管理体系建设，承担种子生产经营及质量监管工作。组织农作物种质资源保护和管理，承担农作物种子种苗、种质资源进出口的审批工作。组织农作物品种管理，拟订农作物品种审定和农业植物新品种保护的办法和标准，承担农作物品种审定、登记和农业植物新品种授权、复审工作，组织指导品种退出工作。审查核发农作物种子生产经营许可证，提出外商投资种子企业的审查意见。开展种子质量监督抽查、种子检验员和种子检验机构考核管理。收集分析种子产业信息，指导种子市场调控，组织抗灾救灾和救灾备荒种子的储备和调拨。承担农作物种子南繁管理工作。种子管理局内设综合处、种业发展处、品种管理处、市场监管处共4个处室，核定人员编制共17名。

2011年，安徽、湖北、贵州、广西、内蒙古、黑龙江、天津等省（自治区、直辖市）将省级种子管理机构纳入参照公务员管理单位，至此已有11个省级管理机构实行参公管理，许多地市、县区两级种子管理机构也在积极争取参公管理。

五、国家现代农业示范区建设

自2010年8月农业部认定首批52个国家现代农业示范区以来，各级各地高度重视，将示范区作为推进区域现代农业建设的平台和载体，作为推进“三化同步”的试验田和突破口，加强统筹规划，强化工作指导，有效整合资源，出台得力措施，示范区建设取得明显进展。

（一）示范区发展迈上新台阶 2011年，首批52个国家现代农业示范区粮食总产7 600万吨，以占全国6%的耕地生产了13%的粮食；耕种收综合机械化水平达到70%左右，比全国平均水平高出约15个百分点；标准农田比重达到48%，农户加入农民专业合作社的比率达30%，农民人均纯收入达到9 900元，均较大幅度地高于全国平均水平。从各项指标看，示范区现代农业发展走在了全国前列。

（二）示范区建设开创新局面 各级农业部门、各示范区坚持立足实际，开拓创新，在大力解放和发展生产力的同时，采取了很多新办法、新措施，着力改革和完善生产关系，现代农业呈现出内生增长、活力迸发的新局面。

1. 加强组织创新，明确专人负责。2011年7月，农业部专门成立现代农业示范区管理办公室，明确了机构职能和人员编制，从国家层面强化了对示范区建设的指导和管理。各示范区大都成立了由党委或政府主要负责人牵头的建设领导小组，一些地区还专门成立了示范区管委会或管理办公室，选派得力干部，专职负责统筹推进示范区建设工作。通过加强组织领导，各地示范区建设的积极性得到充分发挥，创造性得到了有效激发，建设示范区的热情空前高涨。

2. 加强模式创新，形成建设合力。按照农业部统一部署，各示范区将编制规划作为推进建设的首要环节，通过进一步找准发展定位，明确主导产业，突出建设重点，理清了发展思路，探索建立了各具特色的现代农业建设方式，初步形成了“核心辐射型”、“两区建设型”、“多园带动型”、“带状发展型”和“全域推进型”等五种主要模式。各省农业部门因地制宜地加强对示范区建设的指导和支持，安徽、山东、江西等省认定了一批省级现代农业示范区，浙江省将推进粮食生产功能区和农业园区“两区”建设作为示范区建设的落脚点，四川省将建设现代农业产业基地作为示范区建设的重要抓手等等，有效营造了各级农业部门、各示范区合力推进现代农业建设的良好氛围。

3. 加强机制创新，破除瓶颈制约。在经营机制上，各示范区采取财政补贴、强化社会化服务等多种方式，大力扶持农民专业合作社、种养大户等新型经营主体加快发展，推进农业生产专业化规模化较快发展。在投入机制上，一方面争取增量，加大对上级资金和项目的争取力度；另一方面整合存量，加强整体谋划，按照“性质不变、渠道不乱、统筹安排、集中使用”的原则，分区域按年度落实各类产业建设任务，集中力量推进重点区域建设，取得了显著成效。在金融机制上，36%的示范区建立了农业投资公司，50%的示范区建立了农业担保公司，农户信用贷款、联保贷款、设施农业抵押贷款等在示范区稳步发展，金融创新不断涌现。

4. 加强科技创新，强化科技支撑。各示范区立足当地现代农业发展对科技的实际需求，积极与农业科研院校建立紧密合作关系，通过聘请知名专家学者作为技术顾问，建立科研教学试验基地，共同培养农村科技人才等方式，探索产学研结合的农业科技创新途径，增强示范区现代农业发展的科技支撑能力。如贵州省湄潭县先后与浙江大学、贵州省茶科所等科研机构合作，开发出茶多酚饮品、米胚油等多种新产品，填补了贵州省农产品精深加工的多项空白，创造出多项拥有自主知识产权的科研技术。

5. 加强管理创新，强化考核评价。各示范区采取目标管理方式，将各项建设任务层层分解落实，明确到部门和乡镇，纳入年度考核范围，并将考核结果作为评先荐优的重要依据。四川省南充市坚持重奖励、硬约束、严考核，对乡镇和街道推进示范区建设实行目标管理，重奖重罚；对主要任务完成情况进行一月一排名、一月一通报，强化建设任务落实；对有关重点项目、重点工程实行现场拍照、网上督查，查找存在问题，提出整改建议，及时研究解决。

“十二五”期间，现代农业示范区建设将按照“锲而不舍，不断创新；以点带面，梯度推进”的总体要求，力争取得突破性进展，大多数示范区率先基本实现农业现代化，示范引领全国现代农业发展迈上新台阶。

农业科研、推广与教育

（一）转基因生物新品种培育重大专项成效显著 一是转基因新品种培育及产业化进展显著。转基因抗虫棉产业化全面推进，新培育抗虫转基因棉花品种66个，累计推广14 466.67千公顷，使国产抗虫棉份额达到93%，实现经济效益210亿元。三系杂交抗虫棉育种取得新突破，培育新品种4个，累计推广400千公顷，制种效率提高40%以上，制种成本降低60%以上。在国际上首次培育出转植酸酶基因玉米，获得生产应用安全证书，目前已培育出新组合8个，可有效减少磷排放，具有环保、节能等特点。转基因抗虫水稻研发水平居国际领先地位，利用获得生产应用安全证书的转Bt基因抗虫水稻华恢1号，新配制杂交组合23个，比对照增产6%以上，品质达到国家优质米标准，抗虫效果达95%以上。转人血清白蛋白水稻进入环境释放试验阶段，可用于生产白蛋白制剂。首次获得转人乳清白蛋白、人乳铁蛋白基因的高品质奶牛，生产的人乳化牛奶蛋白率比对照提高10%以上，具有增强免疫力、促进铁吸收、改善贫血、抗肿瘤等功能。二是获得一批自主知识产权的重要基因和关键技术，自主创新能力显著提高。获得具有自主知识产权和重要育种价值的新型Bt杀虫基因10个，新型抗除草剂基因6个，抗逆、抗病、优质、高产、养分高效利用新基因37个，打破了发达国家的基因专利垄断。建立了规模化粳稻转化体系，转化效率达85%，规模化程度提高5～6倍；建立了比较成熟的动物转化技术体系；完善了转基因产品分子特征检测、环境安全评价与监测等技术体系，提升了转基因生物安全保障能力。三是转基因科普宣传及舆情应对不断加强。在《科技日报》组织专题文章进行整版宣传，主要内容涵盖专项进展、所谓时间真相解析、院士专家谈三个方面，有效引导了舆论。在“十一五”国家重大科技成就展中，转基因专项展区接待观众数万名，发放《百名专家谈转基因》、《神奇的转基因技术》、《转基因ABC》等科普资料6万多册。

（二）现代农业产业技术体系建设进展良好 一是推进科技创新取得新进展。50个产业技术体系紧紧围绕产业发展中急需的技术需求，积极开展种质资源引进、收集与研究利用工作，创制新型育种材料，并研究提出了与之配套、体现区域特点的综合性栽培和病虫害防控技术规程。据不完全统计，2011年34个作物体系共育成并通过国家级和省级品种审定365个；制定各类标准和技术规程241个；申请专利411项，其中授权专利302项；发表论文4 894篇，其中SCI论文525篇；出版著作145部；获各类成果206项，其中国家级奖励成果6项、部省级奖励成果52项、地市级奖励成果16项、鉴定成果15项。二是开展社会服务取得新成效。2011年，50个体系向农业部、各级地方政府和农业部门提供各类报告806份，其中科研报告66份、产业发展现状与相关预（监）测报告132份、各种专题报告和政策建议118份、各种简报、信息动态或通讯490份，为各级政府科学政策提供了强有力的科技支撑。适时收集、分析农业产业及其技术发展动态与信息，向社会提供产业技术研发进展与信息服务。深入基层广泛开展科技服务工作，探索解决科技服务“最后一公里”问题。据不完全统计，2011年50个体系共培训农技人员37万人次，农民228万人次，辐射人数过亿。三是及时应对各种突发事件发挥了重要作用。针对西瓜的“爆炸瓜”和“石头瓜”事件、生猪“瘦肉精”事件、农民“卖菜难”等一系列突发事件和问题，有关体系专家积极应对，及时进行实地调查，制订技术方案，指导农民科学生产，并利用各种媒体开展科普宣传，提高了市民的科学消费意识，同时减少了农民损失。

专栏14

农业部重点实验室建设

农业部重点实验室是国家农业科技创新体系的重要组成部分，其主要任务是围绕制约农业产业发展的重大关键问题，开展农业应用基础与共性技术研究，为现代农业发展提供支撑。经过20多年的建设和发展，农业部重点实验室在学科建设、重大农业科技问题的发现和凝练、农业科技人才的集聚和培养、科学观测数据的获得和积累等方面发挥了重要作用。

2010年，针对我国农业科技资源分散，各级农业科研机构分工不够明确，研发环节分割，创新难以联合的现状，农业部提出“学科群”概念，从单个实验室建设转向实验室体系建设。围绕国家农业科技发展的重大战略需求，根据农业产业发展、区域经济发展和学科建设的需要，建设专业性（区域性）农业部重点实验室，围绕科学数据获取、技术集成研究和示范的需求，建设农业科学观测实验站，每个学科群由1个综合性重点实验室牵头，若干专业（区域）性重点实验室和农业科学观测实验站组成。

1.实现“学科群”由单个实验室建设向实验室体系建设突破。根据《农业部重点实验室发展规划(2010—2015年)》，在“十二五”期间将按学科或领域建设30个“学科群”，目前已完成30个“学科群”实验室的组建和命名工作。在水稻、麦类、玉米、薯类、大豆、棉花、油料、园艺、热带作物、动物和淡水渔业等以品种创新为主的“纵向学科”领域建设“学科群”11个，在基因组学、基因资源与种质创制、作物有害生物综合治理、动物疫病、兽用药物、海洋渔业、微生物资源利用、农业环境、植物营养、耕地保育、作物高效用水、可再生能源、动物营养、作物生理生态、农产品质量安全、农产品加工、现代农业装备、农业信息技术和设施农业等以共性技术研发为主的“横向学科”领域建设“学科群”19个。目前建成重点实验室228个，实验站269个，其中建在13个粮食主产省的重点实验室和实验站数量均占50%左右。初步形成了以综合性重点实验室为龙头、专业性（区域性）重点实验室为骨干、农业科学观测实验站为延伸的一体化布局的“学科群”。

2.通过顶层设计和机制创新，推进重点实验室管理各个环节转变。加强顶层设计和机制创新，促进基地、人才、项目相配套，形成布局合理、任务明确、协作紧密、运转高效的农业重点实验室体系。一是转变以往以申报命名为主的管理方式，根据农业产业和区域发展的实际需求，统筹规划和建设；二是转变目前各实验室“信息孤岛”式的存在方式，建立科学分工基础上的有机联系，减少重复研究，促进联合攻关和“集群化”；三是转变目前科技经费以短期竞争性项目经费为主的投入方式，逐步实现稳定长效的运行经费投入方式；四是建立科学而又灵活的考核办法，引导重点实验室高效运转和健康发展。

3.重点体现四个布局原则。一是突出共性技术。根据农业科技发展的特点，采用“经线”与“纬线”交织的布局，充分与产业技术体系相融合。二是体现国情特色。实验室建设重点向主要粮食作物倾斜。三是兼顾发展现状。既充分针对学科发展现状，又考虑未来的发展空间。四是推进联合协作。把研究方向和内容相近的实验室进行归类，加强学科内部的学术交流和合作，促进协作与共同发展。

4.着力构建四大运行机制。通过《农业部重点实验室管理办法》、学科群工作规则和重点实验室章程三个层次的制度来规范重点实验室的建设和运行，并着重建立健全分工协作、学术交流、资源共享、考核评估等核心机制。一是建立纵横连通机制。主要指学科群内的联合协作，也包括共性学科群与专业性学科群的相互结合。二是建立学术交流机制。专业性（区域性）实验室的主任是综合性实验室学术委员会的委员，定期召开学术委员会会议。三是建立人员互动机制。综合性实验室要采取有效措施推动三个层次实验室的人员定期互派、互访，促进人员交流和人才培养。四是建立动态考核机制。建立“农业部重点实验室管理信息系统”，动态反映重点实验室的工作，依据信息反馈，随时考核实验室的工作。

（三）农业公益性行业科研专项成果丰硕 2011年，新增农业行业科研专项项目71个，中央财政经费12.1亿元。农业行业科研专项实施5年来，重点围绕国家粮食和农业生产持续稳定发展的实际需求，解决了一批关键共性技术问题，并在生产中大面积示范应用，推进了农业科技成果“落地生根”。一是推进了良种良法配套，提升了粮食持续增产能力。针对水稻抗逆性较差、品质不高，小麦抗旱抗干热风，玉米种植密度不足、易倒伏、抗逆性不强等问题，筛选培育了一批增产潜力大、应用效果好的农作物新品种，促进了主导品种和主推技术的有效衔接，为粮食高产稳产提供了有力的科技支撑。二是推进了农机农艺结合，提高了粮食和农业生产效率。针对农村劳动力不足、年龄偏大等现状，研发集成了一批标准化、轻简化的先进实用技术，减轻农民的劳动强度、提高粮食和农业的生产效率。在水稻机插秧、玉米联合播种、柑橘果园运输、油菜播种收获加工等设备研发方面取得了突破性进展，推广应用效果显著。三是支撑了农业防灾减灾，保障了粮食和农业稳定发展。加强集成创新，提升了主要农产品重大病虫害监测预警、诊断分析、药物研发和综合防控的技术水平，获得授权专利63项，申报国家新兽药注册证书4项，制定各类技术标准、规程132项，有效增强了农业生物灾害的应对能力。四是创新了农业资源高效利用模式，促进了农业可持续发展。加强资源节约型、环境友好型农业先进实用技术研究，研制新设备38台（套）、开发新产品101个，制定技术标准、规程和模式142项，在生产中取得了良好效果。筛选出再生力强的水稻新品种8个，适合套作的大豆品种26个，育成了超强抗寒冬油菜品种，集成创新了不同生态区域间套作栽培技术和轮作模式，提高了农业生产复种指数。集成开发了马铃薯保墒增效综合栽培技术，缓解了西北干旱、半干旱地区水资源严重短缺的问题。研究开发出微生物有机肥产品，为解决农业有机废弃物引起的环境污染和资源浪费问题作出了积极探索。

（四）科技抗灾、科技增粮活动亮点纷呈 深入开展全年全程科技服务和全国稳粮增粮科技大会战，因地制宜遴选主导品种和主推技术，分品种、分区域、分农时制定生产技术方案，按照“技术方案细化到县、技术明白纸落实到村、技术人员服务到户”的总体要求，组织1万名专家和70万名农技推广人员，深入生产一线做好技术指导服务。及时应对北方麦区罕见冬春连旱，以“科技会战、稳粮增粮”为主题，组织专家以2 000个小麦万亩高产创建示范片和800个全国农技推广示范县为重点，实行专家定点联系到县，农技人员包村联户，大力开展技术培训和指导服务，掀起抗旱科技服务热潮。采取部省联动的方式，在吉林、湖南开展科技大会战集中示范活动。充分利用3G技术、农业科技网络书屋等现代手段武装基层农技推广人员，创新服务方式，提高服务效果。

（五）农民教育和培训工作成绩斐然 一是加大农民培训力度，提高农业从业人员素质和技能。继续实施农村劳动力培训阳光工程，面向农业产前、产中、产后服务和农村社会管理领域的从业人员开展短期职业技能培训，加快培育专业化的现代农业产业劳动者队伍，全年培训农村劳动力300万人。二是加强农村科普工作，促进农村人口整体科技文化素质的不断提升。农民科学素质行动协调小组的19个成员单位加强沟通协调，继续推动实施农民科学素质试点行动，发布《农民科学素质行动工作方案（2011—2015年）》；举办第二届全国农民科学素质网络竞赛活动，全国共有185万农民参赛，参与答题556.8万人次，比上年增长了4倍；举办“全国百名科技专家和致富能手进六盘山”、“进西藏”活动，大力开展农业技术培训，赠送了价值约50万元的科普图书、挂图、光盘、电视机、DVD等，受到当地农牧民的热烈欢迎。

专栏15

超级稻“双增一百”科技行动

围绕国家粮食安全战略需要，农业部按照“扩大面积、均衡生产、挖掘潜力、节本增效”的总体思路，在17个水稻主产省（自治区、直辖市）组织全国超级稻研究与推广专家，以超级稻新品种选育与示范项目为载体，以推广主导品种、主推技术，开展主体培训为关键措施，示范推广超级稻7 333.33千公顷，开展了以“每亩增产100斤、节本增效100元”为目标的“双增一百”科技行动，并取得圆满成功。

各级农业部门加强领导，整合资源，强化措施，合力推进，有力保障了科技行动顺利实施。一是加强组织领导，强化项目管理。各项目省（自治区、直辖市）都成立了超级稻示范推广领导小组，组建了技术指导组或技术协作组，制定实施方案，明确目标任务，实行专家分片负责制和技术指导服务工作汇报制，开展优质高产示范与竞赛活动，探索构建跨学科、多层次产学研结合推广平台。二是加强资源整合，强化资金保障。各级项目实施单位共争取超级稻示范推广资金8 873万元。把超级稻示范推广与高产创建、粮食丰产工程、科技入户工程、测土配方施肥等相关农业科技项目及良种补贴项目相结合，充分发挥超级稻研究协作组和水稻产业技术体系专家的作用。三是加强技术集成，强化试验示范。针对超级稻品种的区域性特征，加强配套技术的集成创新，形成优质高产轻简化技术，通过试验示范，使农民“看得见、听得明、问得清、学得透”，把小田块的高产转化为大面积均衡增产。四是加强技术培训，强化配套服务。针对灾害性天气多发、频发、重发问题，组织专家和农技人员开展巡回指导和咨询服务，强化对技术骨干、基层技术人员和农民的分层次培训，借助专业化服务组织，开展病虫害统防统治，为水稻高产保驾护航。五是加强样板建设，强化示范带动。狠抓超级稻高产示范样板建设，建成了百亩核心区、千亩示范方、万亩展示片，使其成为新品种、新技术展示区，配套技术集成创新区，引导农民自觉运用新品种新技术。六是加强信息服务，强化舆论引导。做好技术、物资、信息、流通等配套服务和苗情监测工作，及时发布农情、农资、农技等综合信息。通过电视、广播、报纸、网络、黑板报、农技110热线、专题讲座、培训会议、现场、小分队等多种渠道，大力宣传超级稻品种及其配套栽培技术。2011年共联系重点农户8.1万余户，举办各类培训5 839期、培训农民133.7万人次，印发技术资料75.8万份。

“双增一百”科技行动取得显著成效。一是推广面积进一步扩大。2011年，共示范推广7 400千公顷，占全国水稻种植面积的24.7%，比计划任务多66.67千公顷，与上年相比，提高1.7个百分点。二是品种优势进一步凸显。在83个经农业部认定的超级稻品种中，示范推广面积100万亩以上的有39个，推广面积占超级稻示范推广面积的78.9%；200万亩以上的有20个，推广面积占超级稻示范推广面积的55.5%；300万亩以上的有12个，推广面积占超级稻示范推广面积的37.6%。三是增产效果进一步突出。83个超级稻品种平均亩产达583.0千克，增产67.8千克。2011年超级稻共增产稻谷75.4亿千克，按每千克稻谷2.2元计算，增加经济效益165.9亿元，扣除增加肥料、农药等的投入，每亩净增收144.6元。四是示范效果进一步显现。项目区共建立百亩示范方827个，平均亩产693.7千克；千亩示范片436个，平均亩产669.9千克；万亩示范片491个，平均亩产620.4千克。与全国超级稻平均亩产相比，分别高出128.4千克、104.6千克和55.1千克。五是技术体系进一步完善。将超级稻品种与水稻旱育稀植、强化栽培、宽行稀植定量控苗、水稻无纺布覆盖育秧、水稻抛秧、再生稻栽培、精确定量栽培、免耕栽培、测土配方施肥、高温热害防御及减灾、重大病虫害综合防治等技术组装配套，初步形成了适合不同稻区的超级稻栽培技术体系，通过良种良法配套，品种的增产潜力进一步发挥，实现了水稻的稳产高产。

农业农村人才队伍建设

2011年，农业部积极实施人才强农战略，以农村实用人才和农业科技人才队伍建设为重点，大力加强农业农村各类人才队伍建设，取得了显著成效，为农业农村经济科学发展提供了智力保障和人才支撑。

（一）认真贯彻落实全国人才工作会议精神和国家中长期人才发展规划纲要，积极谋划农业农村人才工作 一是认真贯彻落实国家人才发展规划纲要。编制《农村实用人才和农业科技人才队伍建设中长期规划（2010—2020年）》，指导各省（自治区、直辖市）加强农村实用人才和农业科技人才队伍建设。组织召开全国农业农村人才工作座谈会和农业部农业农村人才工作领导小组会暨现代农业人才支撑计划启动会，明确部际、部内任务分工，并在农民日报、中国农业信息网等媒体上进行解读和集中宣传。二是着力推进实施现代农业人才支撑计划。印发《现代农业人才支撑计划实施方案》，健全工作落实机制和经费保障机制。评选产生了首批50名农业科研杰出人才，示范性培养1 000多名农业技术骨干人才、3 000名农业产业化龙头企业和农民专业合作组织负责人、7 000名农村生产能手和3 000名农村经纪人。

（二）大力推进农村实用人才培养，进一步夯实现代农业发展和社会主义新农村建设的人才基础 一是继续开展农村实用人才带头人培训。加强培训基地和培训教材建设，依托11个农村实用人才培训基地举办50期培训班，示范培养5 000名基层组织负责人、农民专业合作组织负责人和大学生村官。与中组部联合开展全国大学生村官培训工作。二是加强对农业农村人才工作的宣传。编印农村实用人才培训基地宣传画册。编发35期《农业农村人才工作动态》，4次在中组部“人才工作简报”等刊物上宣传农业部农业农村人才工作。三是加强农村实用人才培养。扎实做好农村党员干部现代远程教育专题教材制播工作，全年完成365小时的教学节目制播任务。中央下达资金11亿元开展农村劳动力“阳光工程”培训，共培训300万人。狠抓教学规范管理，突出实际实用实效，大力实施农村实用人才“百万中专生计划”，全年招生15万人。

（三）大力加强农业科技人才队伍建设，着力提高农业科技创新和推广能力 一是突出抓好部系统科技人才培养。2人当选中国工程院院士，4人入选“千人计划”，1名外国专家荣获“友谊奖”，254名部属事业单位专业技术人员晋升职称。通过引智工作积极培养农业领域优秀人才，不断创新人才评价、激励机制。二是抓好农业技术推广人才培养。依托基层农技推广体系改革与建设示范县项目，组织800个示范县的8万名农业技术推广骨干人才到农业院校开展为期一周的集中培训，积极组织实施基层农技推广特设岗位计划，引导农科专业大学生到基层开展推广服务工作。三是组织农业科技人才服务现代农业建设。组织31名农业院士专家参加院士专家咨询服务活动，确定2名博士为第十二批“博士服务团”成员服务西部地区农业发展，接收30名“西部之光”访问学者和新疆、西藏特培学员到农业部科研单位研修学习。

（四）加强农业技能人才队伍建设，促进农民职业化、农业专业化发展 举办农业职业技能鉴定质量管理人员培训班，开展《国家职业分类大典》农业职业部分修订工作，完成8项标准、7个教材、8个试题库和6个职业卷库的制修订工作，完成对383家农业行业职业技能鉴定机构质量管理的评估工作。

（五）全面加强领导班子和干部队伍建设，不断提高干部实践锻炼力度 一是积极推进干部管理制度建设。印发《农业部党组关于进一步从严管理干部的实施意见》、《农业部管理的干部职务名称表》、《农业部2011—2015年司局级领导班子建设规划》等文件。二是优化干部队伍结构，提高选人用人公信度。选好配强领导班子和一把手，加强机关与事业单位之间的干部交流，组织开展处级干部竞争上岗，坚持面向基层和一线招录公务员，组织开展干部选拔任用“一报告两评议”和离任检查工作。根据“一报告两评议”测评结果开展干部选拔任用工作检查，成立巡视工作领导小组，开展巡视和巡视回访工作。三是加强干部教育培训。组织举办农业专题研究班、干部任职培训班、粮食高产创建整建制推进专题培训班、农牧渔业大县局长轮训班和地市级党政领导干部转变农业发展方式专题研究班、中青年领导干部赴日专题培训班等，共培训1 800多人次。组织举办中青年干部学习论坛和每月讲坛。四是加大干部基层实践锻炼力度。出台《农业部党组关于坚持干部深入基层和加强实践锻炼的意见》、《关于建立部机关领导干部联系基层制度有关问题的通知》，建立干部深入基层实践锻炼的长效机制。组织113名干部集中一个月时间深入26个省（自治区、直辖市）开展“百乡万户调查”活动，选派50名青年干部深入农村实用人才培训基地所在村及周边村开展“接地气、察民情”实践锻炼活动。新选派33名干部分赴新疆、山东、贵州等地挂职锻炼。

农业行政能力建设

2011年，农业部按照转变职能、理顺关系、优化结构、提高效能的要求，深化农业行政管理体制改革。稳步推进事业单位分类改革，明确功能定位，加强支撑保障体系建设。强化农业社团的建设与管理，充分发挥其桥梁纽带作用。

（一）优化行政机关结构布局，深入推进农业行政管理体制改革 按照中央关于构建“权责一致、分工合理、决策科学、执行顺畅、监督有力”行政管理体制的改革目标，适应农业农村经济发展的新形势、新要求，进一步创新体制机制，科学配置资源，完善机构建设，强化工作手段，提升履职能力，为推进转变农业发展方式和现代农业建设提供组织保障。

1. 健全种子管理体制。根据国家关于加快推进现代农作物种业发展的有关文件精神，进一步强化种子管理职责，健全管理体系，顺利完成种子管理局组建工作。对相关种子管理机构的职能进行梳理，统筹优化职能配备和结构布局，切实加强种业发展规划建设和种子市场监管职能，确保新形势下种子管理职责有效履行，推动建立适应我国现代种业发展形势的管理体制。

2. 理顺“瘦肉精”监管职能。及时应对河南“瘦肉精”案件，强化“瘦肉精”监管手段和工作力量，落实监管职责。针对地方“瘦肉精”监管存在的问题，协调中编办印发《关于进一步加强“瘦肉精”监管工作的意见》，明确地方“瘦肉精”监管各环节的职责，加强监管力量建设，推动建立上下联动、全国“一盘棋”的监管格局，建立“瘦肉精”监管长效机制。

3. 强化相关部门的履职能力。研究设立农业部现代农业示范区管理办公室，明确职责任务，强化管理工作力量，充分调动现代农业示范区发挥辐射带动作用。配合中编办解决地理标志保护管理和节水管理的体制机制问题，进一步明确相关管理职能。

4. 协调增加农业驻外编制。继续协调加强农业驻外工作力量，在巴西、澳大利亚、印度、日本、法国5个国家增设了农业外交官，为有效解决农业贸易争端，积极参与国际规则制订，充分利用国际国内两个市场、两种资源，拓展我国农业发展空间发挥积极作用。目前，我国已在9个国家或国际组织设立了农业外交官。

5. 加强农业公共服务机构建设。通过明确职责、健全队伍、完善机制，扎实推进基层农业公共服务机构建设。积极协调在全国31个省份全面启动乡镇农技推广机构条件建设，继续在全国800个农业县实施基层农技推广体系改革与建设示范县项目，大力推行“包村联户”推广机制和“专家—农技人员—科技示范户”服务模式，强化人员聘用、工作考评等制度建设，乡镇农技推广机构建设进展顺利。兽医管理体制改革成效显著，全国、省、市、县兽医行政管理、动物卫生监督和动物疫病防控工作体系基本建成。兽医工作机构得到显著加强，人员力量大幅增加，按照乡镇或者区域设置乡镇畜牧兽医站33 083个，村级动物防疫员队伍

64.5万人。农产品质量安全监管机构建设取得积极进展，检验检测体系逐步完善，目前有30个省（自治区、直辖市）成立了农产品质量安全监管专门机构，建设各级质检机构2 200多个，检测人员2万多名。

6. 完善农业综合执法体系。农业综合执法三年基本覆盖全国农业县的目标如期实现。机构性质属于行政机关、参公管理单位或全额拨款事业单位的比例为97.8%。全国各级综合执法机构在岗执法人员为24 558人，其中公务员编制和参照公务员管理的比例为27.6%，上海、浙江、湖南、福建、北京5省（直辖市）各级综合执法机构在岗执法人员为公务员编制和参照公务员管理的比例达60%以上。2011年部省两级农业部门对农业综合执法的投入共计8 654万元，综合执法能力建设进一步提高。

（二）稳步推进事业单位改革，加强支撑保障体系建设 以明确功能定位、优化结构布局为重点，强化支撑服务体系建设。深化事业单位人事制度改革，深入推行聘用制，全面实施岗位管理制度，完善制度，创新机制，进一步增强事业单位的生机活力。

1. 深入开展事业单位改革调研。深入各直属事业单位、归口司局和分类改革试点省份进行走访调研和座谈，全面掌握事业单位的日常运转、职能履行、经费保障、分类意向等情况，及时收集整理地方事业单位分类改革动态信息，借鉴相关经验做法。针对事业单位登记设立、自行设立和事业单位兴办实体、财政保障情况开展延伸调研，完善改革有关支撑数据。

2. 扎实推进事业单位分类改革。中央5号文件下发后，及时形成农业部事业单位分类改革工作方案，成立事业单位分类改革工作领导小组，明确分工协作机制，加强组织领导。组织召开部属事业单位分类改革工作部署会议，传达中央会议和文件精神，对清理规范及分类改革提出明确要求，布置相关工作。继续推动科技体制改革，组织专题调研和研讨，协调相关部门达成共识。

3. 清理规范工作取得阶段性进展。结合调研情况，深入研究部属事业单位的职能定位和发展方向，按照强化农业事业单位公益服务属性、实事求是、完善功能、“大稳定、小调整”的原则和思路，提出事业单位优化结构布局建议和清理规范意见，为分类改革稳步实施创造条件。

4. 推动组建生态资源保护机构和食物营养研究机构。继续加强农业生态与资源保护总站组建工作的沟通协调工作。2011年底，农业部农业生态与资源保护总站正式获批，生态资源保护领域的支撑服务机构进一步健全，农村可再生能源开发利用、农业面源污染防治和农业生物物种资源保护等工作力量得到加强。积极协调推动成立农业部食物与营养发展研究所，就主要职能、组建方式、财政补助形式、编制规模等问题进行深入研究，加强与中编办、财政部、卫生部等部门的沟通衔接，稳步推进批复组建工作。

5. 进一步优化事业单位结构布局。根据南海区渔政局渔政船投入使用情况，协调落实增编事宜，进一步强化了海上渔政执法工作。批复成立中国水产科学研究院党组纪检组事宜，强化农业科研机构党风廉政建设。研究批复中国热带农业科学院中小学移交儋州市人民政府管理事宜，批复机关服务中心等单位内设机构调整工作，为事业单位发挥好支撑服务作用提供组织保障。研究部属单位设置总师职位问题，加强相关单位技术领导力量。

6. 深化事业单位人事制度改革。深入推进聘用制，全面开展事业单位岗位设置管理，加强对事业单位实施岗位设置管理后人员聘用、工资管理、干部任用等有关政策研究。目前，全部部属事业单位已经实施了岗位设置管理工作。

（三）规范社团管理和服务，促进农业社团健康发展 按照培育扶持与监督管理并重的原则，继续开展社团管理体制改革研究，积极扶持新社团筹建，加强对现有社团管理，增强社团服务农业农村经济发展的桥梁纽带作用。

1. 推动社团组建，健全农业社会化服务体系。积极与民政部协调，推动筹备中国蔬菜协会；指导休闲垂钓协会和海峡两岸茶业交流协会完成登记工作；继续推动中国远洋渔业协会筹建报批事宜；落实中国动物保健品协会更名为中国兽药协会事宜。

2. 完善管理制度，规范社团行为。转发发改委等部门关于取消和停止社团部分收费及有关问题的通知，并加大相关监管工作力度。配合民政部开展《社会团体登记管理条例》修订工作，积极推动社团管理体制机制创新。配合有关部门开展社团“小金库”清理等专项治理工作，进一步研究社团兼职人员的管理问题。加大对社团开展业务活动的监管和督查力度，有效规范部管社团的管理和服务行为。

3. 抓好日常管理，提升管理服务水平。协调部领导社团兼职报批事宜，并推动落实调整工作，强化了协会领导力量。研究审核中国畜牧业协会等7家社团法人及分支（代表）机构变更登记事宜，批复中国村社发展促进会等社团换届及负责人调整人选方案，指导各社团顺利完成负责人选举、备案工作。组织中国农学会等社团参加2011年度全国性社会组织评估，提升社会组织工作的规范化、科学化水平。

农业灾害

（一）农业气象灾害 2011年，我国农业重大气象灾害以干旱为主，洪涝偏轻发生。北方冬麦区继2008、2009年后再次出现秋冬春连旱；长江中下游地区出现罕见的“前旱后涝”灾情，西南地区发生特大夏伏旱；南方地区6月出现旱涝急转，西北、西南部分地区秋季出现持续阴雨天气；台风生成早、登陆我国数量多，对沿海地区农业生产造成不利影响；秋季降温较常年略偏早，东北部分地区出现早霜冻，长江中下游和华南部分晚稻产区出现寒露风天气。据统计，全年农作物受灾面积32 470.67千公顷，其中成灾12 441.33千公顷，绝收2 892千公顷，分别比上年减少4 955.33千公顷、6 096.67千公顷和1 971.33千公顷（图22、图23）。全年因各种气象灾害损失粮食3 485万吨，比上年减少675万吨。

1. 干旱。2011年，全国农作物因干旱受灾面积16 304.2千公顷，比上年增加3 045.6千公顷，其中成灾6 598.6千公顷，绝收1 505.4千公顷，分别比上年减少2 366.9千公顷和1 166.9千公顷。因旱灾损失粮食1 820万吨，比上年增加160万吨。

2. 洪涝。2011年，全国农作物因洪涝受

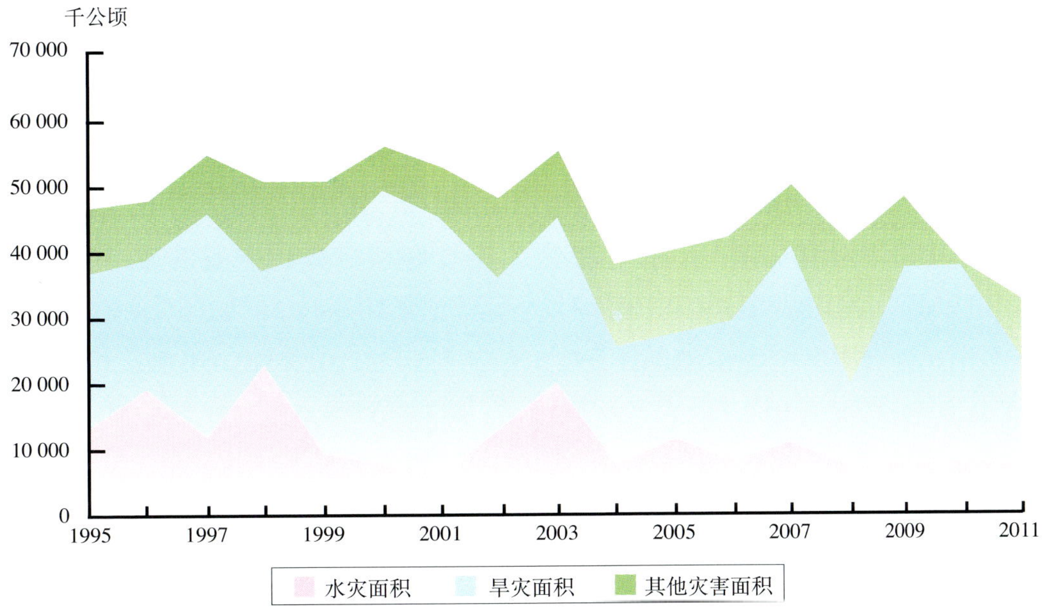

图22　1995—2011年农业受灾面积变动情况

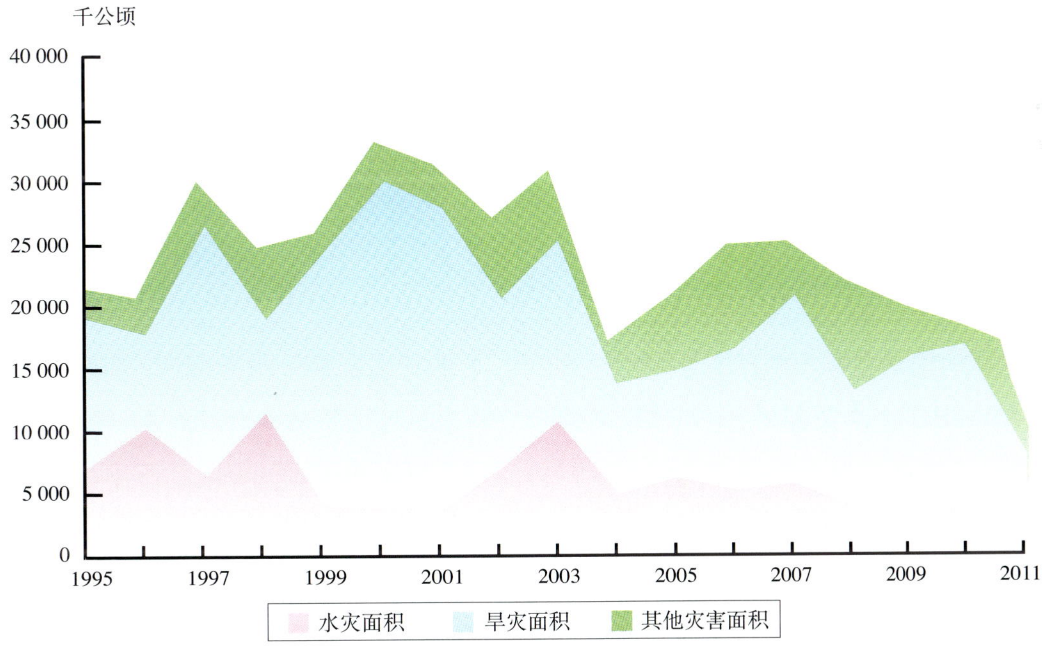

图23　1995—2011年农业成灾面积变动情况

灾6 863.4千公顷，其中成灾2 839.5千公顷，绝收778.7千公顷，分别比上年减少10 661.2千公顷、4 181.7千公顷和878.8千公顷。因洪涝灾害损失粮食640万吨，比上年减少1 130万吨。

3. 台风。2011年，全国农作物因台风受灾面积1 546.5千公顷，其中成灾364.4千公顷，绝收94.1千公顷，分别比上年增加1 204.6千公顷、196.8千公顷和81.7千公顷。

4. 风雹。2011年，全国农作物因风雹受灾面积3 309.3千公顷，其中成灾1 347.9千公顷，绝收302.4千公顷，分别比上年增加1 129.2千公顷、431.8千公顷和22.1千公顷。

5. 低温冻害。2011年，全国农作物因低温冻害受灾面积4 447.1千公顷，比上年增加326.4千公顷，其中成灾1 290.9千公顷，绝收211.1千公顷，分别比上年减少152.8千公顷和29.6千公顷。

（二）农作物病虫草鼠害 2011年，全国农作物病虫草鼠害发生面积473 710.82千公顷次，造成粮食损失1 861.45万吨，棉花损失49.39万吨，油料损失85.78万吨。全年累计防治面积554 812.63千公顷次，通过防治挽回粮食损失9 141.02万吨，挽回棉花损失189.88万吨，挽回油料损失337.11万吨。

1. 蝗虫。2011年，全国蝗虫发生危害面积5 761.42千公顷次，其中东亚飞蝗1 349.92千公顷次，亚洲飞蝗61.87千公顷次，西藏飞蝗92.26千公顷次，农区土蝗4 257.37千公顷次，农牧交错区土蝗2 297.58千公顷次。全年防治蝗虫面积3 129.21千公顷次，其中东亚飞蝗966.57千公顷次，亚洲飞蝗12.44千公顷次，西藏飞蝗67.95千公顷次，农区土蝗1 030.91千公顷次，农牧交错区土蝗1 051.34千公顷次。飞蝗防治效果达到90%以上，土蝗防治效果达到85%以上。

2. 小麦病虫害。2011年，小麦病虫害发生面积58 755.5千公顷次，比上年减少9 026.45千公顷次，造成小麦损失254.89万吨。全年防治面积69 620.35千公顷次，挽回小麦损失1 298.86万吨。其中，小麦条锈病发生1 243.04千公顷次，比上年减少984.61千公顷次，防治小麦条锈病2 487.24千公顷次，挽回小麦损失40.58万吨；小麦赤霉病发生2 630.7千公顷次，造成损失10.33万吨，防治面积6 598.04千公顷次，挽回损失70.58万吨；小麦蚜虫发生16 874.94千公顷次，造成损失81.62万吨，防治面积19 630.09千公顷次，挽回损失550.26万吨；小麦吸浆虫发生1 977.37千公顷次，造成损失9.63万吨，防治面积2 468.43千公顷次，挽回损失51.05万吨。

3. 水稻病虫害。2011年，全国水稻病虫害发生96 909.45千公顷次，比上年减少12 834.96千公顷次，造成稻谷损失437.85万吨。全年水稻重大病虫害防治面积共计152 301.21千公顷次，挽回粮食损失3 305.24万吨。稻飞虱、水稻螟虫、稻纵卷叶螟、稻瘟病、纹枯病等“三虫二病”发生面积达到82 253.58千公顷次，比上年减少11 763.48千公顷次，造成稻谷产量损失372.51万吨。其中，稻飞虱发生面积25 395.48千公顷次；稻纵卷叶螟发生面积16 663.42千公顷次；二化螟发生面积13 969.74千公顷次；三化螟发生面积1 825.03千公顷次；大螟发生面积1 937.83千公顷次，稻瘟病发生面积4 632.91千公顷次；纹枯病发生面积17 829.16千公顷次。水稻病毒病发生1 067.94

千公顷次，比上年减少682.76千公顷次，防治面积4 574.43千公顷次，比上年增加304.04千公顷次。

4. 玉米病虫害。2011年，全国玉米病虫害发生面积71 656.78千公顷次，比上年增加3 765.21千公顷次，造成玉米损失542.88万吨，与上年持平。其中玉米大小斑病发生7 371.98千公顷次，玉米螟21 632.51千公顷次，玉米丝黑穗病1 543.46千公顷次。全年防治玉米病虫害61 331.16千公顷次，比上年增加了7 095.3千公顷次。挽回玉米损失1 414.73万吨，比上年增加271.12万吨。

5. 棉花病虫害。2011年，全国发生面积24 935.75千公顷次，比上年增加2 444.67千公顷次，造成棉花损失43.43万吨，比上年增加7.89万吨。其中棉铃虫发生面积5 837.33千公顷次，比上年增加400.41千公顷次。全年防治棉花病虫30 413.29千公顷次，挽回棉花损失159.25万吨，比上年增加19.28万吨。

6. 农田鼠害。2011年，全国农田鼠害发生24 029.28千公顷，比上年减少1 859.71千公顷，造成粮食损失167.56万吨，农田鼠害防治面积达到18 196.64千公顷，占发生面积的75.7%，挽回田间粮食损失410.61万吨。

7. 农田草害。2011年，农田草害发生90 616.25千公顷，与上年持平。防治面积95 646.12千公顷，比上年增加3 227.03千公顷。

8. 马铃薯病虫害。2011年，全国发生面积6 652.41千公顷次，比上年增加565.76千公顷次，造成损失75.48万吨。全年防治面积5 279.02千公顷次，比上年增加321.81千公顷次，挽回损失158.04万吨。其中，马铃薯晚疫病发生1 716.53千公顷次，防治1 668.57千公顷次，挽回损失59.85万吨，实际损失25.31万吨。

（三）畜牧业灾害

1. 草原火灾。2011年，全国共发生草原火灾83起，其中一般草原火灾81起，较大草原火灾1起，重大草原火灾1起。受害草原面积为17 473.5公顷，无人员伤亡和牲畜损失。从时间看，4月、5月和10月共发生草原火灾43起，占全年草原火灾发生次数的51.8%，受害草原面积15 182.8公顷，占全国受害草原面积的86.9%；从区域看，内蒙古、吉林和青海三省（自治区）共发生草原火灾57起，占全国草原火灾发生次数的68.7%，受害草原面积为15 900.7公顷，占全国草原火灾受害面积的91%，六大牧区共发生草原火灾55起，占全国草原火灾发生次数的66.3%，受害草原面积为14 550.8公顷，占全国草原火灾受害面积的83.8%；从起火原因看，烧荒引起草原的火灾占全国草原火灾发生次数的26.5%，其次为上坟烧纸和取暖做饭，分别占全国草原火灾发生次数的9.6%和7.2%，其他起火原因占全国草原火灾发生次数的27.8%，未查明原因的占28.9%。与上年相比，草原火灾次数减少26起，受害草原面积增加12315.1公顷。与“十一五”时期的平均水平相比，火灾发生次数下降63.7%，受害草原面积下降11.4%。

2. 草原鼠虫害。2011年，草原鼠害危害面积38 666.67千公顷，约占全国草原面积的10%，与上年基本持平。草原虫害危害面积为17 333.33千公顷，占全国草原面积的4.4%，比上年减少2.3%。

（四）动物疫病 2011年，全国疫情形势总体保持平稳，未发生区域性重大动物疫情。

1. 高致病性禽流感。2011年，全国仅西藏发生1起家禽高致病性禽流感疫情，扑杀家禽6 575只。

2. 口蹄疫。2011年，新疆、贵州、西藏、宁夏先后发生7起O型口蹄疫疫情，发病畜823头只，死亡45头，扑杀7 753头只。2011年，全国未发生亚洲Ⅰ型、A型口蹄疫疫情。

3. 高致病性猪蓝耳病。2011年，全国仅贵州、湖北发生两起高致病性猪蓝耳病疫情，发病猪668头，死亡51头，扑杀646头。全国猪瘟、新城疫等其他疫情继续保持平稳。

（五）渔业灾害 2011年，台风、干旱、洪涝、寒潮等自然灾害共造成1 678.3千公顷养殖面积受灾，水产品损失227.43万吨，死亡（失踪）127人，重伤15人，直接经济损失289.05亿元。其中春夏之际，长江中下游地区遭遇历史罕见的严重干旱，使渔业生产遭受重大损失。江苏、安徽、江西、湖北、湖南5省受旱水产养殖面积931千公顷，损失成鱼和鱼种77.4万吨、水产苗种311.5亿尾，渔业经济损失97.2亿元。渔业资源生态遭受严重破坏，据专家测算，洞庭湖主要经济鱼类产卵场面积减少54.1%，鲤、鲫产卵量分别降低74.5%和49.2%，洪湖天然鱼类产卵场基本消失，天然渔业资源损失超过95%。党中央、国务院的高度重视灾后渔业恢复生产工作。国务院召开长江中下游五省抗旱工作会，部署渔业救灾工作，迅速落实了4亿元的渔业救灾专项资金。农业部及时传达贯彻会议精神，部署落实工作措施，编印《水产养殖抗旱实用技术手册》，派出抗旱减灾科技指导组，迅速铺开灾后重建工作，有力促进了减灾、救灾和恢复生产。

农业可持续发展

（一）农村清洁工程示范村建设不断推进 2011年，农业部遵循“减量化、资源化、再利用”的循环经济理念，按照建设资源节约型、环境友好型新农村的要求，在16个省（自治区、直辖市）的133个村开展了农村清洁工程示范村建设。积极推广畜禽粪便、生活污水、生活垃圾、秸秆等生产、生活废弃物资源化利用技术，变废为宝，化害为利，实现了村容整洁。通过推广节水、节肥、节药等节约型技术，推进农业生产方式转变。利用经济手段、市场机制，建立以村为单元的农村物业化管理模式，构建了农村清洁长效机制。试点村农村生活垃圾和污水处理利用率达到90%以上，农作物秸秆、畜禽粪便资源化利用率达到90%以上，基本实现了家园清洁、田园清洁、水源清洁。

（二）农产品产地污染防治进一步加强 在全国31个省（自治区、直辖市）开展工矿企业周边、大中城市郊区、污水灌溉区和一般农区的农产品生产分布区域及面积的调查，开展农产品产地周边主要污染源调查与监测，为开展农产品产地安全普查和划定农产品禁止生产区奠定了基础。下发了关于开展农产品产地重金属污染综合防治工作的通知，制定了工作方案和监测评价方案，举办了技术培训班，进一步强化了农产品产地环境管理。对湖南、湖北、江西、四川4个省工矿企业周边、大中城市郊区、污灌区等重点区域水稻产地土壤重金属污染进行监测，启动水稻产地重金属污染监测工作。

（三）农业生物资源保护取得新进展 组织全国农业资源环境保护体系、中国农科院、地方农科院和农业大学，开展近源野生植物、野生果树和野生药用植物等农业野生植物物种资源调查与抢救性收集工作，共收集种质资源1 000多份，完备了我国野生植物资源信息库，丰富了我国农业育种选择材料。根据“十一五”调查掌握的全国农业野生植物资源的分布和濒危状况，选择具有典型代表性和潜在重要价值的珍稀、濒危农业野生植物，开展农业野生植物资源原位保护，新建农业野生植物原生境保护区（点）13处，对野生猕猴桃、中华水韭、野生茶、野大豆等具有重要农业应用价值的濒危物种进行了保护。广泛开展形式多样的宣传教育活动，增强了广大公众农业野生植物保护意识，形成了自觉保护农业野生植物资源的社会氛围。

（四）外来入侵生物防治取得新成效 在20个省份组织开展紫茎泽兰、薇甘菊等10多种危险性外来入侵生物的调查和监测预警，在敏感临界区域设立阻截隔离监测点，定期监测其种群发生趋势。继续组织外来入侵生物防治行动，采取生物、物理、化学等手段，先后在四川、云南、贵州等地开展了福寿螺、薇甘菊、紫茎泽兰等外来入侵生物集中灭除行动。广泛发动群众，实行群防群治。组织群众实地参观了外来入侵生物综合防治示范区。组织有关专家力量，举办了多期外来入侵生物综合防治技术培训班，发放各类科普材料和明白纸，普及外来入侵生物及其控制和防治方法，增强群众防范意识。组织专家进行巡回指导，开展及时、有效的技术服务。

（五）农业面源污染防治工作取得新突破 针对化肥农药用量不断增加、畜禽粪便及污水无序排放、水体污染形势严峻的问题，组织中国农科院和全国农业环境监测体系，设定245个定位监测点，重点在淮河、海河、辽河、太湖、滇池和巢湖流域、松花江、黄河上中游、三峡库区及其中上游流域，开展农业面源污染监测，建设农业面源污染综合防治示范区。经过一年的努力，基本摸清了我国主要流域面源污染状况，形成了我国第一份全面反映面源污染状况的年度报告——《2010年中国农业面源污染状况年度报告》，为下一步决策和工作开展提供了重要依据。

（六）农村沼气工程成效显著 进一步加大对农村沼气建设指导力度，户用沼气池国家补助标准全国平均提高32%，各类大中小型沼气工程迅速发展，服务体系逐步健全，农村沼气进入了建管并重、多元发展的新阶段。出台《农村沼气建设和使用考核评价办法》，进一步完善农村沼气项目管理方式。2011年，中央投资43亿元支持发展农村沼气。全国沼气用户达4 168万户，各类大中小型沼气工程8万处，生活污水净化沼气池19万处，沼气年产量150亿立方米，年减排二氧化碳6 100万吨。

（七）秸秆综合利用取得积极进展 国家发展改革委、农业部和财政部联合印发了《“十二五”农作物秸秆综合利用实施方案》和《“十二五”秸秆综合利用重点工作安排及部门分工》，明确了“十二五”期间推动秸秆综合利用的指导思想、基本原则、重点领域、重点工程、重点工作和保障措施。“十二五”期间拟重点开展秸秆循环型农业、秸秆原料化和能源化利用示范工程、棉秆综合利用专项工程、秸秆收储运体系工程、产学研技术体系工程。

（八）绿色能源示范县建设顺利启动 国家能源局、财政部和农业部批复了第一批26个绿色能源示范县实施方案，要求各级能源主管部门、财政部门和农业部门要按照绿色能源示范县建设管理办法、中央财政补助资金管理办法和技术管理办法等有关规定，依据职责分工，抓好示范县建设管理、资金监管和技术管理服务。

农业国际合作与交流

2011年，面对复杂的全球政治、经济形势，我国积极推进粮农领域国际合作，从容应对多双边磋商，务实进行高层交流，加大农产品进出口贸易政策协调和贸易促进力度，农业国际合作与交流取得新进展，有力地服务了现代农业建设，为国家总体外交提供了重要支撑。

（一）广泛参与多边事务，彰显中国影响力 2011年，农业部部长率团出席了联合国粮农组织第37届大会、首届二十国集团农业部长会议、第二届金砖国家农业部长会议，深入参与国际粮农政策协商，取得了良好的反响和效果。在多边场合，积极主动协调各方立场，推动会议成果充分考虑以我国为代表的广大发展中国家的利益，赢得了各方广泛尊重和欢迎，我国在国际粮农事务中的影响力进一步凸显。成功连任粮农组织理事会成员、连任世界粮食计划署执行局成员、当选世界粮食安全委员会主席团成员等一系列重要职位，确保了我国在国际粮农事务上的话语权。

认真准备国际食品法典第35届大会参会方案，维护了我国畜牧产业和广大养殖户的利益。我国申请制定的硫丹在茶叶上限量10毫克/千克，正式成为国际食品法典标准，使我国茶叶出口每年避免上千万美元的损失。

（二）务实开展高层交流，有效推动双边合作 2011年，安排一系列农业高层交流，为我国与重要国家的双边农业合作营造了良好氛围。推动了《中美农业合作战略规划》、《中新渔业合作安排》、《中德关于进一步加强农业合作的共同声明》、《中塔两国农业合作谅解备忘录》、《中赞农业合作谅解备忘录》等双边合作文件的签署，巩固了中美商贸联委会、中新农业合作委员会、中德农业合作联委会、中乌合作委员会等合作机制。

中俄两国农业部长签署了关于加强农业合作的谅解备忘录，就两国农业部间建立工作机制达成共识，中俄农业合作关系取得突破性进展，为进一步深化两国的农业合作奠定了基础。

（三）深化贸易政策协调，加大贸易促进力度 强化贸易政策协调，统筹国内宏观调控目标和加工业利益，保持了棉花、大豆、食用油、食糖、天然橡胶等重要农产品的进口关税政策基本稳定，有效维护了产业利益。加入世贸组织贸易政策审议及通报工作机制，顺利完成世贸组织最后一次对华过渡性审议应对工作。推动中国园艺产品、水产品输美问题有效解决，敦促美方加快中国熟制禽肉产品输美问题解决进程，有效应对美国牛肉输华问题。

制定了《农业贸易促进规划（2010—2020）》，明确全国农产品贸易促进工作的基本方向。成功举办2011年中国国际渔业博览会、中国国际薯业博览会、中国国际种业博览会等品牌展会，支持陕西等四省区举办中国优质水果对东盟出口推介会，组织和支持中国企业参加境外农业展会，推动优势农产品出口。我国农产品贸易快速发展，贸易质量稳步提升。2011年，我国农产品贸易额突破1 500亿美元，在保持美国、欧盟、日韩等传统市场份额的同时，东盟、南美、西亚、非洲等新兴市场得到积极开拓，市场结构进一步优化。

（四）努力推动“走出去”，不断强化“引进来” 稳步推进“南南合作”工作有效开展。充分利用我国在联合国粮农组织设立的3 000万美元信托基金，加快实施“南南合作”项目，帮助发展中国家提高农业发展水平。截至2011年底，我国先后派出近千名援外农业专家和技术人员，受到各国普遍欢迎。在国内，为亚洲、非洲及拉美有关国家举办35个农业技术培训班，培训了来自52个国家的746名管理和技术人员。在境外，完成了援建非洲的14个农业援外技术示范中心建设，启动了9个新增的非洲农业技术示范中心的前期考察立项工作，探索与巴基斯坦等5个亚洲国家开展类似合作。积极为中农发集团、黑龙江农垦、宁夏农垦等有实力的企业“走出去”提供服务支持。截至2011年底，黑龙江、广东农垦集团等农垦企业已建立了27家境外企业。

与粮农组织合作研发了全球首个草原碳汇方法学，为全球草原碳汇交易的开展奠定了科学基础。成功申请地理标志、转基因生物安全、动物疫病防控、植物病虫害生物防治等多个欧盟技术培训及合作项目。继续实施世行、亚行培训项目，中波、中德、中英等农业合作项目，引进我国急需的资源、技术和设备，从管理理念、科学技术和物质装备等方面有力促进了我国现代农业的发展。

（五）加强农业科技国际合作，提升科技创新能力 与有关国家、国外农业机构和国际组织先后建立了60多个联合实验室和国际科技合作中心。与国际农业应用技术中心（CABI）建立联合实验室，共同申请国际农业科研发展项目，提升自身科研创新能力和水平，扩大科研成果转化能力。吸引一批国际农业科研机构在中国建立研发中心。2010年在北京成立的国际马铃薯中心亚太中心（CCCIP）将成为亚太区域薯类作物资源利用和育种、生产和加工技术研究以及产业综合发展的主要平台，各项筹建工作进展顺利。依托重大联合研究项目，进行全球农业科技交流与推广。

2011年

农业和农村政策

2011年农业和农村政策

总体评价

2011年，中央继续坚持把解决好“三农”问题作为全部工作的重中之重，进一步强化强农惠农政策。各地区各部门按照中央提出的大兴水利强基础，狠抓生产保供给，力促增收惠民生，着眼统筹添活力的总体要求，积极应对异常发生的自然灾害和异常波动的市场环境等严峻挑战，富有成效地开展工作，努力推动现代农业发展，扎实推进新农村建设，不断深化农村体制机制改革，促进农业稳定发展和农民持续增收。

2011年，中央继续坚持财政投入重点向农业农村倾斜政策，大幅度增加“三农”投入。中央财政共安排“三农”支出10 497.7亿元，比上年增加1 917.7亿元，增长22.4%。其中，安排农业“四补贴”1 406亿元，比上年增加180亿元，增长14.7%。此外，安排畜禽良种补贴、能繁母猪补贴，增加农业救灾资金投入等，不断加大对农业生产的支持力度。启动实施草原生态保护补助奖励，强化对草原的保护。农业补贴方式进一步完善，政策时效性进一步增强，项目资金监管进一步强化，有力地促进了农业生产和农民增收。减轻农民负担工作继续深入开展，综合治理实施范围不断扩大，农民负担继续保持较低水平，减轻农民负担形势总体平稳。

农村土地承包关系总体保持稳定，农村土地承包经营权登记试点积极开展，土地流转规范管理和服务得到加强，土地承包纠纷调处体系逐步建立健全。农村集体资产管理进一步加强，集体资产财务监管体系得到强化，集体经济组织产权制度改革继续稳步推进，农村财务管理机制比较健全、财务公开比较全面、民主理财比较规范、审计监督比较有效的新局面已经形成。

农村综合改革深入推进，农村金融体制改

革进一步深化。2011年，乡镇机构改革基本完成，经济发达镇行政管理体制改革试点启动实施；农村义务教育改革顺利实施，经费保障机制得到贯彻落实；县乡财政管理体制改革稳步推进，“省直管县”改革内容不断充实；集体林权制度改革全面推进，集体林地确权基本完成；村级公益事业建设一事一议财政奖补全面铺开，财政奖补资金大幅增加；公益性乡村债务清理化解工作扎实推进，乡镇财政管理和村级经费保障工作有序开展。农村信用社产权制度改革进一步深化，新型农村金融机构继续快速发展，乡镇金融机构和服务空白问题加快解决，县域金融服务得到强化，涉农金融创新不断涌现，农村金融涉农信贷快速增长。

农产品市场调控政策不断完善。稻谷、小麦等粮食最低收购价逐年提高，托市作用较为明显。玉米、棉花等临时收储办法逐步完善，稳定市场作用突出。农产品储备调节制度日益完善，市场供应和供求平衡得到保障。农产品进出口调节灵活运用，调节品种和余缺功能有效发挥。

农民专业合作社加快发展，基层农业技术推广体系改革与建设继续全面深化，兽医管理体制机制创新成效显著，现代农作物种业发展加快推进。农民专业合作社法规制度建设稳步推进，扶持政策力度加大，合作社数量保持快速发展，合作形式与合作内容不断丰富和拓展。乡镇农技推广机构普遍健全，运行机制不断完善，条件建设进展加快，公共服务能力显著增强。兽医机构体系和工作队伍进一步巩固健全，基层动物防疫公共服务机构普遍健全，新型兽医制度建设稳步推进。现代种业发展规划制定实施，种业发展扶持力度明显加强，“育繁推一体化”种子企业发展环境显著改善，种子研发资源整合开始加快。

农村劳动力转移就业政策进一步完善。2011年，农民工就业服务不断改善，就业技能培训规模继续扩大，劳动管理进一步加强，工资正常增长机制及支付保障机制逐步完善，公共服务体系进一步改善，农民工社会保障制度不断健全，参保率继续提高。大批农民工随迁子女在城市接受义务教育，办学条件逐步改善。

2011年，农业法制建设取得明显进展，农业依法行政能力进一步加强。农业立法工作继续加强，法律法规体系进一步完善。农业综合执法体系扎实推进，执法效能显著提升。农产品质量安全和农资打假专项治理深入开展，农产品质量安全保障力度加大。

增加农业补贴

（一）政策背景和主要内容 根据2011年中央1号文件精神，中央继续大幅度增加“三农”投入，巩固完善强农惠农政策。要求切实做到“三个重点、三个确保”，即，财政支出重点向农业农村倾斜，确保用于农业农村的总量、增量均有提高；预算内固定资产投资重点用于农业农村基础设施建设，确保总量和比重进一步提高；土地出让收益重点投向农业土地开发、农田水利和农村基础设施建设，确保足额提取、定向使用。农业补贴方面，中央要求继续增加对农民的生产补贴，新增补贴重点向主产区、重点品种、专业大户、农民专业合作组织倾斜。增加中央财政对粮食、油料、生猪调出大县的一般性转移支付，扩大奖励补贴规模和范围。主要政策内容包括以下几个方面：

1. 较大幅度增加农业补贴。2011年，中央财政年初安排农业“四补贴”1 406亿元，比上年的1 226亿元增加180亿元。种粮直补继续安排151亿元；农资综合补贴年初预算安排860亿元；农作物良种补贴安排220亿元，增加16亿元；农机购置补贴安排175亿元，增加20亿元。“四补贴”之外，中央财政根据成品油价格改革补助政策，安排渔业柴油补贴171.7亿元，增加67.1亿元，对依法从事国内海洋捕捞、远洋渔业、内陆捕捞及水产养殖并使用机动渔船的渔民和渔业企业给予柴油补贴；启动草原生态保护补奖政策，安排补贴136.6亿元，支持8个主要牧业省、自治区实行禁牧补助和草蓄平衡奖励等草原保护利用措施；安排产粮（油）大县奖励236亿元，进一步巩固和提高粮食大县奖励水平，并对粮食生产做出突出贡献的大县给予特别奖励；生猪调出大县奖励33.2亿元，进一步扩大奖励范围，提高奖励水平；安排农业保险保费补贴91亿元，增加了种植业保险、天然橡胶等保险的补贴地区，并将奶牛保险保费补贴比例由30%提高到50%。此外，中央财政在农业防灾减灾稳产增产关键技术补助、农民培训补助等方面也加大了支持力度。

2. 加大农业救灾资金投入。2011年，干旱、洪涝、台风等农业气象灾害多发、频发，特别是冬麦区冬春连旱、长江流域旱涝急转、西南地区严重夏伏旱等灾害，给农业和粮食生产造成严重威胁和影响。根据国务院常务会确定出台的一系列扶持农业生产政策措施，中央财政分两批共安排抗旱补助资金129亿元，其中主要由农业部组织实施的政策包括：安排北方冬麦区两次浇水补助资金15亿元、增施返青拔节肥补助资金8亿元，总计23亿元，为确保年初抗旱促春管工作顺利开展，促进夏粮丰收，调动农民生产积极性，发挥了重要作用。针对长江中下游地区发生的严重旱情，中央财政安排长江中下游五省抗旱减灾恢复生产补助资金8亿元，用于支持受旱灾影响严重的农民、渔民和水产养殖户尽快恢复生产。以上救灾资金的及时到位，保障了各项防灾减灾技术措施的有效实施，达到了“重灾少减产、轻灾不减产、无灾多增产”的目的，为全年粮食增产和农业稳定发展奠定了基础。

3. 启动实施草原生态保护补助奖励机制。2011年，中央财政安排136亿元（包含牧区畜牧良种补贴2亿元），在内蒙古、新疆、甘肃、青海、西藏、四川、宁夏、云南8省、自治区和新疆生产建设兵团启动了草原生态保护补助奖励机制，对247 333.3千公顷可利用天然草原实施禁牧和草畜平衡保护措施，对牧民给予禁牧补助、草畜平衡奖励以及生产性补贴措施。

4. 实施能繁母猪饲养补贴政策。根据国务院常务会议精神，中央财政拨付能繁母猪饲养补贴资金22.22亿元。按照每头补贴100元、中央财政补助60%的标准，补助中西部省份能繁母猪3 600多万头，有效调动生猪养殖的积极性，抑制猪肉价格过快上涨。

（二）政策执行情况及效果评价

1. 补贴数量大幅增加，补贴范围明显扩

大。一是中央财政安排农作物良种补贴资金220亿元，比上年增加16亿元。良种补贴规模进一步扩大，部分品种标准进一步提高。水稻、小麦、玉米、棉花、东北和内蒙古的大豆、长江流域10个省市和河南信阳、陕西汉中和安康地区的冬油菜实行全覆盖。小麦、玉米、大豆和油菜每亩补贴10元，其中，新疆地区的小麦良种补贴提高到15元。早稻补贴标准提高到15元，与中晚稻和棉花持平；水稻、玉米、油菜补贴采取现金直接补贴方式，小麦、大豆、棉花可采取统一招标、差价购种补贴方式，也可现金直接补贴，具体由各省根据实际情况确定；继续实行马铃薯原种生产补贴，在藏区实施青稞良种补贴，在部分花生产区继续实施花生良种补贴。

二是中央财政安排农机具购置补贴175亿元，比上年增加20亿元。补贴范围继续覆盖全国所有农牧业县（场）。补贴机具种类涵盖12大类46个小类180个品目，在此基础上各地可再自行增加30个品目。中央财政农机购置补贴资金实行定额补贴，同一种类、同一档次农业机械在省域内实行统一补贴标准。定额补贴按不超过各省市场平均价格的30%测算，汶川地震重灾区县、重点血防疫区补贴比例可提高到50%。单机补贴上限5万元，100马力以上大型拖拉机、高性能青饲料收获机、大型免耕播种机、挤奶机械、大型联合收割机、水稻大型浸种催芽程控设备、烘干机单机补贴限额可提高到12万元；大型棉花采摘机、甘蔗收获机、200马力以上拖拉机单机补贴额可提高到20万元。2011年，农机购置补贴共补贴各类农机具约564万台（套），受益农户约439万户。

三是中央财政安排种粮直接补贴151亿元，农资综合补贴835亿元，两项补贴合计986亿元。种粮直接补贴资金原则上要求发放到从事粮食生产的农民，具体由各省级人民政府根据实际情况确定。建立和完善农资综合补贴动态调整制度，根据化肥、柴油等农资价格变动，遵循“价补统筹、动态调整、只增不减”的原则及时安排农资综合补贴资金，合理弥补种粮农民增加的农业生产资料成本，新增部分重点支持种粮大户。

四是安排畜牧良种补贴项目资金11.9亿元，其中包括草原生态保护补助奖励政策中的牧区畜牧良种补贴2亿元。补贴涉及生猪、奶牛、肉牛、羊和牦牛5个畜种，其中生猪良种补贴资金6.5亿元，补贴能繁母猪1 625万头，在420个项目县实施；奶牛良种补贴资金2.6亿元，补贴能繁母牛896万头，在全国范围实施；肉牛良种补贴资金0.6亿元，补贴肉用能繁母牛600万头，在18个肉牛主产省（自治区）实施；羊良种补贴资金1.9亿元，补贴种公羊23.75万只，在2010年项目省区7.5万头种公羊补贴任务的基础上，对中央实施草原生态保护补奖机制的内蒙古、四川、云南、西藏、甘肃、青海、宁夏和新疆8个牧区增加16.25万头种公羊补贴任务；牦牛良种补贴资金0.3亿元，补贴牦牛种公牛1.5万头，在四川、西藏、甘肃、青海和新疆5个牧区实施，其中新疆含褐牛。

2. 补贴机制不断完善。一是政策时效性进一步增强。2011年1月份，中央财政预拨到地方种粮直补和农资综合补贴资金986亿元，在春耕前通过“一卡通”或“一折通”直接兑付到农民手中。对农作物良种补贴和农机购置补贴实行预通知，2010年9月份预拨农作物良种补贴资金180多亿元，农机购置补贴预拨110亿元，进一步加快补贴资金拨付。二是补贴方式进一步完善。农机购置补贴努力保障农民自主选择权，改补贴协议为补贴指标确认通知书，或直接用申请表替代补贴协议。力求公平公开确定补贴对象，强调在申请补贴人数超过计划指标时，按照公平、公正、公开的原则，各地要采取公开摇号等农民群众易于接受的方式确定补贴对象并公示。允许各地在保证资金安全、让农民得实惠、给企业创造公平竞争环境的前提下，下放资金结算层级，强化地方责任。为确保农机购置补贴政策顺利实施，省级财政部门要安排必要的管理工作经费，严禁挤占挪用中央财政补贴资金用于工作经费。此外，按照“稳定、完善、加强”的原则，鼓励各地因地制宜开展农机购置补贴结算权下发、全价购机、网上摇号等试点，为完善农机购置补贴政策提供实践经验。三是项目资金监管进一步强化。农业部会同有关部门开展了专项检查，查处整改了一批违规违纪案件和问题，促进了资金项目规范管理，确保了强农惠农政策落实到位。四是推进支农资金整合。各地根据本地实际情况和项目资金管理要求，按照“既积极、又稳妥；既整合、又管理”的原则，创新财政支农方式，推进支农资金整合，进一步完善项目实施方案，加强了项目组织实施和管理。

3. 有力地促进了农业生产和农民增收。2011年，我国粮食总产实现半个世纪以来首次连续8年增产。全国农民人均纯收入实现改革开放以来首次连续8年较快增长。2011年，种粮直补、农资综合直补合计平均每亩补贴近60元，有效缓解了农资价格上涨对农民种粮的影响，对稳定种粮农民收益，调动农民务农种粮积极性发挥了积极的作用。在良种补贴政策的引导下，良种良法配套技术加快推广，粮食生产的科技含量明显提高，有力地推动了粮棉油标准化生产和区域化布局。在农机购置补贴政策的推动下，农业机械化进程进一步加快，2011年全国农机总动力同比增长超过5%；全国耕种收综合机械化水平同比提高2.5个百分点；农机购置补贴直接拉动农民和农业生产经营组织投入409.7亿元，促进了农机工业产销两旺。

农村土地承包管理

（一）政策背景及主要内容 2011年，国家继续强调坚持和完善农村基本经营制度，依法落实和维护农民土地承包权益，建立健全土地承包经营权流转市场，发展多种形式适度规模经营。《国民经济和社会发展第十二个五年规划纲要》明确指出，“坚持以家庭承包为基础、统分结合的双层经营体制。完善农村土地法律法规和相关政策，现有土地承包关系保持稳定并长久不变。搞好农村土地确权、登记、颁证工作，完善土地承包经营权权能，依法保障农民对承包土地的占有、使用、收益等权利。在依法自愿有偿和加强服务基础上完善土地承包经营权流转市场，发展多种形式的适度规模经营。”

（二）政策执行情况及效果评价 各级农业部门认真贯彻落实农村土地承包法律政策，切实加强土地承包管理服务，依法落实和维护农民土地承包权益，保持了土地承包关系总体稳定和土地承包经营权流转健康有序，促进了现代农业发展、农民持续增收和农村社会稳定。到2011年底，全国累计签订土地家庭承包合同2.22亿份，颁发农村土地承包经营权证2.08亿份，土地承包经营权流转面积15 200千公顷，占家庭承包耕地总面积的比重达到17.8%。总的看，当前农村土地承包关系稳定，土地流转健康有序。

1. 农村土地承包经营权登记试点积极推进。2011年，农业部、财政部、国土资源部、中农办、国务院法制办、国家档案局成立了全国农村土地承包经营权登记试点工作领导小组，制定下发了《关于开展农村土地承包经营权登记试点工作的意见》。经农业部等六部门认真审核，在28个省（自治区、直辖市）确定了50个县（市、区）为全国农村土地承包经营权登记试点地区，共涉及710个乡镇、1.2万个村、477万农户、2 252.67千公顷耕地。辽宁、吉林、浙江、江苏等省还自行确定了部分省级登记试点地区。各试点地区在登记试点工作中始终坚持尊重农民意愿、稳定现有土地承包关系等基本原则，登记试点工作得到广大农民群众的欢迎和支持。

2. 农村土地流转规范管理和服务得到加强。按照依法自愿有偿原则，遵循权属清晰、形式多样、管理严格、流转顺畅的要求，加强土地流转管理和服务，建立健全土地承包经营权流转市场，发展多种形式的适度规模经营。全面落实土地流转合同制和备案制，规范土地流转形式，加强流转用途监管，确保土地流转不改变土地集体所有性质，不改变土地用途，不损害农民土地承包权益。新疆、天津、浙江、内蒙古、河南等12个省（自治区、直辖市）以党委、政府名义下发了引导土地流转、发展适度规模经营的意见。全国已有800多个县市设立了土地流转有形市场，1.3万多个乡镇设立了土地流转服务中心，初步建立了村有服务站点、乡镇有中心、县市有市场的土地流转服务体系，形成了以承包农户为流转主体，以专业大户、家庭农场、农民专业合作社为规模经营主体，以转包、出租为主要流转形式，以政府管理和服务为重要保障的多元化、多形式的市场化土地流转机制，促进了土地承包经营权规范有序流转。

3. 土地承包纠纷调处体系建设逐步建立健全。各地采取有力措施，认真宣传贯彻《农村土地承包经营纠纷调解仲裁法》，依法设立仲裁机构和聘任仲裁员，建立健全土地承包经营纠纷仲裁体系。全国共设立农村土地承包仲裁委员会1 848个，聘任仲裁员16 497名。截至2011年底，农村土地承包仲裁委员会共受理土地承包及流转纠纷21.9万件。其中，各地农业部门调解17.7万件，占调处纠纷总数的92.4%；仲裁1.46万件，占7.6%。

4. 土地承包法律政策落实情况监督检查顺利开展。2011年，全国人大常委会开展了《农村土地承包法》和《农村土地承包经营纠纷调解仲裁法》的执法检查工作，有力推进了农村土地承包法律政策的进一步贯彻落实。同时，各级农业部门加大了对侵害农民土地承包权益问题的查处力度，切实维护了农民土地承包合法权益，营造了积极贯彻落实土地承包法律政策的良好氛围。

专栏16

农村土地承包经营权登记试点

一、政策背景及主要内容

2008年，中央1号文件明确提出要“加强农村土地承包规范管理，加快建立土地承包经营权登记制度”。鉴于全国各地延包及后续完善情况差异较大，且普遍存在承包面积不准、四至不清、空间位置不明、登记簿不全等问题，全面开展土地承包经营权登记制度建设的条件还不够成熟。为稳妥起见，2009年中央1号文件要求“稳步开展土地承包经营权登记试点，把承包地块的面积、空间位置和权属证书落实到农户”。2010年中央1号文件进一步强调，要“扩大农村土地承包经营权登记试点范围，保障必要的工作经费”。2011年，国务院强调要“加快推进农村集体土地所有权、土地承包经营权、宅基地使用权、集体建设用地使用权的确权、登记、颁证，落实工作经费”。

二、政策执行情况及效果评价

一是加强组织领导，因地制宜选择试点。2011年，农业部、财政部、国土资源部、中农办、国务院法制办、国家档案局等六部门成立了全国农村土地承包经营权登记试点工作领导小组，制定下发了《关于开展农村土地承包经营权登记试点工作的意见》，在28个省（自治区、直辖市）确定了50个县（市、区）为全国农村土地承包经营权登记试点地区，共涉及710个乡镇、1.2万个村、477万农户、2 252.67千公顷耕地。辽宁、吉林、浙江、江苏等省还自行确定了部分省级登记试点地区。

二是加强宣传动员，严格执行法律政策。六部门组织召开了全国登记试点工作视频会议，对登记试点工作进行全面动员和部署。农业部组织召开了登记试点工作人员培训会。各地采用广播、电视、报纸、印发公开信、明白纸、宣传单、挂横幅等多种形式，加强登记政策法律宣传，调动广大基层干部和农户参与登记试点的积极性。各试点地区严格执行法律政策，妥善解决了一些历史遗留问题。

三是因地制宜确定方案，探索各类登记方法。各试点地区结合实际制定了试点工作方案，强调尊重历史的原则，对实测面积与原承包合同、证书记载面积不一致等问题作出了明确规定。陕西高陵县在总结经验的基础上，形成了登记“九步工作法”，包括宣传培训、调查摸底、测绘制图、公示颁证、归档建库等环节。试点地区积极探索利用现代地籍测量技术，完善并丰富承包土地的地理信息。

四是积极筹措工作经费，推动试点工作顺利开展。各试点地区财政、农业等部门密切配合，努力保障试点工作经费，切实加强财政补助资金使用管理，保障了登记工作的顺利开展。

各试点地区在登记试点工作中始终坚持尊重农民意愿、稳定现有土地承包关系等基本原则，登记试点工作得到广大农民群众的欢迎和支持，没有发生因登记工作而影响农村社会稳定的情况。据统计，目前已有642个村完成家庭承包确权登记农户30.7万户，占应登记农户的6.4%；确权承包地145.73千公顷，占应登记总面积的6.5%，补换发经营权证书2.3万份。黑龙江、陕西、浙江、海南等10多个省份的试点地区已经将登记范围从村组扩大到乡镇。

农村集体资产与财务管理

（一）政策背景和主要内容 随着农村改革的不断深入，特别是农村党风廉政建设力度的不断加大，农村集体资产管理工作也不断得到强化。从单纯抓财务管理向民主管理、民主监督转变，从重点抓资金管理向全面加强资金、资产、资源管理转变，从注重指导集体直接经营资产向承包、租赁、股份合作等现代经营方式转变，村级集体经济运行机制探索迈出实质性步伐。

1. 组织开展农村集体资产财务管理工作检查和交流。为贯彻落实《农业部关于加强农村集体资金资产资源管理指导的意见》（农经发[2009]4号），2011年，农业部组织开展了全国农村集体“三资”管理和财务管理规范化建设检查调研。在县级自查、省级抽查的基础上，组成7个督导检查组，对16个省市34个市（地、州）48个县（市、区）进行督导检查。召开了农村集体资产和财务管理工作座谈会，交流讨论了农村集体资产财务管理检查调研情况。通过督导检查，促进农村集体资产财务管理工作在面上的进一步开展和各地的交流互动，起到了很好的推动作用，为促进农村集体资产财务管理工作向深入发展打下了良好的基础。

2. 稳步推进农村集体经济组织产权制度改革。为进一步推动农村集体经济组织产权制度改革，农业部组织人员赴北京、湖北、浙江、山东、福建、宁波等省（市）深入开展产权制度改革调研和检查，了解产权制度改革的总体情况和存在的主要问题。在深入调研的基础上，经反复研究和修改，提出了《关于进一步推进和加强农村集体经济组织产权制度改革的指导意见》。

3. 强化财务规范化建设。为加强民主管理和民主监督，保障农民的知情权、监督权，农业部从管好农村集体资产财务出发，会同有关部门修订完善了《农村集体经济组织财务公开规定》，并以农业部、监察部文件下发，细化了财务公开目录，拓展了财务公开内容，完善了财务公开程序，规范了业务工作流程，强化了阳光操作。把会计委托代理服务延伸至“难点村”治理工作中，联合多个部委开展村务公开和民主管理“难点村”治理工作督查活动。针对合作社财务管理存在的问题，下发了《关于进一步加强农民专业合作社财务管理工作的意见》。

4. 加强农村集体“三资”管理。中央纪委、农业部、财政部就农村集体“三资”管理情况，深入到11个省（自治区、直辖市）、38个地（市）、39个县（市）全面了解农村集体“三资”管理的基本情况和加强管理的有效做法，分析各地农村集体“三资”管理工作存在的主要问题，梳理有关政策建议，研究起草相关规范性文件，并将对下一步工作进行全面部署。

（二）政策执行情况及效果评价 目前，农村集体资产与财务管理机制比较健全、财务公开比较全面、民主理财比较规范、审计监督比较有效的新局面已经形成，农村集体资产财务管理由部门工作纳入了农村党风廉政建设总体布局，成为党委政府的重要工作内容。

1.农村集体资产财务监管体系不断强化。村级民主监督、乡镇会计监督、审计监督、网络实时监督、责任落实监督“五位一体”的农村集体资产财务监管体系得到全面加强。截至2011年底，全国村集体财务公开的比例达到96.3%，超过93.5%的村建立了民主理财小组，村级民主监督的作用得到了加强。实行了村会计委托代理制的乡镇数达到2.89万个，占乡镇总数的79.4%，涉及村数49.7万个，占总村数的81.2%，乡镇对农村的会计监督得到了落实。县级农村审计监督全面开展，2011年全国各地对41.4万个村进行了农村集体经济审计，占总村数的67.7%，查出违纪单位0.84万个，涉及违纪资金5亿元。

2. 农村集体经济组织产权制度改革取得积极进展。截至2011年底，全国实施产权制度改革的村数为2.32万个。其中，已完成产权制度改革的村1.66万个，正在组织实施产权制度改革的村0.66万个，比上年增长17.1%，占全国总村数的3.8%，比上年提高0.6个百分点。分地区看，东部地区、中部地区、西部地区完成产权制度改革的村分别为1.36万个、0.06万个、0.24万个，占完成村数的比重分别为82.3%、3.3%和14.4%。分省看，北京、江苏、浙江、广东4省直辖市完成产权制度改革的村占全国完成村数的75.5%。

5 减轻农民负担

（一）政策背景和主要内容 2010年，随着统筹城乡发展和减轻农民负担工作力度的不断加大，农民得到的实惠越来越多，农民负担保持在较低水平。但是，一些地方以建设农村公益事业等名义，向村级组织摊派收费问题有所抬头，变相加重农民负担；有些地方领导减负意识淡化，减负惠农政策落实不到位的问题突出。为此，农业部、国务院纠风办、财政部、发展改革委、国务院法制办、教育部、新闻出版总署联合印发了《2011年减轻农民负担工作要点》，要求按照统筹城乡发展的总体要求，以维护农民合法权益为中心，加大对突出问题治理力度，加强法规制度建设，推动减负惠农政策落实，建立健全农民负担监管长效机制，确保农民负担继续保持较低水平，坚决防止农民负担反弹，促进农民应得实惠及时到位。主要内容如下：

1. 要求减轻农民负担工作做到“五个结合”。即：实行多予与少取结合，加大公共财政向农村倾斜力度，逐步消除城乡隔离的体制机制性障碍；实行治标与治本结合，加大解决深层次问题的力度，逐步从源头上消除加重农民负担的隐患；实行全面监管与重点监管结合，加大综合治理与专项治理、综合检查与专项检查实施力度，切实构筑防止农民负担反弹的坚固防线；实行预防与查处结合，加大制度约束和责任追究力度，继续保持减轻农民负担工作的高压态势；实行统一政策与分级负责结合，加大上下联动力度，继续保持农民负担监管工作的整体合力。

2.治理向村级组织摊派问题。在全国范围内组织开展向村级组织摊派各种费用问题的治理，切实解决应由政府承担的农村基础设施建设和公共服务所需费用、部门工作经费转由村级组织承担的问题。加强对向村级组织收费的日常监督管理，切实防止和纠正以建设农村公益事业、服务、赞助等名义向村级组织摊派收费问题。

3. 扩大农民负担综合治理实施范围。部

省联合选择部分地（市、州）、县（市、区），省级、地级分别选择部分县（市、区）、乡镇开展农民负担综合治理，实行排查、处理、整改全程督办。当年达不到治理目标的，下年继续实施综合治理，直至农民群众满意为止。

4. 全面实施一事一议财政奖补工作。村内户外的村级公益事业建设向农民筹资筹劳，要坚持村民自愿、直接受益、量力而行、民主决策、合理限额原则，由村民通过一事一议形式筹集资金和劳务的项目，公共财政予以奖补。由公共财政投入的农村公益事业建设项目，应支持到位、量力而行，不能纳入一事一议范围，不准强行要求村民以自愿名义出资出劳。研究制定一事一议筹资筹劳操作规范，加强对一事一议筹资筹劳项目审核和专项检查。一事一议筹资筹劳方案未经县级农民负担监督管理部门复审把关，不准向农民筹资筹劳。严禁突破一事一议筹资筹劳限额标准，防止以自愿捐款名义变相向农民集资；严禁平摊一事一议以资代劳款，防止以自愿以资代劳名义变相向农民摊派。全面推行一事一议财政奖补，进一步提高财政奖补比例，完善财政奖补政策，加强分类指导和监督管理，构建筹补结合、多方投入的村级公益事业建设投入新机制，加快推进城乡基础设施建设和基本公共服务均等化。

5. 加强涉农收费和价格监管。按照“正税清费”的原则，进一步清理行政事业性收费和政府性基金项目，坚决取消不合法、不合理收费项目。认真组织开展涉农价格和收费的专项检查工作，对2010年以来的各项涉及农民生产、生活的价格和收费政策执行情况进行检查，适时对部分行业或领域涉农收费进行重点监督。加大对农村义务教育收费检查监督力度，把对农村义务教育阶段公办学校免除学杂费、住宿费、农村义务教育学校服务性收费代收费等情况作为检查重点，切实加强农村义务教育学校教辅材料管理，力争取得更大实效。

6. 全面强化减轻农民负担各项工作。一是强化组织领导。地方各级党委、政府要继续高度重视减轻农民负担工作，减负意识不能松懈，工作力度不能减弱。坚持地方各级党政主要领导亲自抓、负总责的工作制度。地方各级要及时调整充实减轻农民负担工作领导小组或联席会议组成部门。二是强化工作合力。各级要坚持谁主管、谁负责的专项治理部门责任制，层层落实责任，强化分工协作、齐抓共管的工作机制，形成减轻农民负担工作的更大合力。三是强化检查监督。要对以建设农村公益事业为名强行向农民、村级组织摊派集资，以提供服务、赞助为名强行向农民、村级组织、农民专业合作社收费，用惠农款项代扣代缴有关费用或配售商品三方面问题进行重点检查监督。要扩大农民负担综合检查覆盖面，组织开展行业性农民负担问题的督查，坚决纠正减负惠农政策落实中的违规违纪行为，严肃追究相关责任人的责任。四是强化制度建设。进一步完善农民负担监督管理法律制度。严格实行减负惠农政策违规违纪款项退还制度，对向农民不该收或多收的款项、对不应由村级组织或农民专业合作社承担、配套的各种款项应及时退还。五是强化工作落实。地方各级要坚持减轻农民负担工作考核制度，将减轻农民负担纳入政府工作目标考核体系，考核结果要作为任用干部的重要依据。

（二）政策执行情况及效果评价

1. 突出重点，深入治理农民负担问题。农业部、国务院纠风办在全国范围内联合部署开展了向村级组织收费专项清理活动，并取得初步成效。全国对村级组织的清理面达75.9%，查处违规收费案件15 152件。农业部与8省（自治区）联合选择农民负担问题较为突出的9个县（市）和1个地级市开展综合治理，为农民减负1.07亿元。组织交通、国土、计生等部门开展了有关农民负担问题的行业自查。国土、计生系统力度较大，共查处问题725个，撤销违规文件74个，进一步规范了部门涉农收费行为。

2. 加大力度，做好农民负担重点信访案件查办。农业部、财政部等部门组成联合督导组，对8件农民信访案件进行实地督办。国务院纠风办重点督办了一些乱收费损害农民利益、套取惠农补贴资金的典型案件，有效维护了农民的经济利益。农业部对《焦点访谈》报道的一起向农民建房户乱收费及10件重点信访案件进行督办，查处责任人5名。

3. 强化协作，实施农民负担全方位督查。国务院减轻农民负担联席会议七部门对内蒙古、江苏、广西、四川4省（自治区）农民负担情况进行了重点检查，检查范围由减负政策落实扩大到减负惠农政策落实，有效推动了减负工作的开展；4省（自治区）对检查出的问题进行了深入整改，切实维护了农民利益。发改委重点对农村水价、电价和农民建房收费、有线电视收费、中小学收费、殡葬服务收费等开展检查。据不完全统计，全国各级价格主管部门查出涉嫌违规收费案件3 478件。教育部会同国务院纠风办、监察部等7部门印发了《关于2011年规范教育收费，进一步治理教育乱收费工作的实施意见》，并联合对12个省治理农村学校收费情况、规范教育收费情况进行督查。农业部组织开展了对各省（自治区、直辖市）农民负担监管工作的督导，探索了绩效考核向地方延伸的新路子，进一步推动了各地深入做好减负工作。

4. 强化领导责任，保持减负工作的整体合力。根据中央要求，地方各级适应农民负担工作形势，继续实行减负工作责任制。坚持党政一把手负责制和“谁主管、谁负责”的专项治理部门责任制。地方各级政府多数健全了减负工作领导机构和办事机构，完善了多部门协作机制。一些地方层层签订责任状，实行了农民负担目标管理和“一票否决”制度。

2011年，全国农民直接承担的费用（包括上交集体各种款项、各种社会负担、一事一议筹资及以资代劳）人均44.2元，比上年增长14.4%。农民负担继续保持较低水平，减轻农民负担形势总体平稳。但是，一些地方涉农乱收费问题不断出现，向农民集资摊派现象有所抬头，惠农补贴发放乱收代扣问题时有发生，一事一议筹资筹劳实施不够规范，农民负担反弹压力依然存在。

推进农村综合改革

（一）政策背景和主要内容 根据党的十七届三中全会和2011年中央1号文件精神，按照中央对农村综合改革的统一部署和安排，2011年各地和有关部门围绕巩固农村税费改革成果、统筹城乡发展和促进城乡基本公共服务均等化，深入推进农村综合改革各项工作，乡镇机构、农村义务教育、县乡财政管理体制和集体林权制度四项改革稳步推进，一事一议财政奖补、公益性乡村债务清理化解试点等工作取得重大进展，为促进社会主义新农村建设和形成城乡经济社会发展一体化新格局作出了积极贡献。

1. 深入推进“四项改革”。全面推进乡镇机构改革，切实转变乡镇政府职能，增强乡镇政府社会管理和公共服务职能。全面落实农村义务教育经费保障机制改革各项政策，深入推进农村义务教育综合改革，促进城乡义务教育均衡发展。继续推进“省直管县”和“乡财县管”改革试点，进一步完善省以下财政管理体制，完善县级基本财力保障机制，增强基层政府提供公共服务能力。全面贯彻落实中央有关精神，加快集体林权制度改革步伐，保质保量完成明晰产权、承包到户改革任务。

2. 认真抓好有关试点工作。一是全面推进村级公益事业建设一事一议财政奖补工作。在农民民主议事的前提下，通过民办公助的方式，对村级公益事业建设项目给予适当奖补，解决农民需求最迫切、受益最直接的公益事业建设问题。二是积极稳妥化解乡村债务。认真总结清理化解农村义务教育债务试点经验，积极稳妥推进清理化解其他公益性乡村债务试点工作，重点化解乡村垫交税费、农村公共服务及基层政权机构建设等债务。三是认真抓好乡镇财政建设工作，进一步完善村级组织运转经费保障机制，统筹做好乡村财政财务管理工作。

（二）政策执行情况及效果评价

1. 乡镇机构改革基本完成。据统计，2011年全国共有33 631个乡镇已经完成或正在进行机构改革，占乡镇总数的98%。其中，24个省（自治区、直辖市）已全面完成改革任务，6个省（自治区、直辖市）部分完成或正在进行改革。为确保中央提出的2012年基本完成乡镇机构改革任务的要求，中央编办会同中央组织部等部门派出5个工作组分赴13省（自治区）进行督导调研。同时，根据新形势下加快推进城镇化的需要，为破解经济发达镇发展中的体制机制问题，中央编办会同有关部门确定在13个省份的25个镇开展经济发达镇行政管理体制改革试点，目前正在组织实施。

2. 农村义务教育改革顺利实施。继续实施农村义务教育经费保障机制，从2011年起将农村义务教育阶段学校生均公用经费基准定额提高100元，中西部地区已经达到年生均小学500元、初中700元的标准，东部地区已达到年生均小学550元、初中750元的标准。中央财政下达农村义务教育经费保障机制改革资金859.1亿元，全国约1.3亿名农村义务教育阶段学生全部享受免学杂费和免费教科书政策，中西部地区约1 228万名家庭经济困难寄宿生获得生活费补助。为了进一步促进农村义务教育均衡发展，缩小城乡差距，2011年在集中连片特殊困难地区启动农村义务教育阶段学生营养改善计划试点，继续实施“特岗计划”、“国培计划”、农村义务教育薄弱学校改造计划、全国中小学校舍安全工程等，取得了积极成效。

3. 县乡财政管理体制改革稳步推进。推

动地方完善省以下财政体制。积极督促地方进一步理顺省以下政府间分配关系，健全省以下收入和支出责任划分，完善省以下转移支付制度，财力逐步向基层倾斜。推进“省直管县”财政管理方式改革，不断充实“省直管县”改革内容。截至2011年底，全国共有27个省份对1 080个县实行了财政直接管理，2.93万个乡镇实行了乡财县管。中央财政继续加大对县级基本财力保障机制的支持力度，2011年安排奖补资金775亿元，比上年增加300亿元，增长63.2%。

4. 集体林权制度改革全面推进。截至2011年底，全国已完成集体林地确权面积173 333.3千公顷，占全国集体林地总面积的95%；发证面积151 000千公顷，占确权林地总面积的87%，发放林权证9 785万本。同时，积极推进相关改革。26个省（自治区、直辖市）林权抵押贷款456亿元，21个省（自治区、直辖市）森林保险投保面积26 000千公顷、保费4.3亿元。确定了200个农民林业专业合作社示范县，合作经济组织达10万多个。全国县级以上林权管理服务机构达980多家，林权交易逐步规范。召开了全国林下经济现场会，总结推广了100多个典型县的做法和经验。

5. 村级公益事业建设一事一议财政奖补全面铺开。2011年，一事一议财政奖补工作在全国范围内全面推开。全国2 845个县、27.3万个行政村开展了一事一议财政奖补，共建设35.5万个项目，4.7亿农民受益。据统计，2011年村级公益事业建设一事一议财政奖补资金投入完成573亿元，与2010年同口径相比增加202亿元，增长54.5%，其中中央财政预算安排160亿元。一事一议财政奖补工作密切了党群干群关系，推进了基层民主政治建设，激发了农民参与公益事业建设的热情，成为广大基层干部推进农村工作、服务“三农”的重要平台和抓手，对改善农民生产生活条件，促进农村经济社会持续健康和谐发展具有重大意义。

6.公益性乡村债务清理化解工作稳妥推进。截至2011年底，全国累计偿还农村义务教育债务921亿元，完成农村义务教育化债工作目标的96%，由此惠及农村债权人280多万人。农村义务教育化债工作得到了社会各界的高度关注和充分肯定，受到了农村债权人、农村中小学校和基层干部的普遍欢迎，不仅促进了农村社会的和谐稳定，提升了党和政府的公信力，而且促进了农村教育健康发展，扩大了农村消费和投资需求。同时，继续选择公益性鲜明、与农村干部群众利益密切相关、债务底数相对清楚的乡村债务开展清理化解试点工作，积极推进其他公益性乡村债务清理化解工作。2011年，中央财政拨付18.7亿元补助资金，鼓励和引导地方积极自主化债。

7.乡镇财政管理和村级经费保障工作得到加强。加强调研指导和政策协调，认真抓好乡镇财政工作，促进乡镇财政科学化精细化管理，提高乡镇财政为农服务能力和水平。督促地方认真抓好村级组织运转经费保障工作，逐步提高经费保障水平，确保村级组织有人办事、有钱办事。认真研究谋划农村综合改革示范试点、新型农业社会化服务体系建设、国有农场办社会职能改革试点等工作，为拓展改革领域做前期准备。

专栏17

全面推开村级公益事业建设一事一议财政奖补

村级公益事业建设一事一议财政奖补政策于2008年启动试点，在3年不断扩大试点的基础上，2011年在全国全面推开。在各级党委政府的高度重视下，相关部门围绕一事一议财政奖补开展了大量卓有成效的工作。

一是加强组织领导。很多地方将一事一议财政奖补作为“三农”工作的重要抓手，自上而下成立了由党政主要领导任组长的一事一议财政奖补工作领导小组，建立健全工作机制。贵州、安徽等省把一事一议财政奖补工作列入全省重大民生工程，层层签订责任状，强化督查考核，强力推进奖补工作。

二是加大财政投入。在中央财政奖补资金不断增加的同时，地方各级财政也积极调整支出结构，逐步加大投入力度，有力保障了奖补工作的顺利开展。云南、贵州、甘肃等西部省份克服财力紧张的困难，将支出重点转向农民迫切需要的公益事业建设。湖南、湖北等中部省份对省、市、县财政奖补标准作出明确规定。安徽省一些县市按照村民人数和村域面积等因素测算安排公益项目管护资金，建立起村级公益事业建管结合的长效机制。江苏、浙江等东部省份在美丽乡村建设中，重视发挥一事一议平台作用，不少县市每年本级预算安排的一事一议财政奖补超过1 000万元。

三是加强指导宣传。河北、河南等省在农民议事的基础上，建立了议事项目数据库，作为财政奖补的依据。安徽、河北等省因地制宜编制了一事一议财政奖补项目年度计划和“十二五”规划，建立项目库，实行滚动管理。内蒙古、辽宁、贵州等省份通过电视台、报刊、网站等新闻媒体及群众喜闻乐见的标语、宣传单等形式，广泛开展宣传发动工作，使政策家喻户晓。同时，组织开展教育培训，提高基层干部的政策水平和执行力。

四是加强制度建设。多数省份进一步完善了一事一议筹资筹劳的实施办法，对筹资筹劳范围、议事程序、限额标准、资金管理等作出了明确规定，建立健全了相关监管制度。各地进一步健全了财政奖补项目建设情况公示制度，财政奖补项目实施、验收和管护制度，财务管理和账目公开制度，档案管理制度等配套制度；进一步完善了奖补资金分配使用等政策措施，对奖补项目的规划布局、组织实施、考核验收、资金拨付和监督检查等重点环节进行了明确规范。

一事一议财政奖补作为农村税费改革后中央出台的一项新的强农惠农政策，着眼于户外村内，拾遗补缺，将公共财政的阳光直接撒向全国60万个村落，打通了农村公益事业建设“最后一百米”，解决了农民需求最迫切、受益最直接的村内民生项目，有效改善了农民生产生活条件。据统计，2008—2011年，各级财政共投入一事一议财政奖补资金1 050亿元，带动村级公益事业建设总投入2 800多亿元，共建成98.5万个项目，亿万农民从中受益。

农村改革试验区建设

（一）政策背景和主要内容 进入新世纪以来，我国经济社会正在发生重大而深刻的变化，农村改革面临的问题更为复杂，改革攻坚的任务更为繁重。为继续发挥农村改革试验区先行先试、超前探索的作用，推进新形势下的农村改革试验工作，经农村改革试验区工作联席会议成员单位共同研究，并报请中央农村工作领导小组同意，农业部于2010年印发了《关于加强新形势下农村改革试验区工作的意见》和《全国农村改革试验区工作运行管理办法》，对加强新形势下的农村改革试验区工作进行了全面部署，提出了明确要求。2011年，农业部会同农村改革试验区工作联席会议成员单位批复了24个农村改革试验区分别承担有关农村改革试验任务。

首批24个农村改革试验区及试验任务分别是：北京市大兴区、河北省玉田县、吉林省九台市、福建省沙县、湖南省沅陵县、广西壮族自治区田东县等6个试验区承担农村金融改革试验任务；上海市闵行区、浙江省温州市、湖北省武汉市、大连市甘井子区等4个试验区承担农村产权制度改革试验任务；黑龙江省克山县、安徽省宿州市、山东省枣庄市、广东省云浮市、西藏自治区曲水县、宁夏回族自治区平罗县等6个试验区承担创新现代农业经营体制机制改革试验任务；山西省朔州市、江苏省苏州市、江西省南昌县、河南省新乡市等4个试验区承担城乡发展一体化改革试验任务；云南省开远市、陕西省吴起县等2个试验区承担城乡公共服务均等化改革试验任务；贵州省毕节试验区承担创新支农资金管理体制机制改革试验任务；安徽龙亢农场承担创新垦地合作发展模式改革试验任务。

（二）政策执行情况及效果评价 首批24个农村改革试验区批复以后，联席会议各成员单位加强协调配合，各地党委、政府高度重视，积极组织开展改革试验，各项工作稳步推进。一是加强领导，建立机制。试验区所在省（自治区、直辖市）先后建立了农村改革试验区工作部门协调机制，统筹协调和指导试验区工作。各试验区成立了由主要领导牵头、有关部门参加的试验区工作领导小组，组建了办公室，具体负责试验项目的组织实施。二是细化方案，明确分工。各试验区按照批复的试验方案和确定的试验任务，进一步细化了试验内容，并将试验任务分解到有关业务主管部门，落实了项目责任。三是突出重点，配套推进。各试验区根据批复的方案，紧扣主题，突出重点，配套推进相关改革。四是宣传发动，营造氛围。各试验区通过召开专题会议、印发宣传资料、组织交流考察等方式，提高干部群众对试验区工作的认识，创造了良好的氛围。

目前，各项试验任务正在按计划有序推进，有的试验项目已经取得了阶段性成果。

推进农民专业合作社发展

（一）政策背景和主要内容 为了引导和推动农民专业合作社依法规范发展，中央加大了对农民专业合作社的扶持力度，各地区各部门按照中央的要求和部署，加强协调配合，强化工作指导和服务，努力为农民专业合作社发展创造良好的宏观环境。

1. 加强法规制度建设。地方立法进程逐步加快，2011年，山西、江西、四川、重庆、海南等5个省（直辖市）出台了《农民专业合作社法》实施办法和地方条例，出台农民专业合作社地方法规的省份达到15个，新疆、天津、内蒙古、福建、河南、云南、青海等7个省（自治区、直辖市）已经将实施办法列入省（自治区、直辖市）人大立法计划或立法调研计划。

2. 强化对农民专业合作社扶持。在财政扶持方面，2011年中央财政专项扶持资金达7.5亿元，比上年增加36%。省级财政专项扶持资金也有明显增加，据不完全统计，2011年超过10亿元。国家农业综合开发办公室2011年安排了6.8亿元，扶持1 753个专业合作社项目，占2011年项目总规模的56%。农业部从2004年起开展农民专业合作组织示范项目，已累计安排2.45亿元，扶持了1 199个农民专业合作组织。在农产品流通方面，农业部提出支持引导1万家合作社与超市等各类市场主体建立产销对接关系。农业部与商务部联合发文，全面推进“农超对接”，鼓励农民专业合作社通过农超对接服务系统实时发布供求信息，逐步开展网上签约和交易试点，发展农产品电子商务；鼓励同类农产品合作社在自愿的基础上开展联合与合作，定期开展农民专业合作社成员培训；降低合作社鲜活农产品进入超市的门槛，严禁超市向合作社收取进场费、赞助费、摊位费、条码费等不合理费用，严禁任意拖欠货款；支持农民专业合作社率先实施标准化生产，加强安全生产记录管理。农业部与商务部共同组织“全国农超对接进万村”行动，312家农民专业合作社与10家全国性连锁超市、209家地方性连锁超市开展了现场对接洽谈，达成了一批长期合作意向，累计协议采购鲜活农产品36万吨，采购金额20亿元。在第九届中国国际农产品交易会上首次开设专业合作社展示专区，347家专业合作社参展。在人才培养方面，将专业合作社人才培养纳入国家中长期人才发展规划和现代农业人才支撑计划，通过“阳光工程”开展专业合作社管理人员培训，各级农业部门全年累计培训专业合作社管理人员20万人次。农业部与共青团中央就农村青年创业就业签署协议，鼓励引导农村青年能人领创办合作社。

3. 加强对农民专业合作社发展的工作指导。农业部深入开展示范社建设行动，制定下发了加强专业合作社财务规范化管理的意见，推动各地合作社建设规范化、上水平。加强辅导员队伍建设，制定下发了农民专业合作社辅导员工作规程，指导各级辅导员开展工作。加大人才培养力度，认定专业合作社人才培养实训基地196家。截至2011年底各级农业部门累计培训专业合作社辅导员6万人次。

（二）政策执行情况及效果评价 2011年，农民专业合作社数量继续保持快速增长。截至2011年底，全国工商登记的农民专业合作社达52.17万家，比上年同期增长37.6%；出资总额达到7 245亿元，同比增长59.4%；实有入社成员4 100万户，占全国农户总数的16.4%。

1. 一批经营规模大、运行较规范的示范社快速成长，正在成为引领农民参与国内外市场竞争的现代农业经营组织。农民专业合作社示范社建设行动有力地推动了专业合作社规范化管理、标准化生产、品牌化经营。全国县级以上示范社超过5万家。首批农民专业合作社示范社6 663家，社均年盈余25.74万元，比全国平均水平高1.89倍；农民成员比例达96.5%，社均成员165户；成员出资额达162.08亿元，社均出资额为243.25万元，是全国社均水平的1.89倍；成员主要生产资料统一购买率、主要产品（服务）统一销售（提供）率超过80%。

2. 农民专业合作社带动了高新、实用农业技术的应用，成为现代农业科技成果转化与实用技术普及推广的重要平台。专业合作社把新的农业科技成果转化应用到生产实践中，通过对成员开展社会化服务，实行统一的生产技术、疫病防控。95%以上的专业合作社都能够为成员提供各种急需的、有效的农业技术服务，解决了技术推广到农户的“最后一公里”难题。

3. 农民专业合作社发挥内部监督机制的功能，成为提升农产品质量安全水平的有效途径。专业合作社成员自觉按照专业合作社制定的生产标准和技术规程，统一使用肥料、农药、饲料等农业投入品，做到诚实守信生产。全国4万多家专业合作社实施了农产品生产质量安全标准，2.4万多家专业合作社通过了农产品质量认证，2.56万家专业合作社拥有了注册商标。

4. 合作形式与合作内容不断丰富和拓展，成为农民专业合作社加快发展的新增长点。在生产合作、销售合作的基础上，专业合作社通过探索内部信用合作，解决了成员短期生产性资金缺乏的矛盾，增进了专业合作社内部凝聚力。全国已有1万多家专业合作社开展了内部信用合作。通过引导合作社之间开展联合与合作、兴办加工营销实体，实现资源共享、优势互补，合作社组织功能逐步完善，市场竞争力、产业带动力和农户带动力不断增强。全国已有1.56万家专业合作社和超市建立了长期稳定的产销关系。

深化农村金融体制改革

（一）政策背景和主要内容 2011年的中央农村工作会议明确提出，要大力改善农村金融服务，深化农村信用社改革，鼓励有条件的地区以县为单位建立社区银行，发展农村小型金融组织和小额信贷，健全农业保险制度。有关部门要按照中央要求，以服务“三农”为根本方向，充分发挥政策性金融、商业性金融和合作性金融的作用，构建多层次、多样化、适度竞争的农村金融服务体系。进一步深化农村信用社改革，继续发挥支农主力军作用，坚持分类指导，推进产权制度改革。农业银行等商业银行和其他各类金融机构，都要积极探索为“三农”服务的模式，加大对“三农”的支持力度。培育发展新型农村金融机构，重点发展农村中小金融机构，支持民间资本参与设立村镇银行，规范发展农村合作金融和贷款公司。强化农村金融机构“三农”市场定位，狠抓内部控制建设，提高涉农业务风险管控水平。加大对“三农”发展薄弱环节和重点领域的支持力度，大力推进抵押担保创新，有效降低农村借款人财务负担。支持符合条件的现代农业企业通过股票、债券市场发展壮大，积极拓展期货市场服务“三农”的渠道和模式。完善农业保险制度，扩大农业保险保障范围和覆盖区域，创新保险品种，积极发展农村小额保险。

（二）政策执行情况及效果评价 截至2011年末，银行业金融机构涉农贷款余额达到

14.6万亿元，比上年同期增长24.9%，高于各项贷款平均增速8.8个百分点。其中，农村中小金融机构继续发挥支农服务主力军作用，占涉农贷款增量的30%。银行业金融机构农户贷款余额3.1万亿元，当年增加5 079亿元，比上年同期增长19.1%，有力地支持了农民购买农业生产资料、建房、购买农机和家电、兴办农家店等多种经济活动。银行业金融机构小企业贷款余额（含票据融资）已经达到10.8万亿元，比年初增长1.9万亿元，比上年同期增长25.8%，高于各项贷款平均增速10个百分点。

1. 新型农村金融机构继续快速发展。2011年末，全国已组建新型农村金融机构786家。其中村镇银行726家，贷款公司10家，农村资金互助社50家。在已组建机构中，有473家设在中西部省份，占比60%。已开业机构各项贷款余额1 316亿元，80%以上用于“三农”和小企业，其中农户贷款余额435.5亿元，小企业贷款余额631.5亿元，中西部贷款农户数占到全部贷款农户数的70%以上。

2. 乡镇金融机构和服务空白问题加快解决。2011年共解决了616个空白乡镇机构覆盖问题。截至2011年底，全国金融机构空白乡镇从工作启动时的2 945个减少到1 696个，实现乡镇机构和服务双覆盖的省份（含计划单列市）从工作启动时的9个增加到24个，偏远农村地区金融服务发生了历史性变化。在全部1 249个新覆盖机构空白乡镇中，除57个因撤乡并镇因素减少外，通过设立日常营业网点解决475个，通过设立定时服务网点解决688个，通过设立自助银行解决29个。在全部1 249个新覆盖机构空白乡镇和708个新覆盖服务空白乡镇中，农村合作金融机构分别承担955个和449个，贡献度分别为76%和63%。

3. 农村信用社改革继续深化。2011年末，全国已有402家由农村信用社改制组建的农村银行机构，其中农村商业银行212家、农村合作银行190家。县域农村商业银行涉农贷款占比从2009年末的57.2%上升到67%，农村合作银行从66.1%上升到70%，支农投入力度明显加大。

4. 县域金融服务得到强化。农业银行在建立“三农金融事业部”基础上，进一步完善“三级督导、一级经营”的管理体制，完成资本管理、信贷管理、会计核算、风险拨备与核销、资金管理、考评激励“六个单独”的运行机制建设，为县域农村金融服务提供了体制机制保障。大力加强农村基层队伍建设，招聘5 000多名大学生和大学生村官补充到县支行“三农”客户经理队伍。邮政储蓄银行在贷款规模整体从紧的情况下，以小额贷款业务及支农业务作为主要贷款业务拓展方向，当年新增小额贷款中，70.3%集中在县及县以下地区。同时，积极探索商业化服务农村的有效形式，结合地方实际开发了农业设施贷款、烟农贷款、蔗农贷款等新的贷款品种和产品。

5. 涉农金融创新不断涌现。2011年，银监会根据农业农村发展“三化同步”的新趋势，结合经济结构的新变化，总结和推广低成本、可复制、易推广的涉农金融产品和服务方式，继续引导和推动落实扶持农民专业合作社、林权抵押、涉农信贷与保险合作等信贷政策，各地结合当地实际推出的涉农金融创新不断涌现。

受多种因素制约，农村金融总体上依然不适应推进农业现代化的要求，要继续保持涉农投放快速增长，持续提高农村金融服务水平，仍然需要多方面付出不懈努力。

农产品市场调控

经过30多年的探索与实践，我国的农产品购销已完全放开，农产品价格由市场供求形成和决定，市场机制在资源配置中的基础性作用不断增强，基本形成了全国统一开放、竞争有序的农产品市场体系。同时，国家在充分发挥市场机制的基础上，依法对市场实行宏观调控，特别是适应加入世界贸易组织和国际国内农产品市场形势变化的需要，我国对农产品市场的调控政策不断强化和完善，已经形成了以市场调节为主，以政府调控为辅的农产品市场运行和管理机制。

（一）农产品收购与价格支持政策 目前，我国已经放开了对所有农产品价格的管制，实行随行就市，农产品价格由市场供求形成和决定。同时，国家在充分发挥市场机制的基础上，对重点农产品市场采取收购与价格支持政策，加强宏观调控。主要包括三个方面：

1. 最低收购价。最低收购价政策是我国农产品价格政策的核心内容。2004年粮食购销市场放开后，为保证国家粮食安全，保障农民基本利益，中央政府先后在粮食主产区对稻谷、小麦等重点口粮品种实行此项政策。当市场粮价高于最低收购价时，国家不启动最低收购价政策；当市场粮价低于最低收购价时，国家委托指定的企业按最低收购价入市收购，促使市场粮价回升。此时，生产者既可以选择将粮食交售给国家指定的企业，也可以选择将粮食交售给其他收购主体，还可以选择持粮待售。这减少了对市场的扭曲和干预，提高了农产品价格的市场化程度，使得农产品价格能够真实反映供求关系的变化。最低收购价由国家根据每年农业生产成本变化情况确定。2004年，国家开始对稻谷实行最低收购价政策。到2012年，早籼稻、中晚籼稻和粳稻的最低收购价分别达到每50千克120元、125元和140元，比2004年分别提高71.4%、73.6%和86.7%。2006年，国家出台了小麦最低收购价政策，白小麦、红小麦和混合麦的最低收购价从最初的每50千克70元、69元提高到2011年的95元、93元。从2011年起，国家分两年取消白小麦和红小麦的价差，2012年白小麦、红小麦和混合麦的最低收购价均提高到102元。最低收购价政策的实施使国家掌握了较多的商品粮源，为调控市场奠定了基础。虽然近年来国内粮食市场出现了不同程度的上涨，但国家通过调控最低收购价粮食的拍卖节奏与投放量，保持了市场的基本稳定。该项政策的实施，有利于保护农民生产积极性，使国内粮食市场保持相对平稳，有效应对国际粮价"过山车式"的变动。

2. 临时收储。在玉米、大豆、油菜籽、棉花等重要农产品上市旺季，为稳定农产品市场，保护农民最低收益，国家根据生产成本、农产品供求状况及国内外市场情况确定临时收储价格，然后由国家指定或委托部分企业在一定时间、一定范围内按一定数量收购这些农产品，使市场供求短期内保持基本平衡。这项政策于2008年首次出台，至今已涵盖玉米、大豆、油菜籽、棉花、食糖等品种，收购办法不断完善，并在政策执行区域实行敞开收购，较好地起到了稳定市场、保护农民利益和调动农民生产积极性的作用。

3. 预案调控。对生猪等波动幅度大、生产周期长的鲜活农产品，主要是通过锁定市场波动的上下限来避免鲜活农产品价格的大起大落。国家根据市场变化确定合理的猪粮比价区间，当市场价格超出比价区间时，启动预案，通过增减储备等措施调节供求，稳定市场预期。从政策实施效果看，起到了促进生猪产业健康发展，稳定生猪市场的作用。此外，对蔬菜等季节性强的农产品，正在探索通过保险、补贴等价格调控方式，稳定农产品市场。

（二）农产品储备调节供求 为调节农产品市场供求平衡，我国制定了相关法律法规，对粮食、食用植物油、食糖、生猪等部分重要农产品，实行符合市场化要求的中央储备和地方储备制度及调控机制。当局部地区出现农产品供给短缺或卖难时，主要通过销售或收购地方储备等方式进行调节；当出现较大范围农产品供不应求或卖难时，通过销售或收购中央储备等方式进行调控。中央和地方储备的收购、销售、轮换原则上均通过规范的批发市场公开交易。如近年来我国生猪市场波动较大，国家有关部门从2009年1月起出台了《防止生猪价格过度下跌调控预案（暂行）》，2011年进一步修改完善了生猪价格调控预案，2012年5月正式公布了《缓解生猪市场价格周期性波动调控预案》，使生猪价格在6 ：1～8.5 ：1的区间合理波动，初步解决了政府调控生猪的时机、力度等重大问题，推动了生猪生产市场调控政策的规范化、常态化。

（三）农产品进出口调剂余缺 在世贸规则允许范围内，我国对小麦、棉花、食糖等重要农产品实行进口关税配额管理。我国农产品进口关税平均水平明显低于世界平均水平，且没有明显的关税高峰。从2006年起，国家取消了豆油、菜籽油、棕榈油进口配额和国营贸易管理。目前，我国在遵守入世承诺和符合国际惯例的条件下，按照立足国内、进出口适当调剂的原则，通过进出口关税、配额等方式，合理利用国际市场，弥补和调剂国内余缺。

总的看，我国的农产品市场化程度不断提高，政府对农产品市场的组织、管理和调控符合世贸规则和国际惯例，有效地保证了市场供应，促进了我国农业农村经济的持续、健康、稳定发展。

基层农业技术推广体系改革与建设

2011年，基层农业技术推广体系改革与建设继续全面深化，乡镇农技推广机构普遍健全，运行机制不断完善，条件建设进展加快，公共服务能力显著增强。

1.乡镇或区域性农技推广机构普遍健全。农业部研究制定了健全乡镇或区域性农技推广机构的参考标准。各省份相应制定了本地标准并组织验收。截至2011年底，全国共有2 475个县（市、区）基本完成乡镇农技推广机构改革任务，占应改革县（市、区）总数的95%。

2.乡镇农技推广机构设施条件持续改善。安排10亿元中央投资，支持全国31个省份的1 084个县建设7 428个乡镇推广机构，建设业务用房，配备仪器设备。通过项目实施，基本实现基层农技人员工作有场所，服务有手段，下乡有工具。

3.基层农技推广经费投入不断增加。继续实施基层农技推广体系改革与建设示范县项目，指导800个示范县围绕主导产业，遴选8万名技术指导员，培育80万名科技示范户，建设8 000个农业科技试验示范基地。

4.农技推广工作制度得到完善。印发《农业部关于加强基层农技推广工作制度建设的意见》，指导各地以满足农民的科技需求为出发点，以提高服务能力和增强服务实效为目标，加强基层农技推广人员聘用制度、责任制度、考评制度、培训制度和多元推广制度建设，实现基层农技推广工作规范管理和高效运行。

5.农业技术推广立法工作进展良好。农业技术推广法修订被全国人大列入2011年立法计划。农业部会同全国人大农委，制定工作方案，深入开展调研，广泛征求意见，起草完成了《农业技术推广法修正案草案（征求意见稿）》。

6.基层农技推广机构改革与建设进入新阶段。2011年12月，农业部在北京召开全国乡镇农业公共机构建设工作会议，全面总结了党的十七届三中全会以来各地健全乡镇或区域性农技推广等公共服务机构的做法、经验与成效，对深入推进乡镇公共服务机构建设作出全面部署，标志着基层农技推广机构改革建设已进入深化改革、全面提高的新阶段。

兽医管理体制改革

2011年，各级兽医部门继续坚持以改革促发展、在发展中推动兽医管理体制机制创新，不断打牢基础，坚持提升能力，兽医工作已基本步入法制化、制度化和规范化管理轨道。兽医管理体制改革成效显著，中央、省、市、县、乡、村六级兽医工作体系和兽医工作队伍基本建成。

（一）兽医工作机构建设　全国31个省、自治区、直辖市完成省本级兽医工作机构改革，省、市、县三级分别组建了兽医行政管理、动物卫生监督和动物疫病预防控制机构。基层动物防疫公共服务机构普遍健全，全面完成了十七届三中全会提出的建设与改革任务。同时，各地通过购买劳务的形式，在村一级聘请村级动物防疫员实施动物疫病强制免疫，全国共64.5万人。

（二）兽医队伍建设　以官方兽医和执业兽医为主体的新型兽医制度建设稳步推进。制定出台了《农业部关于推进执业兽医制度建设工作的意见》，提出了执业兽医制度基本架构。2011年执业兽医资格考试继续实现了零事故、零差错，树立了执业兽医资格考试良好的社会形象。目前，全国共有18 563人取得执业兽医师资格，25 277人取得执业助理兽医师资格。制定出台了《农业部关于做好动物卫生监督执法人员官方兽医资格确认工作的通知》，为推进兽医职业化发展初步奠定了制度基础。各省（自治区、直辖市）官方兽医确认工作已全面展开。深入开展全国官方兽医师资培训，2011年共组织举办3期官方兽医师资培训班，培训官方兽医师资300多人。继续落实基层动物防疫工作补助经费7.8亿元。组织编制乡村兽医和村级防疫员培训规范，共安排培训基层兽医人员20余万人。

农村劳动力转移

（一）政策背景及主要内容　2011年，农村劳动力转移就业结构性矛盾突出，部分地区、企业“用工荒”现象时有发生，企业用工需求与劳动力供给结构失衡并存。为此，中央不断加大农村劳动力转移工作的力度，继续强化服务，多渠道、多措施促进农村劳动力转移。一是强化就业服务与劳动管理。有关部门继续开展春风行动，免费提供政策咨询、岗位信息以及维权常识，积极搭建劳务对接平台，引导农民工有序流动。继续开展以建筑业、采矿业、制造业、住宿餐饮业、居民服务业为重点的农民工签订劳动合同“春暖行动”，继续实施全面推进小企业劳动合同制度专项行动计划，大力推广适用于农民工的简易劳动合同文本，推进农民工劳动用工备案制度。二是加强职业培训工作。各地、各部门继续加大农民工培训经费投入，积极实施“特别职业培训计划”、“农村劳动力转移培训计划”、“星火计划”等各类农民工职业技能培训。三是健全工资正常增长机制及支付保障机制。发布工资指导线和人力资源市场工资指导价位，引导企业合理确定和及时调整职工工资。继续实施“彩虹计划”，稳步推进工资集体协商，形成工资公平决定机制，努力形成企业和职工利益共享机制。根据经济社会发展情况，逐步提高最低工资标准，保障职工工资增长和支付。集中开展农民工工资清欠专项行动。四是改善农民工公共服务。新修订《工伤认定办法》等多部政策法规，全面推进农民工参加工伤保险，积极引导农民工参加医疗保险。提高财政支出水平，支持接受农民工子女的学校补充公用经费和改善办学条件。将农民工及其子女纳入基本公共卫生服务管理范畴，为他们提供健康教育、预防接种、儿童保健、孕产妇保健等服务。

（二）政策执行情况及效果评价 2011年，全国农民工总量达到25 278万人，比上年增加1 055万人，增长4.4%。其中，外出农民工15 863万人，增加528万人，增长3.4%。

1. 就业服务不断改善。据不完全统计，2011年春风行动期间，全国共发放春风卡等宣传资料4 474万份，组织专场招聘会2.4万场；提供免费咨询等就业服务2 487万人次；实现跨地区有组织劳务输出810万人；全国各地共推荐诚信服务机构8 000多家。各地不断创新服务模式，北京、江苏、广东等省份建立了农民工监测机制，及时掌握农村劳动力流动和用人单位岗位情况；福建、广西等省份发挥现代信息技术优势，利用网络手段开展信息服务；江苏、四川、陕西等省份拓宽服务领域，加强人文关怀，为农民工顺利融入城市创造良好环境。

2. 技能培训规模不断扩大。2011年，接受各项政府补贴职业培训的农村劳动力累计达1 700多万人次，并得到职业技能鉴定服务。

3. 农民工收入水平逐步提高，工资拖欠得到缓解。2011年，全国25个省份在年内上调了最低工资标准，平均增幅22%。27个省份发布了2011年度工资指导线，基准线普遍上涨14%以上。调查显示，2011年外出农民工月均收入2 049元，比上年增长21.2%。外出受雇农民工中，被雇主或单位拖欠工资的占0.8%，比上年下降了0.6个百分点，全国劳动监察部门共为129.2万名农民工补发被拖欠工资及赔偿金29.4亿元。

4. 社保参保率有所提高，公共服务不断改善。2011年，农民工参加养老保险、工伤保险、医疗保险、失业保险和生育保险的比例分别为

13.9%、23.6%、16.7%、8%和5.6%，除工伤保险比上年略减外，养老保险、医疗保险、失业保险和生育保险的比例分别比上年提高4.4、2.4、3.1和2.7个百分点。支持1 167万名农民工随迁子女在城市接受义务教育。

5 农业法制建设

2011年，各级农业部门不断完善农业法律法规体系，深入推进农业综合执法，积极开展农产品质量安全整治等专项执法行动，农业法制建设取得了明显进展。

（一）加强农业立法 2011年10月26日，国务院第176次常务会议修订通过了《饲料和饲料添加剂管理条例》，自2012年5月1日起施行。修订后的条例根据新形势下加强饲料和饲料添加剂质量安全管理的需要，对原条例主要作了四个方面的修改：一是进一步明确了地方人民政府、饲料管理部门和生产经营者的质量安全责任；二是进一步完善了生产、经营质量安全控制制度，增加了生产企业采购原料的查验和记录制度，强化了生产过程的质量安全管理措施，明确了饲料、饲料添加剂的包装和标签要求等；三是进一步完善了使用安全管理制度，明确了禁止使用物质的种类，规范了养殖者的使用行为，并特别加强了对自配饲料的管理；四是进一步完善了监督管理措施，规定了饲料、饲料添加剂监督抽查制度、生产经营者的质量安全信用制度，特别是加大了对违法行为的处罚力度。

为了落实《种子法》和《国务院关于加快推进现代农作物种业发展的意见》的有关要求，农业部对2001年出台的《农作物种子生产经营许可证管理办法》做了全面修改，发布了《农作物种子生产经营许可管理办法》。修订后的《办法》按照有利于做强做大种子企业、有利于保护农民利益、有利于提高管理效率的原则，主要规定了以下内容：一是提高了种子生产经营企业的注册资本要求，增加了种子经营企业固定资产比重的要求，并对种子企业应当具备的设施设备、人员资质等条件提出了具体要求；二是强化了对种子企业生产经营行为的监管，要求种子企业必须建立生产经营档案，并按规定报告年度种子生产、经营状况；三是加强种子生产和经营的衔接，对已经有经营许可证的种子企业办理生产许可证时可以简化手续，鼓励种子企业向育繁推一体化发展。

为了落实《渔业法》关于建立水产种质资源保护区的规定，规范水产种质资源保护区的建设与管理，农业部制定发布了《水产种质资源保护区管理办法》。《办法》进一步明确了水产种质资源保护区的含义，规定了设立水产种质资源保护区的设立范围、分级审批程序、申报材料要求和命名方式，规定了水产种质资源保护区的管理机构和主要职责、保护区内禁止或者限制从事的活动、涉渔工程建设项目环境影响评价要求、撤销调整程序等。

为了落实2009年国务院颁布的《农业机械安全监督管理条例》有关农业机械安全事故处理的规定，及时、妥善地处理好农业机械事故，农业部制定发布了《农业机械事故处理办法》。《办法》主要规定了以下内容：一是明确了农业机械事故的分类，将事故分为特别重大农机事故、重大农机事故、较大农机事故和一般农机事故，并分别规定了相应的调查处理程序；二是在条例规定的农机事故处理程序的基础上，进一步细化了农机安全监理机构和事故当事人在报案、受理、勘查处理、事故认定及复核、赔偿调解、事故报告等各个环节的职责和义务；三是进一步明确了农机化主管部门及其农机监理机构、事故当事人在农机事故处理过程中违法行为的法律责任。

为了贯彻实施《行政强制法》，农业部根据国务院的工作部署，对25件农业行政法规、156件规章和192件规范性文件涉及行政强制的规定进行了全面清理，在此基础上发布了《农业部关于修订部分规章和规范性文件的决定》，对《农业行政处罚程序规定》、《农业行政执法文书制作规范》、《中华人民共和国植物新品种保护条例实施细则（农业部分）》、《黄渤海、东海、南海区渔业资源增殖保护费征收使用暂行办法》、《渔港费收规定》5件规章和规范性文件的部分条款作了相应的修改，提高了农业立法的时效性、协调性和可行性。

各地农业部门也结合实际深入推进地方农业立法工作。湖南在外来物种管理、甘肃在农民教育培训方面进行了开创性立法，新疆、山西、江西、江苏、山东、重庆、内蒙古、湖北、云南等省、自治区、直辖市出台了农民专业合作组织、农产品质量安全、基本草场牧场保护、动物防疫、渔业、种畜禽等方面的地方性法规和政府规章。

此外，为贯彻落实国务院《关于加强法治政府建设的意见》（国发[2010]33号），提高农业依法行政水平，农业部印发了《农业部关于深入推进农业依法行政的意见》（农政发[2011]1号），从"坚持依法科学民主决策、完善制度建设、加强农业执法、依法化解涉农矛盾纠纷、强化组织领导和监督"等五个方面，对新时期深入推进农业依法行政工作作了全面部署。为加强农业行政执法与刑事司法衔接工作，农业部还根据国务院《行政执法机关移送涉嫌犯罪案件的规定》以及最高人民检察院、公安部、监察部等部门的有关要求，结合农业执法实践，制定下发了《农业部关于加强农业行政执法与刑事司法衔接工作的实施意见》（农政发[2011]2号），从切实提高认识、严格履行法定职责、完善衔接工作机制、加强组织领导和监督等四个方面提出了明确要求。

（二）扎实推进农业综合执法 2011年，各级农业部门加大农业综合执法推进工作力度，通过强化督导，完善机制，农业综合执法取得了突破性进展，农业综合执法在农业执法中的主力军作用得到了进一步发挥。

1. 农业综合执法三年目标如期实现。截至2011年底，全国已有237个市、2 286个县开展了农业综合执法，县级覆盖率达到应建比例的98.2%，除北京、天津、广东、新疆、云南、辽宁、甘肃7个省份外，其余23个省份均已实现县级综合执法全覆盖，农业综合执法县级全覆盖目标基本完成。

2. 农业综合执法范围逐步扩大。随着农业综合执法体系的不断健全，各地综合执法的职能范围也在逐步扩大，除原有的种子、农药、肥料等管理领域外，目前已有71.4%的综合执法机构将农产品质量安全纳入综合执法范围。

3. 农业综合执法执法效能显著提升。2011年，全国各级农业综合执法机构共办理行政处罚案件51 412起，较上年增长3.6%。其中，一般程序案件占57.6%，比上年提高2.6个百分点。全年共吊销行政许可证照159起；罚没款1.12亿元，是上年罚没款数量的1.16倍；移送司法机关案件159起，比上年增加23%，有力地打击了制售假劣。此外，重庆、湖北、浙江在执法实践中不断创新办案机制，形成了例行检测与执法抽检同步并轨运行、案情会商、部门协作、上下联动、专班办案等行之有效的工作机制，农业综合执法的效能显著提升。

（三）认真做好行政复议工作 2011年，农业部共收到行政复议申请18件，其中涉及信息公开7件、行政许可4件、行政处罚2件、行政不作为2件、其他3件，均依法按时办结。其中，6件确认违法或责令重作，4件驳回，3件终止，2件维持，2件申请人撤回错误申请，1件不予受理，未发生对复议决定不服而提起的行政诉讼。此外，农业部还收到行政复议监督申请1件，已责令相关省级农业行政主管部门依法作出相关处理。

（四）深入开展农产品质量安全和农资打假专项治理 2011年，各级农业部门认真贯彻落实党中央、国务院的部署要求，在巩固前两年整治成果的基础上，深入开展了畜产品“瘦肉精”、蔬菜农药残留、生鲜乳违禁物质、兽药、水产品禁用药物和农资打假6个专项治理行动，全年出动执法人员416万余人次，检查相关生产经营单位288.9万余个次，取缔无证照企业1 020家，吊销证照企业332家，查处问题4.1万余起，立案查处2.9万余起，移送司法机关152起。

2011年

农业发展与国民经济

2011年农业发展与国民经济

总体评价

2011年，面对复杂多变的国际政治经济环境和艰巨繁重的国内改革发展任务，全国各族人民在党中央、国务院的正确领导下，坚持以加快转变经济发展方式为主线，全面贯彻落实和加强改善宏观调控的各项政策措施，国民经济保持平稳较快发展，改革开放和社会主义现代化建设取得新的重大成就，实现了“十二五”时期良好开局。全年实现国内生产总值471 564亿元，比上年增长9.2%。其中，第一产业增加值47 712亿元，增长4.5%；第二产业增加值22 0592亿元，增长10.6%；第三产业增加值203 260亿元，增长8.9%。第一产业增加值占国内生产总值的比重为10.1%，比上年下降0.1个百分点；第二产业增加值比重为46.8%，比上年提高0.1个百分点。全年全社会固定资产投资311 022亿元，比上年增长23.6%，增幅略有下降。全年社会消费品零售总额183 919亿元，比上年增长17.1%，增速比上年回落1.2个百分点。由于国内产业结构调整和国际市场需求动荡，全年货物进出口总额36 421亿美元，比上年增长22.5%，增速比上年回落12.2个百分点。其中，出口18 986亿美元，增长20.3%；进口17 435亿美元，增长24.9%。顺差1 551亿美元，比上年减少264亿美元。公共财政收入10.37万亿元，比上年增长24.8%，增速比上年提高3.7个百分点。

2011年也是农业农村经济发展极不寻常的一年。面对异常复杂的国内外经济形势、异常发生的自然灾害和异常波动的市场环境等严峻挑战，各地区、各部门认真贯彻落实中央决策部署，圆满完成了全年各项任务，保持了农业农村经济全面发展的好势头。粮食增产、农民增收，成为我国经济发展中的突出亮点。粮食实现半个世纪以来首次连续8年增产，人均粮食占有量达到历史新高；棉油糖、果菜茶、肉蛋奶，水产品全面增产，农产品市场供应充足；农民收入实现连续八年较快增长，是1985年以来增速最快的一年；农村改革逐步深化，体制机制不断创新；农村基础设施建设取得重大进展，农村面貌得到明显改变；农村社会事业快速发展，农村民生得到显著改善。农业农村发展取得的成就，为抑制物价过快上涨赢得了主动，为保持经济平稳较快发展做出了贡献，为应对各种风险和维护社会和谐稳定奠定了基础。

2011年，农业、农村和国民经济关系变化的特点是：①农业拉动国民经济增长的作用继续回升，产品贡献、市场贡献基本稳定，外汇贡献有所增强，农业的基础地位更加凸显；②农村非农产业着力转变发展方式，拉动国家经济增长的作用稳定发挥，带动农村劳动力就业以及促进农民收入增长的作用更加明显；③在工农关系中，工农业发展速度差异缩小，工农业发展趋于平衡；④在城乡关系中，农村居民收入增速继续快于城镇居民，城乡居民收入的相对差距有所缩小，但绝对差距仍在进一步扩大；农村居民人均消费支出的增速快于城镇居民，但农村居民的消费支出水平、增量和消费结构仍落后于城市居民；⑤从不同区域来看，以地区生产总值衡量，中西部和东北地区增长加快，区域经济发展趋于协调；在区域经济结构中，东中西部农业增加值占地区生产总值比重都有所下降，区域间的农业发展差距有所缩小；中西部和东北地区农村非农产业发展增速加快，区域间的非农产业发展差距有所缩小；不同地区之间的农民收入差距进一步缩小，但东部地区与其他地区农村居民消费水平差距有所扩大。

农业、农村和国民经济关系中需要关注的问题是：在国民收入初次分配中，农民得到的份额进一步减少，在国民收入再次分配中，城乡投资严重不平衡；气候条件持续变化，农业生产资料价格较快上涨，农业持续稳定发展的基础仍不稳固；人口总量不断增长，消费结构逐步升级，保障国家粮食安全和主要农产品供求平衡压力增大；主要农产品市场波动趋于加剧，影响产品贡献和市场贡献的不稳定因素增多；世界经济走势仍不明朗，国内经济通涨预期与通缩压力并存，农业农村发展面临的不确定因素较多；城乡发展差距扩大的势头仍未根本扭转，破除城乡二元结构、形成城乡经济社会发展一体化新格局，依然任重而道远。

2012年，是“十二五”时期承前启后的重要一年，巩固农业农村经济发展的好形势，对于经济社会发展全局具有特殊重要意义。农业农村发展面临着许多有利条件，但同时也面临着更多困难。从国际形势看，世界经济复苏进程艰难曲折，欧洲主权债务问题短期内难以解决，主要发达经济体失业率居高难下、通胀水平逐步攀升，新兴经济体面临通货膨胀和经济增速回落的双重压力，国际贸易投资保护主义强化，我国农业发展的外部环境存在不确定性；从国民经济看，我国经济增长存在下行压力，物价水平仍处高位，就业总量压力与结构性矛盾并存，一些企业特别是小型微型企业经营困难增多，部分行业产能过剩凸显，一些长期矛盾与短期问题相互交织，结构性因素和周期性因素相互作用，国内问题和国际问题相互关联，宏观调控面临更加复杂的局面。宏观调控难度加大，宏观政策调整方向及力度，将对农业发展产生至关重要的影响。从农业自身来看，生产资料价格上涨的态势、农业灾害发生的频次以及农产品价格的变动态势，也会深刻影响到农业农村经济的运行。

为此，必须做好以下几个方面的工作：一是进一步强化强农惠农富农政策，持续加大对农业的支持保护力度；二是努力提高科技和装备支撑能力，加快发展现代农业；三是调整国民经济结构，积极发展农村非农产业；四是加快农村基础设施建设和农村社会事业发展，着力改善农村民生；五是继续深化农村改革，完善农业农村发展体制机制。农业农村发展越是形势喜人，越要保持头脑清醒。我国已经进入工业化中期阶段，进入城镇化快速发展时期，从我国现代化建设的全局来看，加快推进农业现代化的任务十分迫切。必须坚持把解决好“三农”问题作为各项工作的重中之重，坚持统筹城乡发展基本方略，不断巩固和发展农业农村好形势，为稳增长、控物价、调结构、惠民生、抓改革、促和谐打下坚实基础，提供有力保障。

农业对国民经济的贡献

2011年，农业农村经济在异常复杂的市场形势和较为严重的自然灾害影响下，保持了稳定发展的良好态势，为促增长、控通胀、保民生做出了重要贡献。

（一）增长贡献　2011年，面对复杂多变的国际形势和国内经济运行出现的新情况新问题，党中央、国务院以科学发展为主题，以转变发展方式为主线，坚持实施积极的财政政策和稳健的货币政策，不断加强和改善宏观调控，国民经济继续朝着预期方向发展，实现了“十二五”时期经济社会发展良好开局。全年完成国内生产总值471 564亿元，按可比价格计算，比上年增长9.2%。

2011年农林牧渔业生产呈现全面发展的好势头。全年粮食产量57 121万吨，比上年增加2 473万吨，增产4.5%，连续5年稳定在5亿吨以上。全年实现农业增加值47 712亿元，比上年增长4.5%，增幅比上年上升0.2个百分点。农业增加值占国内生产总值的比重为10.1%，比上年下降0.1个百分点，农业增长对国民经济增长的贡献份额为10.2%，比上年上升2.6个百分点（图24）。

（二）产品贡献　2011年，我国大宗农产品市场供求基本平衡，全国城市食品类商品零售价格比上年上涨4.7%，其中粮食零售价格比上年上涨12.2%。全年城镇居民人均食品消费支出5 506元，占当年生活消费支出的36.3%，比上年上升了0.6个百分点。

（三）市场贡献　2011年，我国农民人均纯收入实际增长11.4%，实现了“八连快”。2011年乡村消费品零售总额为24 367亿元，比上年增长16.7%，占全社会消费品零售总额的比例为13.2%，比上年下降0.1个百分点（图25）。

2011年农业生产资料价格继续上涨。农业生产资料价格总水平比上年上升11.3%，其中化肥价格上升13.3%，农用机油价格上升10.8%，饲料价格上涨7.6%，农药及农药械价格上涨2.6%，农机价格上涨4.6%。全年农民人均家庭经营费用支出2 431.1元，比上年上升26.9%。其中，人均购置生产性固定资产支出265.8元，比上年增长32.9%。

（四）外汇贡献　2011年，我国对外贸易

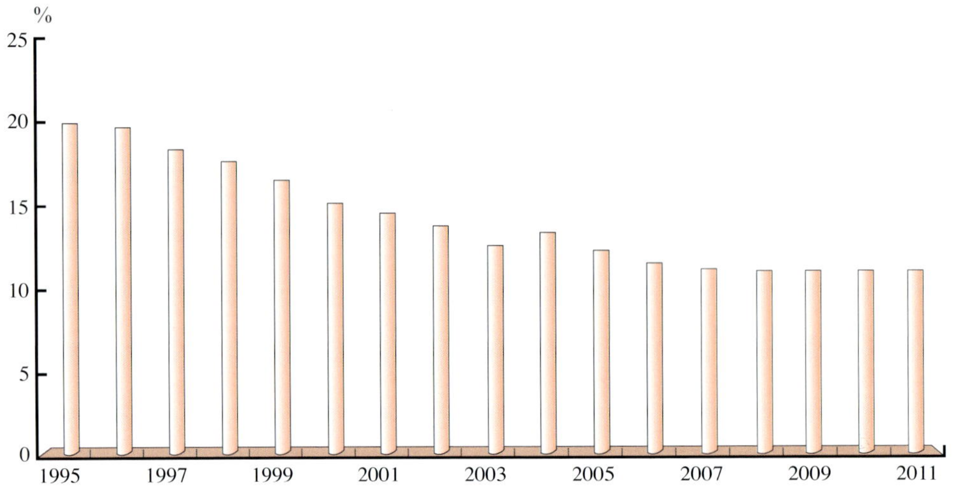

图24 1995—2011年农业增加值占国内生产总值比重变动情况

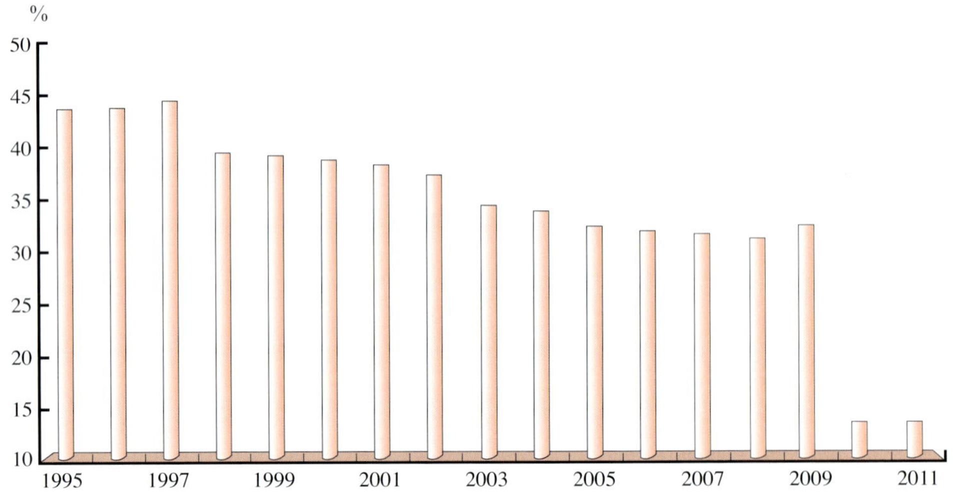

图25 1995—2011年农村消费品零售额占社会消费品零售额比重变动情况

注：根据新颁布的《统计上划分城乡的规定》，2010年及以后农村消费品零售额的统计范围由原来的“市、县、县以下”调整为“乡及乡以下”。

全年实现进出口总额36 421亿美元，比上年增长22.5%；出口18 986亿美元，增长20.3%；进口17 435亿美元，增长24.9%。进出口相抵，顺差1 551亿美元，比上年减少264亿美元。

2011年，我国农产品进出口总额为1 556.2亿美元，比上年增长27.6%。其中，出口607.5亿美元，增长23.0%；进口948.7亿美元，增长30.8%。贸易逆差为341.2亿美元，扩大47.4%。

农产品进出口贸易总额占全国进出口贸易总额的比重为4.3%，比上年上升0.2个百分点。其中，农产品出口总值占全部出口总值的3.2%，上升0.1个百分点；农产品进口总值占全部进口总值的5.4%，上升0.2个百分点。

农业与国民收入分配

在2011年的国内生产总值中，农业的比重为10.1%，比上年下降了0.1个百分点；第二产业的比重为46.8%，比上年下降了0.1个百分点；第三产业的比重为43.1%，比上年提高了0.1个百分点。

（一）在国民收入初次分配中，农业对农民人均纯收入增长的贡献继续下降，农民纯收入总量在国内生产总值中所占的比重继续降低 2011年，农村居民家庭人均纯收入为6 977.3元，比上年实际增长11.4%。在农民人均纯收入中，来自家庭经营收入的部分为3 222.0元，比上年提高了389.2元，占农民人均纯收入的比重为46.2%，比上年下降了1.7个百分点。

2011年，全国乡村人口为65 656万人，全国农民纯收入总量为45 810.2亿元，占当年国内生产总值的比重为9.7%，比上年下降了0.3个百分点。2011年城镇居民人均可支配收入为21 809.8元，比上年实际增长8.4%，当年城镇居民人口为69 079万人，全国城镇居民可支配收入总量达到150 659.9亿元占国内生产总值的比重是31.9%，比上年下降0.1个百分点。

2011年，农村居民收入增长速度继续快于城镇居民，但是从收入水平来看，城镇居民人均可支配收入仍是农村居民人均纯收入的3.1倍，我国城乡居民收入差距仍然很大，增加农民收入依然是一项长期、艰巨的任务。

（二）在国民收入再分配过程中，城乡投资呈现严重不平衡状态，2011年财政支农力度进一步加大，对实现粮食生产“八连增”和农村发展做出贡献 2011年，全社会固定资产投资总额为311 021.9亿元，比上年提高11.8%，增长幅度比上年降低了12个百分点，这是自2009年以来，全社会固定资产投资增长率增幅首次出现下降。全社会固定资产投资占国内生产总值的比重为66.0%，比上年下降3.9个百分点，全社会固定资产投资增长率低于国内生产总值增长率6.7个百分点，也是自2009年以来投资率的增幅首次低于国内生产总值增幅。在全社会固定资产投资中，用于城镇的为301 932.8亿元，比上年增长25.1%，比上年提高0.6个百分点；用于农村的为9 089.1亿元，比上年减少27 635.8亿元，下降幅度为75.3%。城镇得到的固定资产投资是农村的33.2倍，城乡固定资产投资呈现严重的不平衡状态。

2011年，中央财政对“三农”的实际投入达到10 497.7亿元，比上年增长22.4%。中央财政用于粮食生产相关的投入达到4 985亿元。其中，粮食直补、农资综合补贴、良种补贴、农机具购置补贴等“四补贴”资金达1 406亿元。大幅度增加产粮大县奖励资金规模，拨付产粮油大县奖励资金236亿元，全面取消主产区粮食风险基金地方配套，新增44亿元中央补助款，增加地方粮食风险基金规模80亿元。安排农业保险保费补贴资金91亿元，补贴品种涉及主要农畜产品14种，全面覆盖粮食主产区。

2011年，中央财政继续增加对农村基础设施建设和民生的支出，确保了农业持续增产，农村民生进一步改善。2011年中央1号文件明确提出“从土地出让收益中提取10%用于农田水利建设”。各地相继出台了政策。2011年，中央财政累计安排各类水利资金1 814亿元，比上年增长20%。全国农业综合开发共安排资金271.6亿元，在全国改造中低产田、建设高标准农田1 619.15千公顷。中央财政安排农村公路建设投资403亿元，中央投资持续向西部地区和“少边穷”地区倾斜，对“少边穷”地区投入比重达到全国的52%。农村环境保护专项资金40亿元。中央财政安排农村义务教育经费保障机制改革资金800多亿元，约1.3亿农村学生全部享受免学杂费和免费教科书政策，中西部地区农村约1 228万名家庭经济困难寄宿生获得资助。中央财政安排新型农村合作医疗补助资金802亿元，各级财政补助标准提高到每人每年200元。

工农业发展比例关系

（一）2011年工农业发展比例关系 2011年，全部工业增加值188 572亿元，比上年增长10.7%，增速比上年下降0.4个百分点；农业增加值增长4.5%，增速比上年提高0.2个百分点。2011年，工业增加值与农业增加值增长速度之比由2010年的2.81 ∶ 1缩小到2011年的2.38 ∶ 1。

（二）对2011年工农业发展关系的评价 2011年的工农业发展比例关系显示，我国工农业发展正趋于平衡。2011年，规模以上工业增加值增长13.9%，成为推动工业增长的主要原因，其中农副食品加工业增加值比上年增长14.1%，说明工业结构调整成效初现，工业与农业产业关联程度明显提高，工业与农业均衡增长和良性循环的机制正在逐步建立。

农村非农产业发展与国民经济增长

2011年，乡镇企业加快转变经济发展方式，继续保持平稳发展势头，有力促进了农村二、三产业发展，为国民经济增长和提高农民收入水平做出了重要贡献。

（一）促进国民经济增长 2011年乡镇企业增加值占国内生产总值的比重为28.2%，与上年持平。

（二）吸纳农村劳动力就业 2011年乡镇企业从业人员16 186万人，比上年增加293万人；乡镇企业从业人员占全国就业人员比例为21.2%，比上年提高1.1个百分点。其中，乡镇企业二、三产业从业人员15 985万人，比上年增加273万人；占全国二、三产业就业人员比例为32.1%，比上年下降0.5个百分点。

（三）增加农民收入 2011年，工资性收入仍然是农民收入增长的重要来源，非农产业发展为农民收入增长做出了重要贡献。农民人均从事非农产业家庭经营的收入702元，比上年增加100元，增长16.6%；人均工资性收入

2 963元，比上年增加532元，增长21.9 %，增幅比上年提高4个百分点。在当年农民人均纯收入中，来自家庭经营第一产业的收入占37.1%，比上年下降了0.6个百分点；工资性收入以及来自家庭经营非农产业的纯收入占52.5%，比上年上升了1.3个百分点。

城乡居民收入差异

2011年，农村居民收入增速快于城镇居民，城乡居民收入相对差距继续缩小，但绝对差距仍在扩大。

（一）农村居民收入增速高于城镇居民 2011年，全国农村居民人均纯收入比上年实际增长11.4%，增速比上年提高0.5个百分点；城镇居民人均可支配收入比上年实际增长8.4%，增速比上年提高0.6个百分点；农村居民收入增长速度比城镇居民高3.0个百分点（图26）。

（二）城乡居民收入增长的主要原因 2011年，影响城镇居民收入增长的主要因素有：①绝大多数地区提高最低工资标准，部分地区继续规范落实津补贴制度，部分企业提高了职工工资和奖金，工薪收入继续增长。全年城镇居民人均工薪收入15 412元，比上年增长12.4%，增速提高1.7个百分点。②经济运行总体良好，个体经营者人数增加，个体工商户增值税和营业税起征点提高，税赋降低，经营净收入快速增长。城镇居民人均经营净收入2 210元，比上年增长29.0%，增速提高16.9个百分点。③国家继续提高企业退休人员

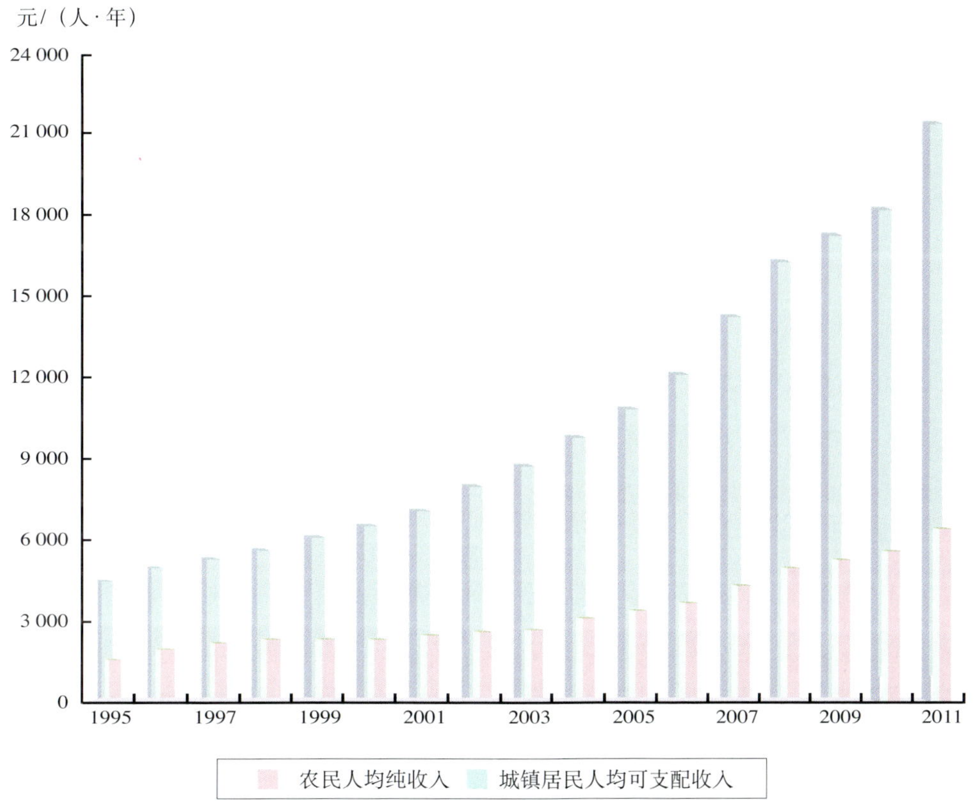

图26　1995—2011年城乡居民收入变动情况

基本养老金水平，上调最低生活保障标准，转移性收入稳步增长。城镇居民人均转移性收入5 709元，比上年增长12.1%。④财产性收入继续较快增长。城镇居民人均财产性收入649元，比上年增长24.7%，增速提高4.2个百分点。特别是房租涨幅较大，城镇居民人均出租房屋收入增长较快。

影响农村居民收入增长的主要原因素有：①家庭经营纯收入稳定提高。2011年农村居民人均家庭经营纯收入增加389元，对农民全年增收的贡献率达到36.8 %。其中，第一产业纯收入比上年增加289元，占全年农民人均纯收入增量的27.3%。家庭经营纯收入稳定增长主要是因为主要农产品产量增加，农产品价格上涨较快。②工资性收入快速增长。农村居民人均工资性收入2 963元，比上年增长21.9%，增速比上年提高4.0个百分点。工资性收入增加额占全年农村居民人均纯收入总增量的49.4%，比上年提高1.1个百分点。工资性收入快速增长主要是由于农民工工资水平提高较多。③财产性收入保持增长。农村居民人均财产性收入229元，比上年增长13.0%。④转移性收入快速增长。农村居民人均转移性收入563元，增加110元，比上年增长24.4%，增速提高10.6个百分点。转移性收入增速较快主要是受农村养老保险等政策全面推进的影响。

2011年，全国居民消费价格总水平比上年提高5.4%。其中城镇上涨5.3%，农村上涨5.8%，农村物价上涨幅度大于城镇0.5个百分点。消费价格水平变化对城乡居民收入增长差异的影响继续加大。

（三）城乡居民收入差距问题依然突出 2011年农村居民收入实际增长速度超过城镇居民，城乡居民收入相对差距继续缩小。城镇居民人均可支配收入与农村居民人均纯收入的比例由上年的3.23：1继续缩小到3.13：1；农村居民人均现金收入8 639元，相当于城镇居民人均可支配收入的39.6%，比上年提高2.5个百分点。但城乡居民收入不平衡的问题依然突出，主要表现在城乡居民收入的绝对差距继续扩大，由上年的13 190元继续扩大到14 833元。

城乡居民收入增长的稳定性仍然存在较大差异。城镇居民收入增长在很大程度上依靠国家政策性因素的推动，具有较强的连续性和稳定性。农村居民收入增长受到市场因素和自然因素的双重制约，虽然国家对农业的支持保护体系逐步健全，各项惠民政策力度不断加大，但由于农业生产仍面临着自然和市场双重风险，农民增收的基础仍比较薄弱，增收的渠道仍比较缺乏，促进农民持续增收的长效机制尚未完全建立，影响农民增收的不确定性因素仍然较多。此外，现有的财政支出结构使城乡居民在享受公共服务和社会福利等方面仍然存在着巨大差异，城乡居民收入不平衡问题在较长时期内将依然突出。

城乡居民消费差异

2011年，城乡居民人均消费支出增速继续提高，虽然农村居民消费支出增速高于城镇居民，但城乡居民消费水平的绝对差距还在扩大，城镇居民的消费水平显著高于农村居民，城镇居民的消费结构明显优于农村居民。

（一）城乡居民消费水平的差异 2011年，城镇居民人均生活消费支出15 161元，比上年增加1 689元，名义增长12.5%，增速比上年提高2.7个百分点；农村居民人均消费支出5 221元，比上年增加839元，名义增长19.2%，增速比上年提高9.5个百分点。城乡居民消费水平的相对差距有所缩小，城乡居民人均生活消费支出比由上年的3.07：1下降到2.90：1。但是城乡居民消费水平的绝对差距继续扩大，2011年城镇居民人均生活消费支出比农村居民多9 940元，与上年相比扩大850元。

（二）城乡居民恩格尔系数的差异 2011年，虽然城乡居民收入继续稳定增长，但食品价格快速上涨。受此影响，城镇居民人均食品支出占生活消费支出的比重（恩格尔系数）有所回升，而农村居民恩格尔系数有所下降。2011年城镇居民人均食品消费支出5 506元，恩格尔系数36.3%，比上年提高0.6个百分点。农村居民人均食品消费支出1 801元，恩格尔系数40.4%，比上年降低0.7个百分点。城镇居民恩格尔系数低于农村居民4.1个百分点，差距比上年缩小1.3个百分点（图27）。

（三）城乡居民消费结构的差异 随着城镇居民收入的稳定增长，城市建设和社会公共事业的不断发展，以及刺激消费政策的进一步实施，城镇居民的消费水平继续提高，消费结构进一步优化。2011年，城镇居民人均各类消费占消费总支出的比例依次是：食品（36.3%）、交通和通讯（14.2%）、教育文化娱乐（12.2%）、衣着（11.0%）、居住（9.3%）、家庭设备及服务（6.7%）、医疗保健（6.4%）。城镇居民消费结构继续向发展型和享受型加快升级。主要表现在：①用于吃、穿等满足基本生活需要的消费支出增速提高，占生活消费支出的比重提高。人均7 181元，增长14.9%，

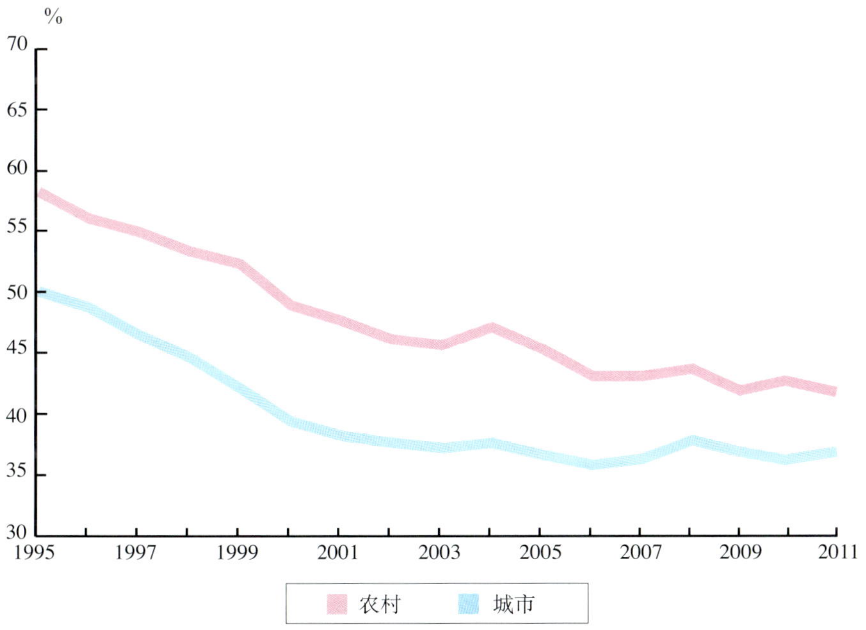

图27 1995—2011年恩格尔系数变动情况

增速比上年提高6.5个百分点，占消费支出的比重提高1.0个百分点。②医疗保健支出增速快速回升，占生活消费支出的比重降低。人均969元，增长11.1%，增速大幅提高9.3个百分点，占消费支出的比重减少0.1个百分点。③交通通讯消费和教育文化娱乐消费增速升降不一，占生活消费支出的比重有增有减。人均交通通讯支出2 150元，增长8.4%，增速降低9.5个百分点；用于教育、娱乐方面的支出1 852元，增长13.8%，增速提高3.3个百分点；从占消费支出的比重看，交通通讯支出减少0.5个百分点，教育娱乐支出继续增加0.1个百分点。④居住支出增速下降，占生活消费支出的比重继续降低。城镇居民人均居住支出1 405元，增长5.5%，增速降低2.9个百分点，在消费支出中所占比重降低0.6个百分点。

随着农民收入的持续较快增长，以及促进农村消费政策的落实到位，加上物价上涨的拉动，农村居民各项消费支出普遍较快增长。2011年，农村居民人均各类消费占生活消费总支出的比例依次是：食品（40.4%）、居住（18.4%）、交通和通讯（10.5%）、医疗保健（8.4%）、文化教育娱乐及服务（7.6%）、家庭设备用品及服务（5.9%）。农村居民的消费结构逐步升级，主要表现在：①吃穿等基本生活消费继续增长，占生活消费支出的比重减少0.2个百分点。②居住条件进一步改善，居住支出继续增长，增速回升。人均住房面积36.2平方米，增加6.3%；人均居住支出962元，增长15.1%，增速提高11.3个百分点。③交通及通讯消费加快增长。人均交通、通讯费用支出547元，增长18.6%，增速提高4.2个百分点。④文化教育娱乐支出和医疗保健消费支出继续增长。文化教育娱乐支出人均396元，增长8.1%，增速提高0.4个百分点，占生活消费支出的比重减少0.8个百分点；人均医疗保健支出437元，增长34.0%，增速大幅提高20.6个百分点，占生活消费支出的比重提高1.0个百分点。

2011年，城乡居民消费结构变化趋势依然呈现出较强的趋同性，但两者之间绝对消费水平差距仍在扩大，城镇居民消费层次明显高于农村居民。

（四）城乡居民食品消费的差异 2011年，城乡居民食品消费水平和结构仍呈现较大差异。城镇居民消费向品种更加丰富、营养更加全面、食物更加健康方向发展，农村居民食品消费仍处于由温饱型向营养型转变的阶段。从主要食品的消费量来看，城乡居民人均粮食直接消费量分别为80.7千克和170.7千克，与上年相比分别减少0.8千克和10.7千克；蔬菜消费量分别为114.6千克和89.4千克，分别减少1.5千克和3.9千克；猪牛羊肉消费量分别为24.6千克和16.3千克，分别增加0.1千克和0.5千克；禽蛋消费量分别为10.1千克和5.4千克，分别增加0.1千克和0.3千克；食用植物油消费量分别为9.3克和7.5千克，分别增加0.5千克和1.2千克（图28、图29）。

（五）城乡居民家庭耐用消费品消费的差异 2011年，城乡居民家庭耐用消费品数量继续增加。城镇居民家庭中普通家电的拥有量基本处于饱和状态；中档家电和高档耐用消费品的消费加快增长。2011年底，平均每百户城镇居民家庭拥有彩色电视机135.2台，比上年减少1.6%；洗衣机97.1台，增长0.2%；电冰箱97.2台，增长0.6%；空调122.0台，增长

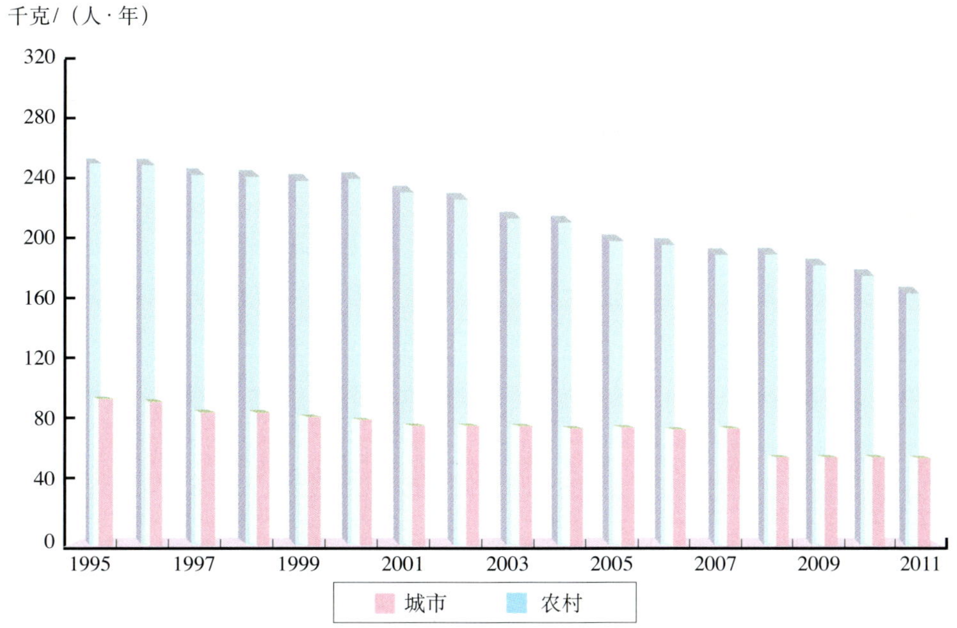

图28　1995—2011年城乡居民人均粮食消费变动情况

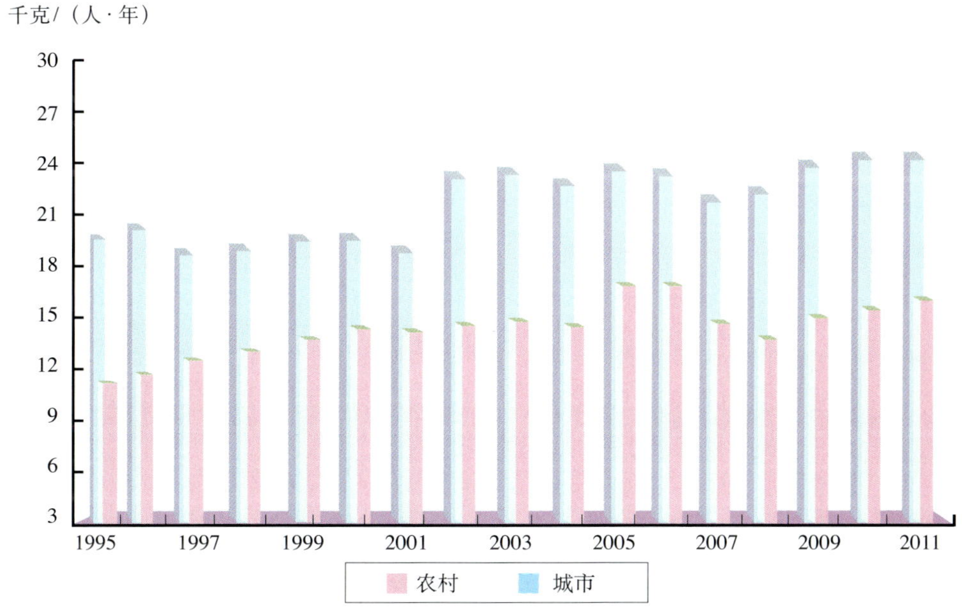

图29　1995—2011年城乡居民人均猪牛羊肉消费变动情况

8.8%；微波炉60.7台，增长2.9%；移动电话205.3部，增长8.7%；家用计算机81.9台，增长15.0%；家用汽车18.6辆，增长42.0%；摄像机9.4台，增长14.6%。农村居民家庭耐用消费品升级加快，中高档耐用消费品拥有量继续较快增长。2011年底，平均每百户农村居民家庭拥有彩色电视机115.5台，比上年增长3.3%；电冰箱61.5台，增长36.1%；洗衣机62.6台，增长9.2%；移动电话179.7部，增长31.6%；摩托车60.9辆，增长3.2%。城乡居民拥有耐用消费品的数量仍存在较大差距，农村居民的消费层次和消费结构明显落后于城镇居民。

区域经济发展差异

在区域经济结构中，东部地区农业比重较低，中、西部和东北地区的农业比重高，农业增加值占国内生产总值的比重继续呈下降趋势。

（一）东、中、西部和东北地区经济结构与农村经济发展水平的差异 在2011年全国实现的国内生产总值中，东、中、西部和东北地区分别占52.0 %、20.1%、19.2 %和8.7%，与上年相比，东部地区下降了1个百分点，中部地区上升了0.4个百分点，西部地区上升了0.5个百分点，东北地区上升了0.1个百分点。东部、中部、西部和东北地区实现的国内生产总值之比为5.98 ∶ 2.31 ∶ 2.21 ∶ 1，与上年的6.18 ∶ 2.30 ∶ 2.18 ∶ 1相比，差距进一步缩小。

从全国农业增加值的构成来看，2011年东、中、西部和东北地区实现的农业增加值分别占全国的35.6 %、27.1%、26.9%和10.3%，与上年相比，东部地区下降了0.5个百分点，中部地区下降0.6个百分点，西部地区上升0.5个百分点，东北地区上升了0.5百分点。东、中、西部和东北地区农业增加值占地区生产总值的比重分别为6.3%、12.3%、12.8%和10.9%，与上年相比，东、中、西部地区分别下降了0.1、0.9、0.4个百分点，东北地区上升了0.2个百分点。东、中、西部和东北地区农业增加值之比为3.17 ∶ 2.40 ∶ 2.29 ∶ 1，与上年的3.76 ∶ 2.82 ∶ 2.69 ∶ 1相比，差距有所缩小。

2011年，东、中、西部和东北地区乡镇企业总产值分别占全国乡镇企业总产值的57.5 %、20.2 %、12.7 % 和9.5 %。东、中、西部和东北地区乡镇企业总产值之比为6.03 ∶ 2.12 ∶ 1.33 ∶ 1。

（二）东、中、西部和东北地区农村居民收入和消费水平的差异 2011年，东、中、西部和东北地区的农民人均纯收入分别为9 585元、6 530元、5 247元和7 791元，东、中、西部和东北地区的农民人均纯收入之比为1.23 ∶ 0.84 ∶ 0.67 ∶ 1，与上年的1.27 ∶ 0.86 ∶ 0.69 ∶ 1相比，四个地区的收入差异有所缩小（图30）。

从东、中、西部和东北地区农村居民消费差异看，2011年东、中、西部和东北地区农村居民人均生活消费支出分别为6 856元、4 786元、4 188元和5 349元，分别比上年增长19.5 %、20.1 %、18.4 % 和22.9 %。以东北地区农村居民的消费支出为1，东、中、西部和东北地区农村居民生活消费的比率为1.28 ∶ 0.89 ∶ 0.78 ∶ 1，与上年的1.32 ∶ 0.91 ∶ 0.81 ∶ 1相比，东部地区与其他三个地区的消费水平差异有所扩大。

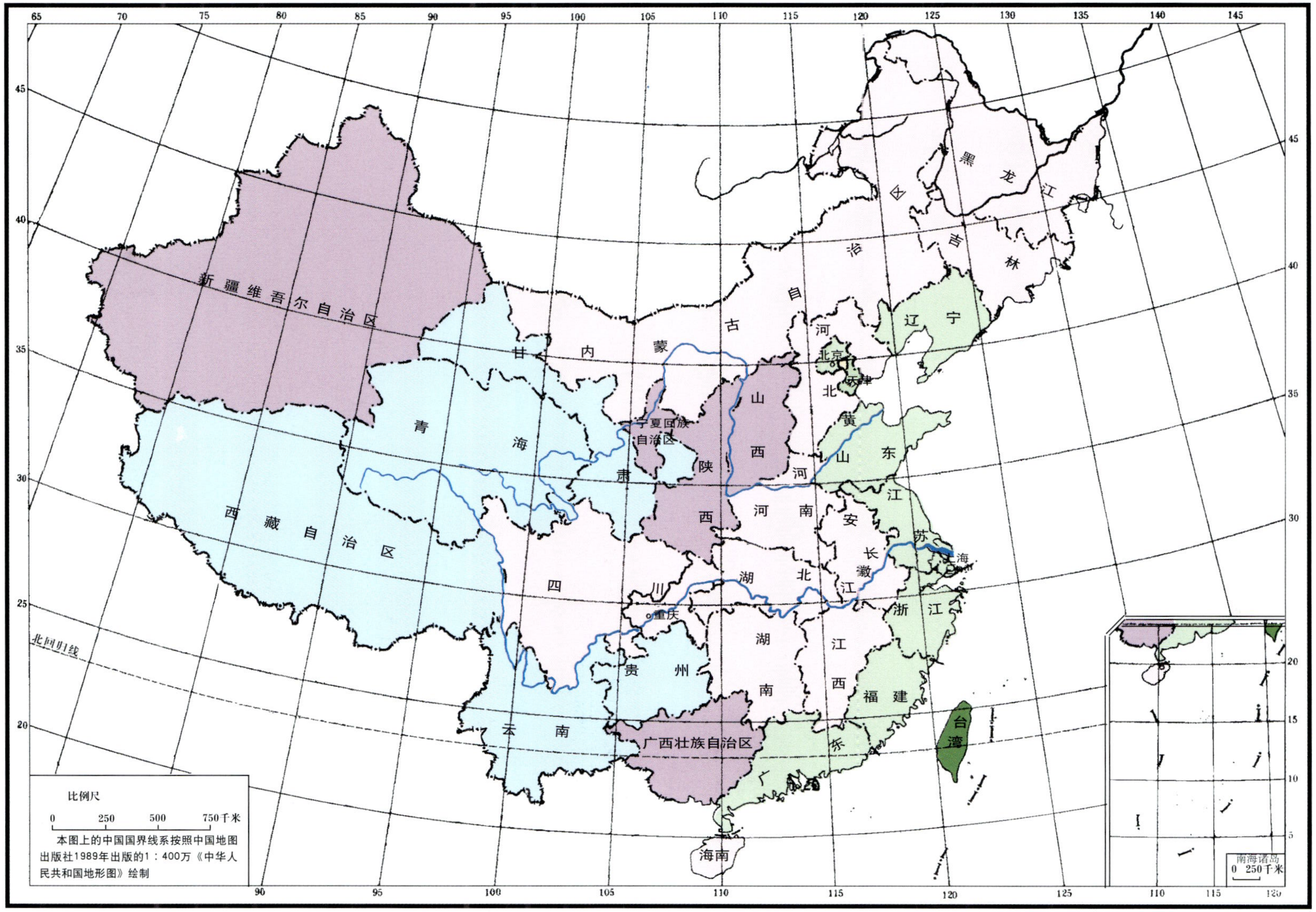

纯收入＞8 000元
纯收入6 000～8 000元
纯收入5 000～6 000元
纯收入＜5 000元

图30　2011年全国农村居民人均纯收入按省、自治区、直辖市分布情况

2012年

农业发展趋势

2012年农业发展趋势

发展目标和任务

2012年将召开党的十八大，做好农业农村经济工作，对推动全局工作、赢得战略主动至关重要。

2011年底召开的中央农村工作会议强调，2012年，国际经济形势复杂严峻，全球气候变化影响加深，我国耕地和淡水资源短缺压力加大，农业发展面临的风险和不确定性明显上升，巩固和发展农业农村好形势的任务更加艰巨。必须再接再厉、迎难而上、开拓进取，努力在高起点上实现新突破、再创新佳绩。会议指出，实现农业持续稳定发展、长期确保农产品有效供给，根本出路在科技。必须紧紧抓住世界科技革命方兴未艾的历史机遇，坚持科教兴农战略，把农业科技摆上更加突出的位置，下决心突破体制机制障碍，大幅度增加农业科技投入，推动农业科技跨越发展，为农业增产、农民增收、农村繁荣注入强劲动力。会议提出，2012年农业农村工作的总体要求是：深入贯彻落实科学发展观，同步推进工业化、城镇化和农业现代化，围绕强科技保发展、强生产保供给、强民生保稳定，进一步加大强农惠农富农政策力度，奋力夺取农业好收成，合力促进农民较快增收，努力维护农村社会和谐稳定。

按照中央的总体部署，农业部提出，2012年要以稳定发展粮食生产为重点，加快农业科技进步，全面推进现代农业建设，坚持“两个千方百计、两个努力确保”目标不动摇，千方百计使粮食产量稳定在10 500亿斤以上、农民收入增幅保持在7.5%以上，努力确保不发生重大农产品质量安全事件和区域性重大动物疫情，持续提高农产品供给保障能力，为实现经济社会平稳较快发展提供基础保证。重点做好以下八个方面的工作：①完善和落实好强农惠农富农政策。②全力夺取粮食生产好收成。③稳定发展"菜篮子"产品生产。④强化农产品质量安全监管。⑤毫不松懈地抓好重大动物疫病防控。⑥加强农产品市场体系建设。⑦加快现代农业重大工程项目建设。⑧努力拓宽农民增收渠道。

农业发展面临的条件

2012年，农业农村经济发展既面临一些有利条件和积极因素，也面临不少不利条件和严峻挑战。从国内看，中央强农惠农富农政策力度进一步强化，"三农"投入继续大幅增加，农业农村发展的政策环境持续改善，但国内经济增速回落态势明显，将增加农业农村稳定发展的难度。从国际看，欧债危机持续发酵，欧洲主要国家失业率大幅攀升，世界经济复苏基础不牢，国际商品市场波动剧烈，贸易保护主义继续升温，国际市场竞争日趋激烈，国内农业农村发展的国际因素不确定性加大。

（一）有利条件

1. 国家将进一步加大"三农"投入力度，强化强农惠农富农政策。中央明确要持续加大财政用于"三农"的支出，持续加大国家固定资产投资对农业农村的投入，持续加大农业科技投入，确保增量和比例均有提高。要发挥政府在农业科技投入中的主导作用，保证财政农业科技投入增幅明显高于财政经常性收入增幅，逐步提高农业研发投入占农业增加值的比重，建立投入稳定增长的长效机制。2012年，中央财政用于"三农"的投入拟安排12 287亿元，比上年增加1 868亿元。继续增加粮食直补、良种补贴、农资综合补贴和农机具购置补贴，新增补贴向主产区、种养大户、农民专业合作社倾斜。落实农资综合补贴动态调整机制，适时增加补贴。扩大农机具购置补贴规模和范围，进一步完善补贴机制和管理办法。增加产粮（油）大县奖励资金，加大生猪调出大县奖励力度。研究建立公益林补偿标准动态调整机制，进一步加大湿地保护力度。加大对牧业、牧区、牧民的支持力度，草原生态保护补助奖励政策覆盖到国家确定的牧区半牧区县（市、旗）。加大村级公益事业建设一事一议财政奖补力度，积极引导农民和社会资金投入"三农"。加大农村金融政策支持力度，持续增加农村信贷投入，确保银行业金融机构涉农贷款增速高于全部贷款平均增速。

2. 毫不放松抓好粮食生产，狠抓"菜篮子"产品供给。中央明确提出了确保粮食生产不滑坡的目标，要求切实落实"米袋子"省长负责制，继续开展粮食稳定增产行动，稳定粮食播种面积，扩大紧缺品种生产。继续实施全国新增千亿斤粮食生产能力规划，实施粮食丰产科技工程、超级稻新品种选育和示范项目。支持优势产区加强棉花、油料、糖料生产基地建设，深入推进粮棉油糖高产创建，大力开展整建制创建。大力支持在关键农时、重点区域开展防灾减灾技术指导和生产服务，加快推进农作物病虫害专业化统防统治。加快推进"菜篮子"生产区域化布局、标准化生产、规模化种养，提升"菜篮子"产品整体供给保障能力和质量安全水平。继续开展园艺作物标准园、畜禽水产示范场创建，启动农业标准化整体推进示范县建设。实施全国蔬菜产业发展规划，支持优势区域加强菜地基础设施建设。稳定发展生猪生产，扶持肉牛肉羊生产大县标准化养殖和原良种场建设，启动实施振兴奶业苜蓿发展行动，推进生猪和奶牛规模化养殖小区建设。制定和实施动物疫病防控二期规划。开展水产养殖生态环境修复试点，支持远洋渔船更新改造。强化食品质量安全检验检测体系和追溯体系建设，开展质量安全风险评估。大力推广高效安全肥料、低毒低残留农药，严格规范使用食品和饲料添加剂。落实“菜篮子”市长负责制，保障大中城市保有一定的蔬菜等生鲜食品自给能力。

3. 大力推进农业科技创新，引领支撑现代农业建设。中央以2012年1号文件的形式下发了《关于加快推进农业科技创新持续增强农产品供给保障能力的若干意见》，明确要求把农业科技摆上更加突出的位置，下决心突破体制机制障碍，大幅度增加农业科技投入，推动农业科技跨越发展。着力突破农业重大关键技术和共性技术，促进农业技术集成化、劳动过程机械化、生产经营信息化，构建适应高产、优质、高效、生态、安全农业发展要求的技术体系。突出农业科技创新重点，稳定支持农业基础性、前沿性、公益性科技研究。完善农业科技创新机制，有效整合科技资源，建立协同创新机制，推动产学研、农科教紧密结合。改善农业科技创新条件，加大国家各类科技计划向农业领域倾斜支持力度，提高公益性科研机构运行经费保障水平。着力抓好种业科技创新，增加种业基础性、公益性研究投入，加快培育一批突破性新品种。强化基层公益性农技推广服务，普遍健全乡镇或区域性农业技术推广、动植物疫病防控、农产品质量监管等公共服务机构。完善激励机制，引导科研教育机构积极开展农技服务。培育和支持新型农业社会化服务组织，广泛参与农业产前、产中、产后服务。大幅增加投入补贴力度，振兴发展农业教育。继续实施创新人才推进计划和农业科研杰出人才培养计划，加快培养农业科技人才。大力培训农村实用人才，培育新型职业农民。

4. 改善设施装备条件，夯实农业发展物质基础。一是加强农田水利建设。加快推进水源工程建设、大江大河大湖和中小河流治理、病险水库水闸除险加固、山洪地质灾害防治，加大大中型灌区续建配套与节水改造、大中型灌溉排水泵站更新改造力度。继续增加中央财政专项补助，实现小型农田水利重点县建设基本覆盖农业大县。加大山丘区“五小水利”工程建设、农村河道综合整治、塘堰清淤力度，发展牧区水利。大力推进节水灌溉，扩大设备购置补贴范围和贷款贴息规模，完善节水灌溉设备税收优惠政策。创新农田水利建设管理机制，加快推进土地出让收益用于农田水利建设资金的中央和省级统筹，落实农业灌排工程运行管理费用由财政适当补助政策。二是加强高标准农田建设。制定全国高标准农田建设总体规划和相关专项规划，增加农业综合开发投入，开展农村土地整治重大工程和示范建设，加快推进旱涝保收高产稳产农田建设，实施东北四省区高效节水农业灌溉工程。深入推进测土配方施肥，扩大土壤有机质提升补贴规模，继续实施旱作农业工程。三是加快发展农业机械化。着力解决水稻机插和玉米、油菜、甘蔗、棉花机收等突出难题，大力发展设施农业、畜牧水产养殖等机械装备。积极推广精量播种、化肥深施、保护性耕作等技术。加强农机关键零部件和重点产品研发，支持农机工业技术改造。加大信贷支持力度，鼓励种养大户、农机大户、农机合作社购置大中型农机具。落实支持农机化发展的税费优惠政策，推动农机服务市场化和产业化。搞好生态建设。在国家重点生态功能区适当扩大退耕还林规模，落实天然林资源保护工程二期实施方案，加强防护林体系工程建设，抓紧编制京津风沙源治理二期工程规划。构建青藏高原生态安全屏障。探索国家级公益林赎买机制。扩大退牧还草工程实施范围。继续开展渔业增殖放流。加大国家水土保持重点建设工程实施力度。加强农村环境整治，推进农业清洁生产，加快农业面源污染治理和农村污水、垃圾处理。

5. 提高市场流通效率，切实保障农产品稳定均衡供给。一是加强农产品流通设施建设。推进全国性、区域性骨干农产品批发市场建设和改造，重点支持交易场所、电子结算、信息处理、检验检测等设施建设。研究制定支持农产品加工流通设施建设的用地政策，鼓励建设非营利性农产品批发、零售市场，继续推进粮棉油糖等大宗农产品仓储物流设施建设，加快发展鲜活农产品连锁配送物流中心。扶持产地农产品收集、加工、包装、贮存等配套设施建设，重点对农民专业合作社建设初加工和贮藏设施予以补助。二是创新农产品流通方式。发展农产品电子商务等现代交易方式。探索建立生产与消费有效衔接、灵活多样的农产品产销模式。开展“南菜北运”、“西果东送”现代流通综合试点。免除蔬菜批发和零售环节增值税，开展农产品进项税额核定扣除试点，落实和完善鲜活农产品运输绿色通道政策，清理和降低农产品批发市场、城市社区菜市场、乡镇集贸市场和超市的收费。三是完善农产品市场调控。确保主要农产品有效供给和市场稳定，保持价格合理水平。2012年继续稳步提高小麦、稻谷最低收购价，小麦最低收购价每50千克提高12～18元，水稻最低收购价每50千克提高7～9元。适时启动玉米、大豆、油菜籽、棉花、食糖等临时收储，健全粮棉油糖等农产品储备制度。抓紧完善鲜活农产品市场调控办法，健全生猪市场价格调控预案，探索建立主要蔬菜品种价格稳定机制。加强国内外农产品市场监测预警，综合运用进出口、吞吐调剂等手段，稳定国内农产品市场。完善农产品进口关税配额管理，严厉打击走私违法行为。

6. 深入推进农村改革，增强农村发展活力。中央明确要加快修改完善相关法律，落实现有土地承包关系保持稳定并长久不变的政策。按照依法自愿有偿原则，引导土地承包经营权流转，发展多种形式的适度规模经营，促进农业生产经营模式创新。加快推进农村地籍调查，2012年基本完成覆盖农村集体各类土地的所有权确权登记颁证，推进农村集体建设用地使用权确权登记颁证工作，稳步扩大农村土地承包经营权登记试点。加强土地承包经营权流转管理和服务，健全土地承包经营纠纷调解仲裁制度。加快修改土地管理法，完善农村集体土地征收有关条款，健全严格规范的农村土地管理制度。加快推进牧区草原承包工作。深化集体林权制度改革，稳定林地家庭承包关系，2012年基本完成明晰产权、承包到户的改革任务。搞好国有林场、国有林区改革试点。深入推进农村综合改革，加强农村改革试验区工作。加快永久基本农田划定工作，启动耕地保护补偿试点。大力推进农村信用体系建设，完善农户信用评价机制。深化农村信用社改革，发展多元化农村金融机构，鼓励民间资本进入农村金融服务领域。有序发展农村资金互助组织。适当提高涉农贷款风险容忍度，实行适度宽松的市场准入、弹性存贷比政策。继续发展农户小额信贷业务，加大对种养大户、农民专业合作社、县域小型微型企业的信贷投放力度。鼓励符合条件的涉农企业开展直接融资，积极发展涉农金融租赁业务。扩大农业保险险种和覆盖面，开展设施农业保费补贴试点，扩大森林保险保费补贴试点范围，扶持发展渔业互助保险，鼓励地方开展优势农产品生产保险。健全农业再保险体系，逐步建立中央财政支持下的农业大灾风险转移分散机制。

（二）不利条件 2012年，我国农业农村发展面临的困难将更多，挑战也将更为严峻，保持稳定发展的任务十分艰巨。①粮食在“八连增”后产量基数已经很高，在连创纪录的情况下，继续稳定发展的难度明显加大。②耕地、水和劳动力等资源约束进一步加剧。工业化、城镇化的深入推进，将进一步占用土地，耕地面积下降的趋势短期难以根本扭转。水资源紧缺的瓶颈制约始终存在，并可能进一步加剧。外出劳动力不断增加，农业劳动力数量和质量双下降的趋势难以改变。③气候因素存在不确定性。在全球极端异常气候多发的背景下，我国特别是主产区是否会发生大范围的严重旱涝等自然灾害存在很大不确定性，农业防灾减灾压力加大。④在连续丰收之后思想松懈，忽视放松粮食和农业的倾向容易出现。⑤保持农产品市场稳定难度加大。国内农产品价格周期缩短，调控难度加大，一些鲜活农产品涨跌转换较快，存在大幅波动的风险。国际农产品市场波动频繁，大起大落，对国内农产品市场的不利影响将进一步加大。⑥农业生产成本持续上升。农业生产资料价格上涨，土地成本上升，劳动力价格走高，农业生产正在进入高成本阶段，将进一步降低农业比较效益，影响农产品市场竞争力。

农业发展趋势判断

（一）农业生产有望保持稳定发展态势 粮食播种面积在连续8年增长的基础上将继续保持稳中略增态势。根据农业部农民种植意向调查，预计2012年全国粮食意向种植面积比上年增长0.4%。另据2月底全国500个农情基点县调查，全年粮食意向种植面积比上年增长1.2%。分作物看，玉米意向种植面积增长1.6%，水稻增长0.5%，马铃薯增长1.5%，小麦与上年基本持平，大豆面积下降4.7%。

棉花面积出现下滑，糖料面积持平略减。棉花价格下滑，效益低迷，农民植棉积极性受到影响，2012年棉花播种面积再度下降。预计全国棉花意向种植面积比上年减少5.0%。糖料意向种植面积同比减少1.3%。

油料面积恢复性增加，蔬菜生产稳定发展。由于西南地区和湖南、湖北等地调整种植结构，开发冬闲田扩种油菜、花生等因素，预计2012年油料意向种植面积比2011年增长0.5%。蔬菜意向种植面积同比增长2.2%。

畜牧业平稳发展，渔业稳步增长。尽管猪肉价格呈走低态势，养猪效益下滑，但生猪产能仍处于较高水平，生猪生产将保持基本稳定。禽肉禽蛋继续稳定增加；牛羊肉生产形势难以明显好转，供给偏紧；奶业生产随着生鲜乳收购价格的提高继续恢复；水产品产量保持稳步增长。

（二）农产品价格涨幅将明显趋缓 2012

年，影响国内农产品市场变化和价格波动的因素较为复杂。从国内看，劳动力成本上升以及农资、土地等资源性投入品价格趋于上涨，将在较长时间内构成农产品价格上行的推力。国家继续提高粮食最低收购价，也将对粮食乃至整个农产品价格起到有力的支撑作用。从国际看，大宗商品价格的走势存在较大的不确定性，输入型通胀的影响依然存在。在国际国内因素的综合影响下，国内农产品价格上涨的压力将继续存在。另一方面，农产品价格也面临较大的下行压力。一是农产品价格持续高位运行，许多农产品价格屡创历史新高，市场规律导致农产品价格可能出现一定的调整，其中生猪等价格调整压力较大。二是2011年粮食获得大丰收，其他农产品全面增产，使得年度内国内供给相对宽松，粮食等农产品价格出现了明显的回落，2012年仍将面临较大的下行压力。三是国内外经济环境趋于复杂，国内经济增速回落，国际经济形势严峻，将影响农产品的加工消费和出口需求，同时全球农产品生产形势看好，供给趋于宽松，将进一步加大农产品价格下行压力。总体看，2012年国内农产品价格将保持温和上涨，但涨幅明显趋缓，部分品种可能面临下行压力。分品种看，粮食价格总体稳中有升，涨幅将明显小于上年；棉花需求不旺，价格面临下行压力；油料供给偏紧，价格将高位震荡；生猪和猪肉、禽肉和禽蛋价格将出现下跌；牛羊肉价格继续上涨；奶类价格有所上升；水产品价格保持上涨。

（三）农产品贸易逆差持续扩大 受欧债危机持续发酵，国际经济增速下降，国际农产品需求不旺，以及贸易保护主义和人民币升值等因素影响，我国水果、蔬菜、水产品等优势农产品出口虽继续保持增长，但增速将出现下滑。进口方面，国内农产品消费需求旺盛，我国对大豆、食用植物油、棉花等大宗农产品的进口需求仍然较大，同时，国际农产品价格回落将使进口成本降低，我国粮食、食用油籽、糖料等农产品进口可能大幅增长，农产品贸易逆差将进一步扩大。

（四）农民收入有望实现较快增长 2012年，中央继续把促进农民增收作为农业农村经济工作的中心任务，农民增收存在一些有利条件。一是国家继续上调粮食最低收购价，农产品价格总体较高并可能有所上升，有利于农户家庭经营收入增长。二是国家继续实施积极的就业政策，促进农村劳动力转移，着力解决农民工在就业服务、社会保障、子女入园上学、住房租购等方面的实际问题，逐步将城镇基本公共服务覆盖到农民工。劳动力成本继续上升，将推动农民工工资水平进一步提高，农民工资性收入总体将有所提升。三是国家进一步增加对农民的补贴，有利于增加农民转移性收入。但农民增收也面临一些困难，一方面农产品产量和价格总体都处于较高水平，持续上升空间有限；另一方面经济增速趋缓，中小企业普遍经营困难将直接制约就业吸纳能力，农民就业形势不容乐观。总体看，在政策和市场等多种利好因素的共同作用下，2012年农民收入仍有望保持较快增长。

附 表

附 表 说 明

1.本附表简要地列入了1994—2011年有关农业部门的主要统计指标数字，内容涉及农业在国民经济中的地位、农村劳动力、农业投入、土地资源、农业生产、农村居民收入及支出、农产品价格、农产品进出口等方面。

2.由于统计指标及统计口径的变更与调整，某些指标因缺乏资料而中断。根据这些情况，本附表也酌情进行了一定的调整。

3.表中数据凡未加注释的均来自国家统计局，对于来自其他部门的数据各表下方附有注释。

4.表中四大经济地区指：东部地区为北京、天津、河北、上海、江苏、浙江、福建、山东、广东和海南共10省、直辖市；中部地区为山西、安徽、江西、湖南、湖北、河南共6个省；西部地区为内蒙古、广西、重庆、四川、云南、贵州、西藏、陕西、甘肃、宁夏、青海、新疆共12个省、自治区、直辖市；东北地区为辽宁、吉林和黑龙江共3个省。

5.与往年一样，本报告（包括附表）所有统计资料和数据均未包括香港、澳门特别行政区和台湾省。

6.表中符号说明：

“. . . ”表示数字不足本表最小单位数；

“/”表示无该项指标数据；

“空格”表示数据不详或截止本报告印刷之前尚未公布。

7.各表字段尾如带有附加括号的数字（1）、（2）、（3）等表示表下方有注释。

表1 农村经济在国民经济中的地位

年 份	农业增加值占国内生产总值的比重(%)	第一产业就业人数占就业总人数的比重(%)	乡村就业人数占就业总人数的比重(%)	农村消费品零售额占全社会消费品零售额的比重（1）(%)	农业各税占税收总额的比重（2）(%)	用于农业支出占财政支出的比重(3)(%)	农业贷款占金融机构人民币各项贷款的比重(%)	农产品进口额占进口总额的比重(%)	农产品出口额占出口总额的比重(%)
1994	19.8	53.3	72.3	43.9	4.5	9.2	4.9	10.8	12.9
1995	**19.9**	**52.2**	**72.0**	**43.2**	**4.6**	**8.4**	**3.1**	**9.3**	**9.4**
1996	19.7	50.5	71.1	43.2	5.3	8.8	3.1	7.1	8.4
1997	18.3	49.9	70.2	43.4	4.8	8.3	4.4	7.0	8.2
1998	17.6	49.8	69.4	38.9	4.3	10.7	5.1	7.0	7.5
1999	16.5	50.1	68.6	38.7	4.0	8.2	5.1	5.0	6.9
2000	**15.1**	**50.0**	**67.9**	**38.2**	**3.7**	**7.8**	**4.9**	**5.0**	**6.3**
2001	14.4	50.0	66.9	37.4	3.1	7.7	5.1	4.9	6.0
2002	13.7	50.0	65.7	36.7	4.1	7.2	5.2	4.2	5.6
2003	12.8	49.1	64.4	35.0	4.4	7.1	5.3	4.6	4.9
2004	13.4	46.9	63.2	34.1	3.7	10.0	5.5	5.0	3.9
2005	**12.1**	**44.7**	**62.0**	**32.8**	**3.3**	**7.2**	**5.9**	**4.3**	**3.6**
2006	11.1	42.6	60.5	32.5	3.1	7.9	5.9	4.0	3.2
2007	10.8	40.8	58.9	32.3	3.2	6.8	5.9	4.3	3.0
2008	10.7	39.6	57.5	32.0	3.1	7.2	5.8	5.1	2.8
2009	10.3	38.1	56.1	32.8	4.1	8.8	5.4	5.2	3.3
2010	**10.2**	**36.7**	**54.4**	**13.3**	**4.1**	**9.0**	/	**5.2**	**3.1**
2011	10.1	34.8	53.0	13.2	3.8	9.1	/	5.4	3.2

注：（1）根据新颁布的《统计上划分城乡的规定》，2010年及以后农村消费品零售额的统计范围由原来的“市、县、县以下”调整为“乡及乡以下”。

（2）2009年农业税包括三部分：耕地占用税、契税和烟叶税。

（3）2007年及以后用于农业支出是指农林水事务支出。

表2 农林牧渔业产值及构成（按当年价格计算）

单位：亿元

年份	农林牧渔业总产值	农林牧渔业增加值						农林牧渔业增加值构成（%）				
			农业增加值	林业增加值	牧业增加值	渔业增加值	服务业	农业增加值	林业增加值	牧业增加值	渔业增加值	服务业
1994	15 750.7	9 457.2	5 928.0	452.8	2 275.9	800.5		52.7	4.8	24.0	8.5	
1995	**20 340.9**	**11 993.4**	**7 630.9**	**518.9**	**2 820.7**	**1 023.0**		**63.6**	**4.3**	**23.5**	**8.5**	
1997	23 764.0	14 465.1	8 786.6	588.2	3 728.2	1 362.1		60.7	4.1	25.8	9.4	
1998	24 541.9	14 555.7	9 069.2	611.9	3 413.3	1 461.3		62.3	4.2	23.5	10.0	
1999	24 519.1	14 457.2	8 916.6	629.9	3 391.1	1 519.6		61.7	4.4	23.5	10.5	
2000	**24 915.8**	**14 628.2**	**8 703.6**	**662.3**	**3 638.5**	**1 623.8**		**59.5**	**4.5**	**24.9**	**11.1**	
2001	26 179.6	15 411.9	9 130.7	660.4	3 950.5	1 670.3		59.2	4.3	25.6	10.8	
2002	27 390.8	16 117.3	9 482.4	710.8	4 166.7	1 757.4		58.8	4.4	25.9	10.9	
2003	29 691.8	17 341.7	9 649.1	833.0	4 653.0	1 793.0	413.6	55.6	4.8	26.8	10.3	2.4
2004	36 239.0	21 224.9	11 827.7	905.6	5 953.7	2 081.1	456.9	55.7	4.3	28.1	9.8	2.2
2005	**39 450.9**	**23 070.5**	**12 758.5**	**975.5**	**6 506.9**	**2 327.2**	**502.5**	**55.3**	**4.2**	**28.2**	**10.1**	**2.2**
2006	40 810.8	24 040.1	13 937.0	1 099.2	5 811.8	2 415.5	776.5	58.0	4.6	24.2	10.0	3.2
2007	48 893.0	28 626.9	15 988.9	1 272.9	7 796.7	2 723.8	844.7	55.9	4.4	27.2	9.5	3.0
2008	58 002.0	33 702.2	18 151.0	1 459.0	9 985.0	3 172.0	935.2	53.9	4.3	29.6	9.4	2.8
2009	60 361.0	35 225.9	19 738.7	1 579.0	9 412.3	3 424.1	1 071.8	56.0	4.5	26.7	9.7	3.0
2010	**69 319.8**	**40 533.6**	**23 684.5**	**1 744.2**	**10 022.1**	**3 903.8**	**1 179.0**	**58.4**	**4.3**	**24.7**	**9.6**	**2.9**
2011	81 303.9	47 486.1	27 042.8	2 089.2	12 431.4	4 590.0	/	56.9	4.4	26.2	9.7	/

注：1993年起分项统计改用新指标。农林牧渔业总产值1996年（含）以后为调整后的数据。2003年起执行新国民经济行业分类标准，农林牧渔业包括农林牧渔服务业。

表3 农业物质生产条件

年 份	农业机械 总动力 (万千瓦)	大中型拖拉机 (万千瓦)	小型拖拉机 (万千瓦)	农村用电量 (亿千瓦时)	灌溉面积 (千公顷)	化肥施用量 (纯 量) (万吨)	复合肥 (万吨)	农用塑料 薄膜使用量 (万吨)	农用柴油 使用量 (万吨)	农药使用量 (万吨)
1994	33 802.5	2 463.4	7 399.7	1 473.7	48 759.1	3 317.9	600.6	88.7	966.6	97.9
1995	**36 118.1**	**2 404.1**	**7 848.1**	**1 655.5**	**49 281.2**	**3 593.7**	**670.8**	**91.5**	**1 088.2**	**108.7**
1996	38 546.9	2 415.1	8 385.2	1 812.7	50 381.4	3 827.9	734.7	105.6	1 076.1	114.1
1997	42 015.6	2 486.6	9 337.2	1 980.1	51 238.5	3 980.7	798.1	116.2	1 229.5	119.5
1998	45 207.7	2 587.9	10 031.5	2 042.1	52 295.6	4 083.7	822.2	120.7	1 314.7	123.2
1999	48 996.1	2 772.8	11 008.9	2 173.4	53 158.4	4 124.3	880.0	125.9	1 354.3	132.2
2000	**52 573.6**	**3 161.1**	**11 663.9**	**2 421.3**	**53 820.3**	**4 146.4**	**917.9**	**133.5**	**1 405.0**	**128.0**
2001	55 172.1	2 901.7	12 257.9	2 610.1	54 249.4	4 253.8	983.7	144.9	1 485.3	127.5
2002	57 929.9	3 073.4	12 695.0	2 993.4	54 354.9	4 339.4	1 040.4	153.9	1 507.5	131.2
2003	60 386.5	3 229.8	13 060.2	3 432.9	54 014.2	4 411.6	1 109.8	159.2	1 574.6	132.5
2004	64 027.9	3 713.1	13 855.4	3 933.0	54 478.4	4 636.6	1 204.0	168.0	1 819.5	138.6
2005	**68 397.8**	**4 293.5**	**14 660.9**	**4 375.7**	**55 029.3**	**4 766.2**	**1 303.2**	**176.2**	**1 902.7**	**146.0**
2006	72 522.1	5 245.3	15 229.1	4 895.8	55 750.5	4 927.7	1 385.9	184.5	1 922.8	153.7
2007	76 589.6	6 101.1	15 729.2	5 509.9	56 518.3	5 107.8	1 503.0	193.7	2 020.8	162.3
2008	82 190.4	8 186.5	16 647.7	5 713.2	58 471.7	5 239.0	1 608.6	200.7	1 887.9	167.2
2009	87 496.1	9 772.6	16 922.7	6 104.4	59 261.4	5 404.4	1 698.7	208.0	1 959.9	170.9
2010	**92 780.5**	**11 167.0**	**17 278.4**	**6 632.3**	**60 347.7**	**5 561.7**	**1 798.5**	**217.3**	**2 023.1**	**175.8**
2011	97 734.7	/	/	7 139.6	61 681.6	5 704.2	1 895.1	229.5	2 057.4	178.7

表4 农业投资情况

单位：亿元

指 标	2001年	2002年	2003年	2004年	2005年	2006年	2007年	2008年	2009年	2010年	2011年
1.全社会固定资产投资额											
总投资	**37 213.5**	**43 499.9**	**55 566.6**	**70 477.4**	**88 773.6**	**109 998.2**	**137 323.9**	**172 828.4**	**224 845.6**	**278 139.8**	**311 021.9**
其中：农村投资	7 212.3	8 011.1	9 754.9	11 449.2	13 678.5	16 629.5	19 859.5	24 090.1	30 707.0	36 724.9	39 366.6
农村投资占总投资（%）	19.38	18.42	17.56	16.25	15.41	15.12	14.46	13.94	13.66	13.20	12.66
2.城镇固定资产投资额											
总投资	**30 001.2**	**35 488.8**	**45 811.7**	**59 028.2**	**75 095.1**	**93 368.7**	**117 464.5**	**148 738.3**	**194 138.6**	**241 414.9**	**301 932.8**
其中：农林牧渔业投资	491.4	665.4	535.0	645.1	842.8	1 102	1 460	2 250.4	3 373.3	5 435.6	6 792.4
农林牧渔业投资占总投资（%）	1.64	1.87	1.17	1.09	1.12	1.18	1.24	1.51	1.74	1.60	2.25
3.各项贷款余额（人民币信贷）	**112 314.7**	**131 293.9**	**158 996.2**	**178 197.8**	**194 690.4**	**225 347.2**	**261 690.9**	**303 467.8**	**399 685**	**479 196**	**547 947**
其中：短期贷款	67 327.2	74 247.9	83 661.2	86 840.6	87 449.2	98 534.4	114 477.9	125 215.8	146 611	166 233	203 133
其中：农业贷款	5 711.5	6 884.6	8 411.4	9 843.1	11 529.9	13 208.2	15 429.0	17 629.0	21 623	/	/
乡镇企业贷款	6 413.0	6 812.3	7 661.6	8 069.2	7 901.8	6 222.0	7 112.6	7 454.0	9 029	/	/

注：2011年起，城镇固定资产投资数据发布口径改为固定资产投资（不含农户）。固定资产投资（不含农户）等于原口径的城镇固定资产投资加上农村企事业组织项目投资。

表5 农作物播种面积

单位：千公顷

年份/地区	农作物总播种面积	粮食作物播种面积	稻谷	小麦	玉米	大豆	油料	棉花	糖料	蔬菜	果园面积
1994	148 241	109 544	30 171	28 981	21 152	9 222	12 081	5 528	1 755	8 921	7 262
1995	**149 879**	**110 060**	**30 744**	**28 860**	**22 776**	**8 127**	**13 102**	**5 422**	**1 820**	**9 515**	**8 098**
1996	152 381	112 548	31 406	29 611	24 498	7 471	12 555	4 722	1 846	10 491	8 553
1997	153 969	112 912	31 765	30 057	23 775	8 346	12 381	4 491	1 923	11 288	8 648
1998	155 706	113 787	31 214	29 774	25 239	8 500	12 919	4 459	1 984	12 293	8 535
1999	156 373	113 161	31 283	28 855	25 904	7 762	13 906	3 726	1 644	13 347	8 667
2000	**156 300**	**108 463**	**29 962**	**26 653**	**23 056**	**9 307**	**15 400**	**4 041**	**1 514**	**15 237**	**8 932**
2001	155 708	106 080	28 812	24 664	24 282	9 482	14 631	4 810	1 654	16 402	9 043
2002	154 636	103 891	28 202	23 908	24 634	8 720	14 766	4 184	1 872	17 353	9 098
2003	152 415	99 410	26 508	21 997	24 068	9 313	14 990	5 111	1 657	17 954	9 437
2004	153 553	101 606	28 379	21 626	25 446	9 589	14 431	5 693	1 568	17 560	9 768
2005	**155 488**	**104 278**	**28 847**	**22 793**	**26 358**	**9 591**	**14 318**	**5 062**	**1 564**	**17 721**	**10 035**
2006	152 149	104 958	28 938	23 613	28 463	9 280	11 738	5 816	1 567	16 639	10 123
2007	153 464	105 638	28 919	23 721	29 478	8 754	11 316	5 926	1 802	17 329	10 471
2008	156 266	106 793	29 241	23 617	29 864	9 127	12 825	5 754	1 990	17 876	10 734
2009	158 639	108 986	29 627	24 291	31 183	9 190	13 652	4 952	1 884	18 414	11 140
2010	**160 675**	**109 876**	**29 873**	**24 257**	**32 500**	**8 516**	**13 890**	**4 849**	**1 905**	**19 000**	**11 544**
2011	162 283	110 573	30 057	24 270	33 542	7 889	13 855	5 038	1 948	19 639	11 831
东部地区	38 632	24 900	6 576	8 409	7 030	710	2 520	1 709	256	7 237	4 091
中部地区	48 977	32 421	12 290	9 481	6 393	1 819	6 065	1 563	51	5 529	2 216
西部地区	53 083	34 035	6 894	6 073	10 263	1 733	4 485	1 758	1 552	5 948	5 074
东北地区	21 591	19 218	4 296	308	9 856	3 627	786	7	89	925	450

表6 农业自然灾害及除涝治碱情况

单位：千公顷

年 份	受灾面积			成灾面积			成灾面积占受灾面积(%)	除涝面积	水土流失治理面积	治碱面积
		水灾面积	旱灾面积		水灾面积	旱灾面积				
1994	55 040	17 330	30 420	31 380	10 740	17 050	57.0	19 980	64 080	5 351
1995	**45 874**	**13 064**	**23 455**	**22 267**	**7 630**	**10 401**	**48.5**	**20 065**	**66 855**	**5 434**
1996	46 989	18 146	20 151	21 233	10 855	6 247	45.2	20 279	69 321	5 513
1997	53 429	11 414	33 514	30 309	5 840	20 250	56.7	20 526	72 242	5 612
1998	50 145	22 292	14 236	25 181	13 785	5 060	50.2	20 681	75 022	5 653
1999	49 981	9 020	30 156	26 731	5 071	16 614	53.5	20 838	77 828	5 737
2000	**54 688**	**7 323**	**40 541**	**34 374**	**4 321**	**26 784**	**62.9**	**20 990**	**80 961**	**5 841**
2001	52 215	6 042	38 472	31 793	3 614	23 698	60.9	21 021	81 539	5 751
2002	47 120	12 380	22 210	27 320	7 470	13 250	58.0	21 097	85 410	5 283
2003	54 386	19 208	24 852	32 516	12 289	14 470	59.8	21 097	85 410	5 283
2004	37 106	7 314	17 253	16 297	3 747	8 482	43.9	21 198	92 000	5 962
2005	**38 818**	**10 932**	**16 028**	**19 966**	**6 047**	**8 479**	**51.4**	**21 340**	**94 654**	**6 032**
2006	41 091	8 003	20 738	24 632	4 569	13 411	59.9	21 376	97 491	
2007	48 992	10 463	29 386	25 064	5 105	16 170	51.2	21 419	99 871	
2008	39 990	6 477	12 137	22 284	3 656	6 798	55.7	21 425	101 587	
2009	47 214	7 613	29 259	21 234	3 162	13 197	45.0	21 584	104 545	
2010	**37 426**	**7 613**	**29 259**	**18 538**	**7 024**	**8 987**	**49.5**	**21 692**	**106 800**	
2011	32 471	6 863	16 304	12 441	2 840	6 599	38.3	21 722	109 663	

注：自2006年起治碱面积改为若干年统计一次。

表7 农村居民家庭平均每户生产用固定资产原值

单位：元/户

年份	生产性固定资产原值	一、农业	二、工业	三、建筑业	四、交通运输邮电业	五、批发零售贸易及餐饮业	六、社会服务业	七、文教卫生业	八、其他
1994	2 308	1 710	168		352				79
1995	**2 774**	**2 088**	**183**		**445**				**59**
1996	3 605	2 638	248		608				110
1997	3 897	2 770	263		637				227
1998	3 971	2 869	276		569				257
1999	4 046	2 915	274		638				218
2000	**4 677**	**3 322**	**335**	**29**	**621**	**149**	**60**	**13**	**144**
2001	4 884	3 544	350	28	630	135	50	16	129
2002	5 221	3 741	418	34	662	154	57	20	135
2003	5 586	4 153	346	41	640	202	59	24	122
2004	5 956	4 457	386	53	684	195	60	22	99
2005	**7 156**	**5 179**	**538**	**62**	**863**	**311**	**107**	**43**	**52**
2006	7 647	5 452	578	72	929	378	138	41	58
2007	8 390	6 006	613	97	1 033	368	155	47	71
2008	9 055	6 538	635	93	1 092	398	179	51	70
2009	9 971	6 992	698	156	1 214	491	288	55	77
2010	**10 706**	**7 444**	**797**	**187**	**1 402**	**438**	**198**	**50**	**77**
2011	16 088	7 140	981	318	2 295	957	460	132	144

表8 农村住户基本情况

年份	调查户数 (户)	平均每户常住人口 (人)	平均每户整、半劳动力 (人)	平均每个劳动力负担人口 (人)	年末住房面积 (平方米/人)	年末生产用固定资产原值 (元/户)	平均每人经营耕地面积 (1) (1×10^2公顷)	每百个劳动力中文盲、半文盲 (人)	每百个劳动力中小学程度 (人)	每百个劳动力中初中程度 (人)
1994	67 420	4.5	2.9	1.6	20.2	2 308.2	15.3	14.2	37.2	38.9
1995	**67 340**	**4.5**	**2.9**	**1.6**	**21.0**	**2 774.3**	**14.5**	**13.5**	**36.6**	**40.1**
1996	67 610	4.4	2.8	1.6	21.7	3 605.1	15.4	11.2	35.5	42.8
1997	67 680	4.4	2.8	1.6	22.5	3 896.6	14.1	10.1	35.1	44.3
1998	68 300	4.3	2.8	1.5	23.3	3 970.8	12.7	9.6	34.5	45.0
1999	67 430	4.3	2.8	1.5	24.2	4 045.5	13.8	9.0	33.7	46.1
2000	**68 116**	**4.2**	**2.8**	**1.5**	**24.8**	**4 677.0**	**13.2**	**8.1**	**32.2**	**48.1**
2001	68 190	4.2	2.7	1.5	25.7	4 883.8	13.3	7.9	31.1	48.9
2002	68 190	4.1	2.8	1.5	26.5	5 221.3	12.9	7.6	30.6	49.3
2003	68 190	4.1	2.8	1.5	27.2	5 586.0	13.1	7.4	30.0	50.2
2004	68 190	4.1	2.8	1.4	27.9	5 956.0	13.3	7.5	29.2	50.4
2005	**68 190**	**4.1**	**2.8**	**1.4**	**29.7**	**7 155.6**	**13.9**	**6.9**	**27.2**	**52.2**
2006	68 190	4.1	2.8	1.4	30.7	7 647.1	14.1	6.6	26.4	52.8
2007	68 190	4.0	2.8	1.4	31.6	8 389.8	14.4	6.3	25.8	52.9
2008	68 190	4.0	2.8	1.4	32.4	9 054.9	14.1	6.1	25.3	52.8
2009	68 190	4.0	2.9	1.4	33.6	9 970.6	15.1	5.9	24.7	52.7
2010	**68 190**	**4.0**	**2.9**	**1.4**	**34.1**	**10 706.4**	**15.2**	**5.7**	**24.4**	**52.4**
2011	73 630	3.9	2.8	1.4	36.2	16 087.5	15.3	5.5	26.5	53.0

注：(1) 指调查住户常住人口人均经营耕地面积。

表9 主要农产品产量

单位：万吨

年份/地区	粮食作物						油 料	棉 花	甘 蔗	甜 菜	水 果
	总产量	谷 物				大 豆	总产量	总产量	总产量	总产量	总产量
			稻 谷	小 麦	玉 米						
1994	44 510	39 389	17 593	9 930	9 928	1 600	1 990	434	6 093	1 253	3 500
1995	**46 662**	**41 612**	**18 523**	**10 221**	**11 199**	**1 350**	**2 250**	**477**	**6 542**	**1 398**	**4 215**
1996	50 454	45 127	19 510	11 057	12 747	1 322	2 210	420	6 688	1 673	4 653
1997	49 417	44 349	20 073	12 329	10 431	1 473	2 157	460	7 890	1 497	5 089
1998	51 230	45 625	19 871	10 973	13 295	1 515	2 314	450	8 344	1 447	5 453
1999	50 839	45 304	19 849	11 388	12 809	1 425	2 601	383	7 470	864	6 238
2000	**46 218**	**40 522**	**18 791**	**9 964**	**10 600**	**1 541**	**2 955**	**442**	**6 828**	**807**	**6 225**
2001	45 264	39 648	17 758	9 387	11 409	1 541	2 865	532	7 566	1 089	6 658
2002	45 706	39 799	17 454	9 029	12 131	1 651	2 897	492	9 011	1 282	14 375
2003	43 070	37 429	16 066	8 649	11 583	1 539	2 811	486	9 024	618	14 517
2004	46 947	41 157	17 909	9 195	13 029	1 740	3 066	632	8 985	586	15 341
2005	**48 402**	**42 776**	**18 059**	**9 745**	**13 937**	**1 635**	**3 077**	**571**	**8 664**	**788**	**16 120**
2006	49 804	45 099	18 172	10 847	15 160	1 597	2 640	753	9 709	751	17 102
2007	50 160	45 632	18 603	10 930	15 230	1 273	2 569	762	11 295	893	18 136
2008	52 871	47 847	19 190	11 246	16 591	1 554	2 953	749	12 415	1 004	19 220
2009	53 082	48 156	19 510	11 512	16 397	1 498	3 154	638	11 559	718	20 396
2010	**54 648**	**49 637**	**19 576**	**11 518**	**17 725**	**1 508**	**3 230**	**596**	**11 079**	**930**	**21 401**
2011	57 121	51 939	20 100	11 740	19 278	1 449	3 307	659	11 443	1 073	22 768
东部地区	14 316	13 384	4 533	4 538	4 152	175	800	179	1 916	47	8 717
中部地区	17 252	16 413	8 004	4 936	3 389	280	1 398	172	216	32	6 183
西部地区	14 776	12 335	4 372	2 157	5 362	339	896	306	9 312	695	6 552
东北地区	10 777	9 807	3 191	109	6 375	654	213	1	/	299	1 316

注：2002年（含）以后水果总产量含果用瓜。

表10 养殖业情况

年份/地区	大牲畜年末存栏(万头)	猪年末存栏(万头)	羊年末存栏(万头)	肉类产量(万吨)	猪肉(万吨)	牛肉(万吨)	羊肉(万吨)	禽肉(万吨)	禽蛋产量(万吨)	奶类产量(万吨)	水产品总产量(万吨)
1994	14 919	41 462	24 053	4 499	3 205	327	101	755	1 479	609	2 143
1995	**15 862**	**44 169**	**27 865**	**5 260**	**3 648**	**415**	**202**	**935**	**1 677**	**673**	**2 517**
1996	13 360	36 284	23 728	4 584	3 158	356	181	833	1 965	736	3 288
1997	14 542	40 035	25 576	5 269	3 596	441	213	979	1 897	681	3 119
1998	14 803	42 256	26 904	5 724	3 884	480	235	1 056	2 021	745	3 383
1999	15 025	43 144	27 926	5 949	4 006	505	251	1 116	2 135	807	3 570
2000	**14 638**	**41 634**	**27 948**	**6 014**	**3 966**	**513**	**264**	**1 208**	**2 182**	**919**	**3 706**
2001	13 981	41 951	27 625	6 106	4 052	509	272	1 210	2 210	1 123	3 796
2002	13 672	41 776	28 241	6 234	4 123	522	284	1 250	2 266	1 400	3 955
2003	13 467	41 382	29 307	6 443	4 239	543	309	1 312	2 333	1 849	4 077
2004	13 191	42 123	30 426	6 609	4 341	560	333	1 351	2 371	2 368	4 247
2005	**12 895**	**43 319**	**29 793**	**6 939**	**4 555**	**568**	**350**	**1 464**	**2 438**	**2 865**	**4 420**
2006	12 287	41 850	28 370	7 089	4 651	577	364	1 507	2 424	3 303	4 584
2007	12 309	43 990	28 565	6 866	4 288	613	383	1 448	2 529	3 633	4 748
2008	12 251	46 291	28 085	7 279	4 621	613	380	1 534	2 702	3 781	4 896
2009	12 153	46 983	28 452	7 650	4 891	636	389	1 595	2 741	3 735	5 120
2010	**12 239**	**66 686**	**27 220**	**7 926**	**5 071**	**653**	**399**	**1 656**	**2 763**	**3 748**	**5 373**
2011	11 966	46 767	28 236	7 958	5 053	647	393	1 709	2 811	3 811	5 603
东部地区	1 517	12 316	4 470	2 485	1 476	142	77	741	1 087	1 018	3 509
中部地区	2 291	14 744	4 224	2 255	1 612	150	64	404	856	475	1 042
西部地区	6 561	15 764	17 510	2 364	1 500	231	228	340	391	1 590	518
东北地区	1 597	3 943	2 033	853	465	125	24	224	478	728	511

注：水产品总产量含远洋捕捞产量，导致地区产量之和不完全等于全国总产量。

表11　乡镇企业主要财务及经济指标

单位：亿元、万个、万人

项目	总计		东部地区		中部地区		西部地区		东北地区	
	2010年	2011年	2010年	2011年	2010年	2011年	2010年	2011年	2010年	2011年
企业个数(万个)	616.7	644.7	294.0	317.5	188.0	195.9	106.4	102.6	28.3	28.6
从业人员年末数(万人)	9 815.8	10 013.4	5 522.7	5 703.6	2 214.1	2 355.2	1 591.2	1 486.0	487.8	468.6
总产值（亿元）	360 080.1	432 162.5	250 230.9	250 393.4	50 705.5	88 031.6	35 549.0	52 207.5	23 594.8	41 530.0
营业收入（亿元）	354 770.0	428 569.1	247 933.4	248 313.5	49 678.5	87 298.3	34 684.0	51 772.1	22 474.2	41 185.2
利润总额（亿元）	19 624.3	23 261.7	13 010.4	15 892.4	3 403.6	3 814.9	1 978.2	2 037.7	1 232.2	1 516.7
税金总额（亿元）	9 319.6	11 047.3	6 433.0	7 909.9	1 313.3	1 513.5	1 086.1	1 038.4	487.3	585.5
劳动者报酬（亿元）	14 167.1	17 792.3	8 741.8	11 920.8	2 677.0	3 024.7	2 101.5	2 135.1	646.8	711.7
出口交货值（亿元）	35 750.7	43 734.0	32 063.1	38 884.4	1 435.1	2 015.9	1 107.5	1 384.9	1 145.1	1 448.8
吸纳城镇下岗失业人数(万人)	754.7	742.6	302.6	275.8	200.5	226.1	133.5	120.5	118.2	120.2
外出打工回乡创业人数(万人)	123.8	123.0	47.8	46.1	42.3	45.9	27.5	25.2	6.1	5.8
外出打工回乡创业企业数(万个)	15.7	14.0	6.2	5.6	3.4	3.4	5.2	4.0	1.0	1.0

资料来源：农业部，各项指标不含个体工商户。

表12 农产品供需及价格情况：水稻

年 份	面 积 (千公顷)	单 产 (千克/公顷)	生产量 (万吨)	大米进口量 (万吨)	大米出口量 (万吨)	粳稻市场价 (1) (元/吨)	早籼稻市场价 (1) (元/吨)	中籼稻市场价 (1) (元/吨)	晚籼稻市场价 (1) (元/吨)	国际市场价 (2) (美元/吨)
1994	30 171	5 831	17 593	51.4	154.1					288.2
1995	**30 744**	**6 025**	**18 523**	**164.5**	**5.7**	**1 967.5**		**1 785.0**		**336.0**
1996	31 406	6 212	19 510	77.4	27.7	1 981.7	1 606.7	1 670.8	1 742.5	352.1
1997	31 765	6 319	20 073	35.9	95.2	1 550.0	1 250.0	1 300.0	1 375.8	316.9
1998	31 214	6 366	19 871	26.0	375.6	1 495.8	1 180.0	1 276.7	1 349.2	316.0
1999	31 283	6 345	19 849	19.1	271.7	1 384.2	1 153.3	1 216.7	1 311.7	251.7
2000	**29 962**	**6 272**	**18 791**	**24.9**	**296.2**	**1 170.8**	**890.8**	**978.3**	**1 057.5**	**206.7**
2001	28 812	6 163	17 758	29.3	187.0	1 260.0	916.7	1 024.2	1 093.3	177.4
2002	28 202	6 189	17 454	23.8	199.0	1 198.3	971.7	1 017.5	1 072.5	196.9
2003	26 508	6 061	16 066	25.9	261.7	1 183.3	1 014.2	1 042.5	1 120.0	200.9
2004	28 379	6 311	17 909	76.6	90.9	1 724.2	1 483.3	1 507.5	1 626.7	244.5
2005	**28 847**	**6 260**	**18 059**	**52.2**	**68.6**	**1 846.7**	**1 490.0**	**1 495.8**	**1 624.2**	**290.5**
2006	28 938	6 280	18 172	73.0	125.3	1 837.5	1 473.3	1 503.3	1 591.7	311.2
2007	28 919	6 433	18 603	48.7	134.3	1 820.0	1 609.2	1 643.3	1 733.3	334.5
2008	29 241	6 563	19 190	33.0	97.2	1 946.4	1 833.6	1 868.2	1 968.2	697.5
2009	29 627	6 585	19 510	35.7	78.6	2 076.7	1 912.5	1 920.0	1 994.2	583.5
2010	**29 873**	**6 553**	**19 576**	**38.8**	**62.2**	**2 543.2**	**2 022.5**	**2 111.2**	**2 209.7**	**520.0**
2011	30 057	6 687	20 100	59.8	51.6	2 843.5	2 295.1	2 469.3	2 590.0	566.2

注：（1）为农业部160个物价信息网点县平均价。
（2）为泰国曼谷FOB价格（100% B级）。

表13 农产品供需及价格情况：小麦

年 份	面 积 (千公顷)	单 产 (千克/公顷)	生产量 (万吨)	进口量 (万吨)	出口量 (万吨)	小麦市场价 (中等) (1) (元/吨)	面粉市场价 (特一粉) (2) (元/吨)	面粉市场价 (标准粉) (2) (元/吨)	国际市场价 (3) (美元/吨)
1994	28 981	3 426	9 930	732.8	26.8	1 135.8			
1995	**28 860**	**3 542**	**10 221**	**1 162.7**	**22.5**	**1 685.0**	**5 118.5**		
1996	29 611	3 734	11 057	829.9	56.5	1 735.0	5 645.2		
1997	30 057	4 102	12 329	192.2	45.8	1 455.8	2 845.9	2 361.9	
1998	29 774	3 685	10 973	154.8	27.5	1 328.3	2 679.8	2 240.2	128.5
1999	28 855	3 947	11 388	50.5	16.4	1 225.0	2 637.5	2 187.9	114.4
2000	**26 653**	**3 738**	**9 964**	**91.9**	**18.8**	**998.3**	**2 432.5**	**2 021.2**	**118.6**
2001	24 664	3 806	9 387	73.9	71.3	1 040.0	2 333.7	1 940.6	129.7
2002	23 908	3 777	9 029	63.2	97.7	1 047.5	2 295.7	1 924.3	150.8
2003	21 997	3 932	8 649	44.7	251.4	1 087.5	2 378.9	2 009.7	149.6
2004	21 626	4 252	9 195	725.8	108.9	1 450.8	2 543.4	2 246.2	161.3
2005	**22 793**	**4 275**	**9 745**	**353.8**	**60.5**	**1 461.7**	**2 708.6**	**2 406.9**	**157.8**
2006	23 613	4 593	10 847	61.3	151.0	1 419.2	2 755.6	2 422.2	199.7
2007	23 721	4 608	10 930	10.1	307.3	1 525.0	2 980.5	2 609.5	263.8
2008	23 617	4 762	11 246	4.3	31.0	1 674.5	3 157.2	2 785.4	344.6
2009	24 291	4 739	11 512	90.4	24.5	1 813.3	3 299.7	2 941.1	235.7
2010	**24 257**	**4 748**	**11 518**	**123.1**	**27.7**	**2 033.2**	**3 558.3**	**3 154.5**	**240.8**
2011	24 270	4 837	11 740	125.8	32.8	2 185.2	3913.5	3430.8	330.1

注：(1) 为农业部160个物价信息网点县平均价。
(2) 数据来源于国家发改委价格监测中心。
(3) 为美国海湾离岸价（2号硬红冬麦）。

表14　农产品供需及价格情况：玉米

年　份	面　积 (千公顷)	单　产 (千克/公顷)	生产量 (万吨)	进口量 (万吨)	出口量 (万吨)	黄玉米市场价 (中等) (1) (元/吨)	国际市场价 (2号黄玉米) (2) (美元/吨)
1994	21 152	4 693	9 928	0.2	874.9	1 004.2	107.4
1995	**22 776**	**4 917**	**11 199**	**526.4**	**11.5**	**1 576.7**	**124.0**
1996	24 498	5 203	12 747	44.7	23.8	1 481.7	165.1
1997	23 775	4 387	10 430	0.3	667.1	1 150.8	117.2
1998	25 239	5 268	13 295	25.2	469.2	1 269.2	102.0
1999	25 904	4 945	12 808	7.9	433.3	1 092.5	91.7
2000	**23 056**	**4 598**	**10 600**	**0.3**	**1 047.9**	**887.5**	**88.4**
2001	24 282	4 699	11 409	3.9	600.0	1 060.0	89.6
2002	24 634	4 925	12 131	0.8	1 167.5	1 033.3	99.2
2003	24 068	4 813	11 583	0.1	1 639.1	1 087.5	105.2
2004	25 446	5 120	13 029	0.2	232.4	1 288.3	111.7
2005	**26 358**	**5 287**	**13 937**	**0.4**	**864.2**	**1 229.2**	**98.5**
2006	28 463	5 326	15 160	6.5	309.9	1 276.7	122.1
2007	29 478	5 167	15 230	3.5	491.8	1 484.2	162.7
2008	29 864	5 556	16 591	5.0	27.3	1 680.0	223.1
2009	31 183	5 258	16 397	8.4	13.0	1 648.3	165.6
2010	**32 500**	**5 454**	**17 725**	**157.3**	**12.7**	**1 963.2**	**184.6**
2011	33 542	5 748	19 278	175.4	13.6	2139.3	292.3

注：(1) 为农业部160个物价信息网点县平均价。
(2) 为美国海湾离岸价。

表15 农产品供需及价格情况：大豆

年 份	面 积 (千公顷)	单 产 (千克/公顷)	生产量 (万吨)	进口量 (万吨)	出口量 (万吨)	黄大豆市场价 (中等) (1) (元/吨)	国际市场价 (1号黄大豆) (2) (美元/吨)
1994	9 222	1 735	1 560	5.2	83.3	2 446.7	238.8
1995	**8 127**	**1 661**	**1 350**	**29.8**	**37.6**	**2 660.0**	**239.3**
1996	7 471	1 770	1 322	111.4	19.3	3 208.3	288.5
1997	8 346	1 765	1 473	288.6	18.8	3 414.2	291.7
1998	8 500	1 783	1 515	320.1	17.2	3 074.2	235.0
1999	7 962	1 789	1 425	432.0	20.7	2 597.5	184.9
2000	**9 307**	**1 656**	**1 541**	**1 041.9**	**21.5**	**2 485.0**	**193.0**
2001	9 482	1 625	1 541	1 394.0	26.2	2 405.8	180.7
2002	8 720	1 893	1 651	1 131.5	30.5	2 418.3	201.3
2003	9 313	1 653	1 539	2 074.1	29.5	2 857.5	241.3
2004	9 589	1 815	1 740	2 023.0	34.9	3 682.5	288.5
2005	**9 591**	**1 705**	**1 635**	**2 659.1**	**41.3**	**3 359.2**	**238.6**
2006	9 280	1 721	1 597	2 827.0	39.5	3 285.8	234.8
2007	8 754	1 454	1 273	3 082.1	47.5	3 821.7	326.9
2008	9 127	1 703	1 554	3 743.6	48.4	5 814.5	474.7
2009	9 190	1 630	1 498	4 255.2	35.6	4 431.7	403.5
2010	**8 516**	**1 771**	**1 508**	**5 479.7**	**17.3**	**5 018.7**	**408.8**
2011	7 889	1 836	1 449	5 264.0	21.4	5 471.7	507.3

注：（1）为农业部160个物价信息网点县平均价。
（2）为美国海湾离岸价。

表16 农产品生产及进出口情况：粮食、食用植物油

年份	粮食(1)				食用植物油			
	生产量(万吨)	进口量(万吨)	出口量(万吨)	全国人均占有量(千克/人)	生产量(万吨)	进口量(万吨)	出口量(万吨)	全国人均占有量(千克/人)
1994	44 510	925	1 188	373	724	312.5	64.6	6.1
1995	**46 662**	**2 070**	**103**	**387**	**1 144**	**362.7**	**51.7**	**9.5**
1996	50 454	1 196	144	414	947	267.4	48.2	7.8
1997	49 417	706	854	402	894	279.9	82.4	7.3
1998	51 230	709	907	412	603	206.7	30.9	4.9
1999	50 839	772	759	406	734	214.0	10.0	5.9
2000	**46 218**	**1 357**	**1 401**	**366**	**835**	**187.1**	**11.2**	**6.6**
2001	45 264	1 738	903	356	1 383	167.5	13.4	10.9
2002	45 706	1 417	1 514	357	1 531	321.2	9.8	12.0
2003	43 070	2 283	2 230	334	1 584	541.8	6.0	12.3
2004	46 947	2 998	514	362	1 683	676.4	6.6	13.0
2005	**48 402**	**3 286**	**1 059**	**371**	**2 071**	**621.3**	**22.8**	**15.9**
2006	49 804	3 189	650	380	2 335	671.5	40.0	17.8
2007	50 160	3 238	1 039	381	2 638	839.7	16.8	20.0
2008	52 871	3 898	235	399	2 419	817.1	24.9	18.3
2009	53 082	4 570	173	399	3 280	950.2	11.6	24.6
2010	**54 648**	**6 051**	**142**	**409**	**3 916**	**826.2**	**9.6**	**29.3**
2011	57 121	5 809	143	425	4 332	779.8	12.4	32.2

注：（1）粮食数据包含大豆。

表17　农产品生产及进出口情况：棉花、食糖

年份	棉花				食糖			
	生产量(万吨)	进口量(万吨)	出口量(万吨)	全国人均占有量(千克/人)	生产量(万吨)	进口量(万吨)	出口量(万吨)	全国人均占有量(千克/人)
1994	434	55.3	12.6	3.6	592.0	155.2	94.7	5.0
1995	**477**	**100.3**	**3.0**	**4.0**	**558.6**	**295.4**	**48.0**	**4.6**
1996	420	75.1	1.2	3.4	640.2	125.5	66.5	5.3
1997	460	84.9	0.7	3.7	702.6	78.3	37.9	5.7
1998	450	31.0	5.2	3.6	826.0	50.8	43.6	6.6
1999	383	16.4	24.4	3.1	861.0	41.7	36.7	6.9
2000	**442**	**25.1**	**29.9**	**3.5**	**700.0**	**67.5**	**41.5**	**5.5**
2001	532	19.7	6.0	4.2	653.1	119.9	19.6	5.1
2002	492	24.5	15.9	3.8	926.0	118.4	32.6	7.2
2003	486	107.5	11.7	3.8	1 083.9	77.6	10.3	8.4
2004	632	211.4	1.2	4.9	1 033.7	121.5	8.5	8.0
2005	**571**	**274.5**	**0.8**	**4.4**	**912.4**	**139.1**	**35.8**	**7.0**
2006	753	398.0	1.6	5.7	949.1	137.4	15.4	7.2
2007	762	274.1	2.5	5.8	1 271.4	119.4	11.0	9.6
2008	749	226.4	2.4	5.7	1 432.6	78.0	6.2	10.9
2009	638	175.9	1.0	4.8	1 338.4	106.0	6.4	9.9
2010	**596**	**312.8**	**0.7**	**4.5**	**1 117.6**	**176.6**	**9.4**	**8.3**
2011	659	356.6	2.8	4.9	1 187.4	291.9	5.9	8.8

表18 农产品生产、消费及进出口情况：猪肉

年份	肉猪年末存栏头数（万头）	肉猪出栏头数（万头）	猪肉生产量（万吨）	出口活猪（万吨）	进口猪肉（万吨）	出口猪肉（万吨）	全国人均占有量（千克/人）
1994	41 462	42 103	3 205	269.5	0.05	18.62	26.9
1995	**44 169**	**48 051**	**3 648**	**253.3**	**0.44**	**23.33**	**30.3**
1996	36 284	41 225	3 158	240.2	0.36	18.55	25.9
1997	40 035	46 484	3 596	227.0	0.51	15.68	29.2
1998	42 256	50 215	3 884	219.5	2.55	15.82	31.3
1999	43 144	51 977	4 006	195.8	13.25	11.11	32.0
2000	**41 634**	**51 862**	**3 966**	**203.1**	**23.79**	**11.20**	**31.4**
2001	41 951	53 281	4 052	196.5	20.40	17.20	31.9
2002	41 776	54 144	4 123	188.0	21.95	23.63	32.2
2003	41 382	55 702	4 239	187.8	31.20	30.50	32.9
2004	42 123	57 279	4 314	196.6	29.11	41.48	33.3
2005	**43 319**	**60 367**	**4 555**	**176.2**	**19.98**	**38.65**	**34.9**
2006	41 850	61 207	4 651	172.0	21.88	41.93	35.5
2007	43 990	56 508	4 288	160.9	47.31	26.91	32.5
2008	46 291	61 017	4 621	164.5	91.39	17.17	34.9
2009	46 996	64 539	4 891	16.2	52.80	17.91	36.7
2010	**46 460**	**66 686**	**5 071**	**16.9**	**90.21**	**21.38**	**37.9**
2011	46 767	66 170	5 053	15.6	135.04	18.78	37.6

注：（1）猪肉进出口数据统计范围包括肉、杂碎和加工猪肉等项。

（2）出口活猪2008及以前年份统计单位为万头。

表19 化肥及农药生产、进口及价格情况

单位：万吨

年份	化肥					农药				
	生产量（纯量）	施用量（纯量）	进口量（自然吨）	出口量（自然吨）	化肥价格指数（上年为100）	生产量	施用量	进口量	出口量	农药价格指数（上年为100）
1994	2 273	3 317.9	1 266.0	59.4	124.9	29.0	87.1	3.1	6.1	105.8
1995	**2 548**	**3 593.7**	**1 990.9**	**97.5**	**135.4**	**41.7**	**108.7**	**3.4**	**7.1**	**118.6**
1996	2 809	3 827.9	1 856.8	149.9	110.8	44.8	114.1	3.2	7.4	109.9
1997	2 821	3 980.7	1 648.9	156.7	92.2	52.7	119.5	4.8	8.8	98.3
1998	3 010	4 083.7	1 387.1	120.0	91.4	55.9	123.2	4.4	10.7	96.4
1999	3 251	4 124.3	1 335.2	171.4	94.9	62.5	131.2	4.7	14.7	95.1
2000	**3 186**	**4 146.4**	**1 189.3**	**252.3**	**92.9**	**60.7**	**128.0**	**4.1**	**16.2**	**95.1**
2001	3 383	4 253.8	1 091.5	288.8	97.9	78.7	127.5	3.4	19.7	97.1
2002	3 791	4 339.4	1 681.8	251.7	102.4	92.9	131.2	2.7	22.2	98.0
2003	3 881	4 411.6	1 212.9	541.9	101.6	76.7	132.5	2.8	27.2	99.9
2004	4 805	4 636.6	1 239.7	726.2	112.8	82.1	138.6	2.8	39.1	103.0
2005	**5 178**	**4 766.2**	**1 396.5**	**455.9**	**112.8**	**114.7**	**146.0**	**3.7**	**42.8**	**104.1**
2006	5 345	4 927.7	1 128.5	539.2	100.1	138.5	153.7	4.3	39.8	101.6
2007	5 825	5 107.8	1 176.2	1 395.4	103.4	176.5	162.3	4.1	47.7	101.4
2008	6 028	5 239.0	625.5	1 021.5	103.7	190.2	167.2	4.4	48.5	108.0
2009	6 385	5 404.4	411.1	939.6	93.7	226.2	170.9	4.4	50.7	100.0
2010	**6 340**	**5 561.7**	**717.9**	**1 692.2**	**98.6**	**234.2**	**175.8**	**5.1**	**61.3**	**100.4**
2011	6 217	5 704.2	794.7	1 921.0	113.3	264.8	178.7	5.3	79.6	102.6

表20 城乡居民家庭人均收入对比

单位：元/人

年份/地区	农村居民家庭人均总收入	人均纯收入	家庭经营纯收入	第一产业	农业收入	牧业收入	第二产业	第三产业	城镇居民人均可支配收入	城镇居民人均可支配收入比农村人均纯收入
1994	1 789	1 221	881.9	746.7	610.5	112.3	36.0	99.2	3 496.2	2.9
1995	**2 338**	**1 578**	**1 125.8**	**956.5**	**799.4**	**127.8**	**48.2**	**121.2**	**4 283.0**	**2.7**
1997	2 977	2 090	1 472.7	1 220.0	976.2	203.5	78.0	174.8	5 160.3	2.5
1998	2 996	2 162	1 466.0	1 192.1	962.8	188.5	80.1	193.5	5 425.1	2.5
1999	2 987	2 210	1 448.4	1 139.0	918.3	174.3	91.1	218.3	5 854.0	2.7
2000	**3 146**	**2 253**	**1 427.3**	**1 090.7**	**833.9**	**207.4**	**99.4**	**237.2**	**6 280.0**	**2.8**
2001	3 307	2 366	1 459.6	1 126.6	863.6	212.0	100.0	233.1	6 859.6	2.9
2002	3 432	2 476	1 486.5	1 135.0	866.7	210.6	108.6	243.0	7 702.8	3.1
2003	3 582	2 622	1 541.3	1 195.6	885.7	245.7	108.6	237.1	8 472.0	3.2
2004	4 040	2 936	1 745.8	1 398.0	1056.5	271.0	108.2	239.5	9 421.6	3.2
2005	**4 631**	**3 255**	**1 844.5**	**1 469.6**	**1097.7**	**283.6**	**108.3**	**266.7**	**10 493.0**	**3.2**
2006	5 025	3 587	1 931.0	1 521.3	1159.6	265.6	121.7	288.0	11 759.5	3.3
2007	5 791	4 140	2 193.7	1 745.1	1303.8	335.1	137.6	311.0	13 785.8	3.3
2008	6 701	4 761	2 435.6	1 945.9	1427.0	397.5	149.0	340.7	15 780.8	3.3
2009	7 116	5 153	2 526.8	1 988.2	1 497.9	360.4	164.5	374.1	17 174.7	3.3
2010	**8 120**	**5 919**	**2 832.8**	**2 231.0**	**1 723.5**	**355.6**	**182.1**	**419.7**	**19 109.0**	**3.2**
2011	9 833	6 977	3 222.0	2 519.9	1 896.7	462.5	192.6	509.4	21 809.8	3.1
东部地区	12 495	9 585	3 444.6	2 245.5	1 649.5	353.3	383.0	816.1	26 406.0	2.8
中部地区	8 791	6 530	3 184.4	2 531.4	2 053.3	345.2	192.3	460.8	18 323.2	2.8
西部地区	7 855	5 247	2 780.8	2 389.6	1 633.7	616.1	59.0	332.3	18 159.4	3.5
东北地区	13 996	7 791	4 669.7	4 270.6	3 635.4	600.0	78.4	320.7	18 301.3	2.3

注：城镇居民人均可支配收入四个经济地带数据为简单算术平均数。

表21　城乡居民人均支出对比

单位：元/人

年份/地区	农村居民人均总支出	家庭经营费用支出	生活消费支出	食品	转移性和财产性支出	现金支出	家庭经营费用支出	税费支出	生活消费支出	城镇居民人均生活消费支出	城乡居民人均生活消费支出比
1994	1 636	459	1 017	599	46	1 156	328	59	648	2 851	2.8
1995	**2 138**	**622**	**1 310**	**768**	**55**	**1 546**	**455**	**77**	**859**	**3 538**	**2.7**
1996	2 528	709	1 572	886	75	1 888	524	95	1 076	3 920	2.5
1997	2 537	706	1 617	890	45	1 960	540	98	1 126	4 186	2.6
1998	2 457	653	1 590	850	53	1 931	512	98	1 128	4 332	2.7
1999	2 390	600	1 577	829	56	1 917	471	93	1 145	4 616	2.9
2000	**2 652**	**654**	**1 670**	**821**	**169**	**2 140**	**545**	**90**	**1 285**	**4 998**	**3.0**
2001	2 780	696	1 741	831	174	2 285	585	86	1 364	5 309	3.0
2002	2 924	731	1 834	848	194	2 438	617	76	1 468	6 030	3.3
2003	3 025	755	1 943	886	157	2 537	638	66	1 577	6 511	3.4
2004	3 430	924	2 185	1 032	176	2 863	789	37	1 755	7 182	3.3
2005	**4 127**	**1 190**	**2 555**	**1 162**	**238**	**3 567**	**1 053**	**13**	**2 135**	**7 943**	**3.1**
2006	4 485	1 242	2 829	1 217	264	3 932	1 104	11	2 415	8 697	3.1
2007	5 138	1 433	3 224	1 389	322	4 533	1 287	12	2 767	9 998	3.1
2008	5 916	1 705	3 661	1 599	377	5 258	1 551	12	3 159	11 243	3.1
2009	6 334	1 700	3 993	1 636	429	5 695	1 555	10	3 505	12 265	3.1
2010	**6 992**	**1 916**	**4 382**	**1 801**	**493**	**6 307**	**1 758**	**9**	**3 859**	**13 471**	**3.1**
2011	8 642	2 431	5 221	2 107	712	7 985	2 269	12	4 733	15 161	2.9
东部地区	10 338	2 466	6 856	2 667	800	9 955	2 417	20	6 540	17 870	2.6
中部地区	7 558	1 894	4 786	1 955	697	6 946	1 804	8	4 267	12 647	2.6
西部地区	7 279	2 202	4 188	1 780	580	6 356	1 915	8	3 555	13 336	3.2
东北地区	12 707	5 536	5 349	2 029	1 073	12 088	5 265	9	5 004	13 491	2.5

表22 城乡居民家庭人均食品消费量比较

单位：千克/人

年 份	粮 食		蔬 菜		食 油		猪牛羊肉		家 禽		水产品	
	农 村	城 市	农 村	城 市	农 村	城 市（植物油）	农 村	城 市	农 村	城 市	农 村	城 市
1994	257.6	102.0	109.0	121.0	5.7	7.7	11.0	20.2	1.6	4.1	3.0	8.5
1995	**260.1**	**97.0**	**104.6**	**118.6**	**5.8**	**7.6**	**11.3**	**19.7**	**1.8**	**4.0**	**3.4**	**9.2**
1996	256.2	94.7	106.3	118.5	6.1	7.7	11.9	20.4	1.9	5.4	3.7	9.3
1997	250.7	88.6	107.2	115.2	6.2	7.7	12.7	19.0	2.4	6.5	3.4	9.3
1998	250.2	86.7	109.0	113.8	6.2	7.6	13.2	19.2	2.2	6.3	3.6	9.8
1999	247.5	84.9	108.9	114.9	6.2	7.8	13.9	20.0	2.5	4.9	3.8	10.3
2000	**249.5**	**82.3**	**112.0**	**114.7**	**7.1**	**8.2**	**14.6**	**20.1**	**2.9**	**7.4**	**3.9**	**11.7**
2001	238.6	79.7	109.3	115.9	7.0	8.1	14.5	19.2	2.9	7.3	4.1	12.3
2002	236.5	78.5	110.2	116.5	7.5	8.5	14.9	23.3	2.9	9.2	4.4	13.2
2003	222.4	79.5	107.4	118.3	6.3	9.2	15.0	23.7	3.2	9.2	4.7	13.4
2004	219.3	78.2	106.6	122.3	5.3	9.3	14.8	22.9	3.1	8.4	4.5	12.5
2005	**208.8**	**77.0**	**102.3**	**118.6**	**6.0**	**9.3**	**17.1**	**23.9**	**3.7**	**9.0**	**4.9**	**12.6**
2006	205.6	75.9	100.5	117.6	5.8	9.4	17.0	23.8	3.5	8.3	5.0	13.0
2007	199.5	77.6	99.0	117.8	6.0	9.6	14.9	22.1	3.9	9.7	5.4	14.2
2008	199.1	80.8	99.7	123.2	6.2	10.3	13.9	22.7	4.4	8.0	5.2	14.9
2009	189.3	81.3	98.4	120.5	6.3	9.7	15.3	24.2	4.3	10.5	5.3	15.5
2010	**181.4**	**81.5**	**93.3**	**116.1**	**6.3**	**8.8**	**15.8**	**24.5**	**4.2**	**10.2**	**5.2**	**15.2**
2011	170.7	80.7	89.4	114.6	7.5	9.3	16.3	24.6	4.5	10.6	5.4	14.6

注：城镇居民家庭人均食品消费量指全年购买的主要商品数量。

表23 各种物价指数

上年为100

年 份	商品零售价格指数	居民消费价格指数	城市居民消费价格指数	农村居民消费价格指数	农产品生产价格指数	农业生产资料价格指数
1994	121.7	124.1	125.0	123.4	139.9	121.6
1995	**114.8**	**117.1**	**116.8**	**117.5**	**119.9**	**127.4**
1996	106.4	107.9	108.8	107.9	104.2	108.4
1997	100.8	102.8	103.1	102.5	95.5	99.5
1998	97.4	99.2	99.4	99.0	92.0	94.5
1999	97.0	98.6	98.7	98.5	87.8	95.8
2000	**98.5**	**100.4**	**100.8**	**99.9**	**96.4**	**99.1**
2001	99.2	100.7	100.7	100.8	103.1	99.1
2002	98.7	99.2	99.0	99.6	99.7	100.5
2003	99.9	101.2	100.9	101.6	104.4	101.4
2004	102.8	103.9	103.3	104.8	113.1	110.6
2005	**100.8**	**101.8**	**101.6**	**102.2**	**101.4**	**108.3**
2006	101.0	101.5	101.5	101.5	101.2	101.5
2007	103.8	104.8	104.5	105.4	118.5	107.7
2008	105.9	105.9	105.6	106.5	114.1	120.3
2009	98.8	99.3	99.1	99.7	97.6	97.5
2010	**103.1**	**103.3**	**103.2**	**103.6**	**110.9**	**102.9**
2011	104.9	105.4	105.3	105.8	116.5	111.3

注：2000年（含）以前的农产品生产价格指数为农副产品收购价格指数。

表24 农产品生产价格指数

年份	农产品生产价格指数	谷物				大豆	油料	棉花	蔬菜	水果	糖料	畜牧产品		
			小麦	稻谷	玉米								生猪	蛋类
1994	139.9		152.2	154.0	151.3	114.6	157.6	160.4	135.1	119.9	124.6	144.6	154.6	125.4
1995	**119.9**		**133.1**	**120.8**	**140.9**	**113.1**	**103.1**	**131.5**	**122.7**	**113.2**	**142.6**	**115.8**	**116.0**	**113.5**
1996	104.2		109.2	104.2	95.4	128.2	96.6	103.2	102.0	99.5	118.6	103.3	102.2	113.2
1997	95.5		89.0	88.2	94.2	100.1	104.8	99.8	91.6	88.6	97.6	101.8	110.1	86.3
1998	92.0		95.8		101.9	85.2	97.7	88.8	91.7	94.5	89.5	86.9	82.9	94.2
1999	87.8		88.9	87.7	86.3	81.8	84.8	69.8	94.9	88.1	80.4	88.5	85.2	91.7
2000	**96.4**		**81.8**	**90.2**	**89.9**	**105.8**	**93.6**	**121.2**	**99.9**	**98.6**	**88.8**	**99.0**	**100.2**	**90.6**
2001	103.1													
2002	99.7	95.8	98.1	97.2	91.5	98.9	104.8	103.4	95.1	109.9	86.0	100.2	98.0	102.8
2003	104.4	102.3	103.0	99.9	104.6	120.6	119.4	135.3	110.4	102.0	90.5	101.8	102.9	101.1
2004	113.1	128.1	131.2	136.3	116.9	120.2	116.6	79.5	105.2	98.6	104.9	111.1	112.8	112.6
2005	**101.4**	**99.2**	**96.4**	**101.6**	**98.0**	**94.2**	**91.3**	**111.8**	**107.2**	**107.4**	**111.6**	**100.5**	**97.7**	**106.4**
2006	101.2	102.1	100.1	102.0	103.0	99.2	104.8	97.1	109.3	111.4	121.1	94.3	90.6	96.0
2007	118.5	109.0	105.5	105.4	115.0	124.2	133.4	109.6	106.9	101.3	100.0	131.4	145.9	115.9
2008	114.1	107.1	108.7	106.6	107.3	119.7	128.0	90.6	104.7	101.4	98.4	123.9	130.8	112.2
2009	97.6	104.9	107.9	105.2	98.5	92.3	94.2	111.8	111.8	107.0	101.5	90.1	81.6	102.8
2010	**110.9**	**112.8**	**107.9**	**112.8**	**116.1**	**107.9**	**112.1**	**157.7**	**116.8**	**118.9**	**106.0**	**103.0**	**98.3**	**107.5**
2011	116.5	109.7	105.2	113.3	109.9	106.3	112.1	79.5	103.4	106.2	125.5	137.0	137.0	112.6

注：2000年（含）以前为农副产品收购价格指数，2001年(含)之后为农副产品生产价格指数。

表25 城乡零售价格分类指数

上年为100

年份	食品类		粮食		油脂类(1)		鲜菜		肉禽蛋(2)		水产品	
	城市	农村	城市	农村	城市	农村	城市	农村	城市	农村	城市	农村
1994	134.2	136.3	150.7	150.7	159.4	163.1	136.2	140.2	140.6	142.7	121.4	119.2
1995	**123.6**	**126.4**	**132.5**	**136.3**	**114.2**	**119.2**	**126.6**	**133.4**	**124.1**	**124.5**	**113.8**	**114.7**
1996	107.9	107.5	109.4	105.8	91.9	92.4	117.3	120.0	106.2	106.6	106.3	104.7
1997	100.1	99.2	93.9	90.4	101.4	101.9	99.6	99.3	101.3	101.5	101.2	101.1
1998	96.9	96.6	96.9	96.9	102.1	98.4	99.3	102.0	93.0	91.9	94.5	93.4
1999	95.8	96.0	96.2	96.6	94.7	94.0	99.8	101.5	90.6	91.8	94.2	92.2
2000	**97.6**	**97.4**	**91.2**	**88.9**	**84.7**	**88.4**	**104.8**	**106.3**	**95.5**	**97.1**	**103.4**	**101.0**
2001	98.9	99.6	101.4	101.7	89.9	90.0	103.4	103.2	103.3	102.3	95.9	97.2
2002	99.7	100.3	98.5	98.9	100.4	99.6	99.5	103.0	100.3	100.7	96.3	95.9
2003	103.2	103.7	102.0	102.6	111.6	113.5	116.4	116.1	102.8	104.2	100.8	99.2
2004	108.8	111.9	125.2	128.3	115.0	119.1	94.4	96.8	116.8	117.6	111.1	115.7
2005	**103.3**	**102.8**	**101.6**	**101.2**	**94.6**	**94.8**	**108.6**	**107.2**	**102.8**	**103.3**	**106.3**	**104.6**
2006	102.6	102.4	102.7	102.4	99.0	98.4	107.9	108.8	97.3	97.2	101.9	100.7
2007	111.7	113.6	106.1	107.0	125.2	128.1	107.5	109.1	130.8	131.5	104.7	106.9
2008	114.5	114.0	107.2	107.1	124.9	125.5	109.0	111.1	122.6	119.9	113.8	115.9
2009	101.1	100.2	105.9	105.4	82.0	81.4	114.6	113.8	91.9	91.2	102.8	101.0
2010	**107.5**	**107.9**	**111.7**	**111.7**	**103.4**	**104.0**	**118.4**	**120.4**	**102.7**	**103.5**	**108.9**	**106.7**
2011	111.8	112.2	112.2	112.4	113.4	113.3	100.5	102.4	122.4	122.6	112.4	110.9

注：(1) 油脂类在1993年以前以食用植物油为指标进行统计。
(2) 2003年肉禽蛋零售价格指数指肉禽蛋价格指数。2006年以后为肉禽及其制品价格指数。

表26 菜篮子产品批发价格

单位：元/千克

类别	品名	2008年	2009年	2010年	2011年	2011年比上年增幅（%）
蔬菜	白萝卜	1.05	1.05	1.14	1.05	−7.7
蔬菜	大蒜	1.30	3.25	8.97	6.01	−32.9
蔬菜	豆角	3.87	4.08	4.36	5.32	22.1
蔬菜	胡萝卜	1.49	1.60	1.63	1.79	10.3
蔬菜	黄瓜	2.24	2.50	2.62	2.89	10.5
蔬菜	茄子	2.51	2.52	3.09	2.90	−6.1
蔬菜	青椒	2.93	3.36	3.09	3.81	23.3
蔬菜	土豆	1.42	1.37	2.31	2.00	−13.2
蔬菜	西红柿	2.14	2.51	2.74	2.87	4.6
蔬菜	大白菜	0.81	0.91	1.26	0.98	−22.2
蔬菜	大葱	2.20	2.15	1.94	1.90	−2.2
蔬菜	芹菜	1.50	1.97	2.06	2.01	−2.0
蔬菜	洋白菜	0.97	1.16	1.31	1.09	−16.7
蔬菜	油菜	1.57	1.95	2.17	2.16	−0.2
水果	蜜橘	3.23	2.77	3.36	4.12	22.6
水果	甜橙	4.53	3.79	4.71	5.97	26.8
水果	西瓜	2.78	2.60	2.93	3.43	17.1
水果	鸭梨	2.39	2.51	2.79	3.75	34.4
水果	富士苹果	4.61	4.93	5.44	6.29	15.7
水果	香蕉	3.53	3.66	3.93	4.60	17.1
水果	菠萝	3.40	3.12	3.67	4.42	20.3
畜产品	鸡蛋	6.60	6.61	7.40	8.69	17.5
畜产品	活鸡	13.03	12.46	11.68	13.76	17.8
畜产品	白条鸡	12.37	11.53	12.41	14.27	15.0
畜产品	猪肉	20.51	15.87	16.26	22.87	40.6
畜产品	牛肉	28.06	29.09	29.76	33.42	12.3
畜产品	羊肉	29.34	29.95	32.27	39.12	21.2
水产品	草鱼	12.13	12.16	12.04	12.67	5.2
水产品	带鱼	12.55	12.25	14.64	17.52	19.6
水产品	鲫鱼	11.50	11.06	11.32	13.01	14.9
水产品	鲤鱼	10.75	9.35	9.99	12.12	21.3
水产品	鲢鱼	7.08	6.34	6.39	7.55	18.2

资料来源：农业部。

表27 国家财政收入及支出情况

单位：亿元

指　标	2000年	2008年	2009年	2010年	2011年
财政收入	**13 395.2**	**61 316.9**	**68 518.3**	**83 101.5**	**103 740.0**
中央	6 989.2	32 672.0	35 915.7	42 488.5	51 306.2
地方	6 406.1	28 644.9	32 602.6	40 613.0	52 433.9
财政收入指数(上年=100)	117.0	119.5	111.7	121.3	124.8
财政收入按项目分					
#各项税收	12 581.5	54 219.6	59 521.6	73 210.8	89 720.3
#增值税	4 553.2	17 996.9	18 481.2	21 093.5	24 266.6
营业税	1 868.8	7 626.3	9 014.0	11 157.9	13 678.6
消费税	858.3	2 567.8	4 761.2	6 071.6	6 935.9
个人所得税	659.6	3 722.2	3 949.4	4 837.3	6 054.1
关税	750.5	1 770.0	1 483.8	2 027.8	2 559.1
企业所得税	999.6	11 173.1	11 536.8	12 843.5	16 760.4
财政支出	**15 886.5**	**62 427.0**	**76 299.9**	**89 874.2**	**108 929.7**
中央	5 519.9	13 374.3	15 255.8	15 989.7	16 514.2
地方	10 366.7	49 052.7	61 044.1	73 884.4	92 415.5
财政支出指数(上年=100)	120.5	125.4	121.9	117.8	121.2
财政支出按项目分					
#农林水事务		4 502.8	6 720.4	8 129.6	9 890.1
一般公共服务		9 831.3	9 164.2	9 337.2	11 109.0
教育		8 937.9	10 437.5	12 550.0	16 116.1
科学技术		2 108.1	2 744.5	3 250.2	3 806.4
社会保障和就业		6 770.0	7 606.7	9 130.6	11 143.9
医疗卫生		2 722.4	3 994.2	4 804.2	6 367.5
环境保护		1 427.4	1 934.0	2 442.0	2 617.6
城乡事务		4 200.8	5 107.7	5 987.4	7 652.6
交通运输		3 273.0	4 647.6	5 488.5	7 472.4

注：(1) 2007年起实施《政府收支分类科目》，财政支出项目按照支出功能分类科目重新设置。
(2) 从2010年及以后，环境保护支出为节能环保支出。

表28 农村土地承包经营及管理情况

单位：万亩、万户、万份、个、人、件

项 目	2009年	2010年	2011年
一、耕地承包情况			
（一）家庭承包经营的耕地面积	126 318	127 411	127 735
（二）家庭承包经营的农户数	22 925	22 851	22 884
（三）家庭承包合同份数	22 024	22 104	22 167
（四）颁发土地承包经营权证份数	20 668	20 739	20 818
其中：以其他方式承包颁发的	88	71	71
（五）机动地面积	2 238	2 470	2 394
二、家庭承包耕地流转情况			
（一）家庭承包耕地流转总面积	15 154	18 668	22 793
（二）家庭承包耕地流转去向			
1.流转入农户的面积	10 850	12 913	15 416
2.流转入专业合作社的面积	1 344	2 216	3 055
3.流转入企业的面积	1 344	1 508	1 908
4.流转入其他主体的面积	1 616	2 031	2 415
（三）流转用于种植粮食作物的面积	8 412	10 281	12 477
（四）流转出承包耕地的农户数	2 924	3 321	3 877
（五）签订耕地流转合同份数	1 714	2 019	2 521
（六）签订流转合同的耕地流转面积	8 059	10 593	13 934
三、仲裁机构队伍情况			
（一）仲裁委员会数	1 013	1 405	1 848
其中：县级仲裁委员会数	993	1 369	1 608
（二）仲裁委员会人员数	10 654	16 534	19 774
其中：农民委员人数	2 274	3 483	3 844
（三）聘任仲裁员数	5 228	11 318	11 853
（四）仲裁委员会日常工作机构人数	4 818	6 696	7 770
其中：专职人员数	2 139	3 053	3 365
四、土地承包经营纠纷调处情况			
（一）受理土地承包及流转纠纷总量	236 630	222 527	219 002
（二）调处纠纷总数	215 659	193 687	192 035

资料来源：农业部。

表29　2011年农户家庭人口及劳动力情况（每个农村居民户）

指标名称	单位	全国	东部	中部	西部	东北
被调查户数	户	19 926	5 855	5 709	5 173	3 189
家庭常住人口	人	3.89	3.96	3.91	4.14	3.35
农村人口	人	3.69	3.70	3.73	3.96	3.17
家庭劳动力	人	2.30	2.27	2.28	2.47	2.13
其中：农村劳动力	人	2.18	2.12	2.17	2.38	2.01
在农村劳动力中：						
1.文盲、半文盲	人	0.13	0.12	0.12	0.19	0.07
2.小学文化程度	人	0.52	0.43	0.47	0.63	0.57
3.初中文化程度	人	1.22	1.17	1.27	1.24	1.22
4.高中文化程度	人	0.25	0.31	0.25	0.26	0.11
5.大专及以上文化程度	人	0.07	0.09	0.06	0.07	0.03
在农村劳动力中：						
1.有专业技术职称人数	人	0.12	0.12	0.10	0.17	0.11
2.受过职业教育和培训人数	人	0.31	0.25	0.23	0.51	0.24
在家庭劳动力中(按身份划分)：						
1.从事农业家庭经营劳动力	人	1.06	0.75	0.90	1.35	1.44
2.从事非农业家庭经营劳动力	人	0.23	0.29	0.26	0.22	0.10
3.受雇劳动者	人	0.74	0.89	0.86	0.66	0.41
4.个体、合伙工商劳动者	人	0.05	0.08	0.05	0.04	0.01
5.私营企业经营者	人	0.02	0.03	0.03	0.02	0.01
6.乡村及国家干部	人	0.03	0.04	0.02	0.03	0.02
7.教科文卫工作者	人	0.02	0.03	0.03	0.02	0.02
8.其他	人	0.14	0.17	0.12	0.13	0.12
在家庭劳动力中(按行业划分)：						
1.从事农林牧渔业人数	人	1.03	0.74	0.86	1.26	1.45
2.从事采矿业人数	人	0.05	0.06	0.07	0.05	0.01
3.从事制造业人数	人	0.30	0.43	0.37	0.21	0.11
4.从事电力、燃气及水的生产和供应业人数	人	0.02	0.02	0.02	0.02	0.01
5.从事建筑业人数	人	0.18	0.14	0.21	0.23	0.13
6.从事交通运输、仓储和邮政业人数	人	0.11	0.14	0.10	0.13	0.06
7.从事批发和零售业人数	人	0.07	0.10	0.08	0.06	0.03
8.从事住宿和餐饮业人数	人	0.10	0.12	0.10	0.09	0.06
9.从事租赁和商务服务业人数	人	0.03	0.04	0.04	0.03	0.01
10.从事居民服务和其他服务业人数	人	0.11	0.15	0.12	0.09	0.05
11.从事其他行业人数	人	0.29	0.33	0.31	0.28	0.20
全家劳动力外出从业时间	天	218	216	278	222	107
全家外出从业劳动力数	人	0.81	0.76	1.01	0.86	0.44
全家外出收入	元	14 044	15 159	17 071	13 142	8 039

资料来源：农业部农村经济研究中心。

表30　2011年行政村一级企业、劳动力就业、耕地情况（每个行政村）

指标名称	单位	全国	东部	中部	西部	东北
一、被调查村	个	301	94	67	94	46
二、村年末企业个数	个	8.3	17.0	4.0	5.2	2.7
1.集体企业	个	0.6	1.3	0.3	0.2	0.4
其中：个人承包和合伙承包的企业	个	0.4	0.9	0.2	0.1	0.1
2.股份制和股份合作制企业个数	个	0.3	0.6	0.1	0.2	0.1
3.合伙企业个数	个	0.8	1.8	0.5	0.2	0.2
4.私营企业个数	个	5.8	11.2	2.8	4.6	1.7
5.“三资”企业个数	个	0.2	0.4	0.0	0.0	0.4
6.其他企业个数	个	0.6	1.6	0.2	0.1	0.0
三、劳动力情况						
(一)年末劳动力	个	1 214.2	1 486.2	1 216.5	1 064.7	960.7
1.以种植业为主的劳动力	个	465.5	473.6	410.0	466.5	527.5
其中：以粮食生产为主的劳动力	个	291.8	226.4	280.6	283.9	457.8
2.以林业为主的劳动力	个	18.7	26.5	6.5	24.3	9.4
3.以畜牧业为主的劳动力	个	63.4	69.7	43.5	64.7	77.0
4.以渔业为主的劳动力	个	28.5	72.2	15.7	4.2	7.4
5.以工业为主的劳动力	个	198.2	364.3	174.7	112.2	68.7
6.以建筑业为主的劳动力	个	147.6	121.3	214.4	154.3	90.1
7.以运输业为主的劳动力	个	60.7	53.2	97.9	58.0	27.2
8.以商业、饮食业、服务业为主的劳动力	个	135.4	197.6	143.0	99.5	70.3
9.其他	个	96.3	107.8	110.9	80.9	83.1
(二)外出劳动力数	个	369.4	388.1	427.5	365.1	255.3
1.出乡(县内)就业数	个	138.2	172.3	113.8	145.3	89.4
2.出县(省内)就业数	个	107.0	128.8	108.4	94.5	85.9
3.出省(国内)就业数	个	118.7	78.0	204.1	124.7	65.4
4.境外就业数	个	5.5	9.0	1.2	0.5	14.6
(三)闲置劳动力（按300日1人）	个	51.1	69.7	50.6	31.2	54.7
四、耕地情况						
(一)耕地	公顷	216.3	148.4	148.2	160.1	569.6
1.农户家庭经营	公顷	203.9	132.3	142.4	150.8	548.6
2.村集体经营	公顷	4.2	5.0	1.2	4.0	7.1
3.企业经营	公顷	1.4	2.4	2.0	0.5	0.2
4.农民专业合作经济组织经营	公顷	2.4	1.1	0.0	0.6	12.4
5.其他经营	公顷	4.5	7.6	2.6	4.3	1.2
(二)年内增加耕地	公顷	0.7	0.7	0.2	0.1	2.5
其中：新开荒耕地	公顷	0.5	0.1	0.2	0.1	2.5
(三)年内减少耕地	公顷	2.1	1.6	2.9	2.6	0.9
1.国家建设占用	公顷	1.2	1.1	0.8	2.2	0.0
2.村集体建设占用	公顷	0.1	0.1	0.3	0.1	0.0
3.农民新建房屋占用	公顷	0.2	0.0	0.6	0.1	0.0
4.改林果、牧、渔业占用	公顷	0.5	0.3	1.1	0.2	0.7
其中：退耕还林草的耕地	公顷	0.1	0.0	0.1	0.0	0.7

资料来源：农业部农村经济研究中心。

后　记

《2012中国农业发展报告》是由农业部组织有关司局、科研单位、农业部软科学委员会专家工作组部分成员以及国家统计局农村经济社会统计司的专家、学者和实际工作者共同编写的。

参加本报告撰写的主要人员有：宋洪远、赵长保、曹力群、习银生、陈洁、刘光明、闫辉、董彦彬、焦红坡、罗备军、张恒春、苏祯、杭静、母锁淼、张立志、张成、李春艳、胡玉玲、范芝、王光才、彭艳、李伟、孙腾蛟、马光霞、汪传敬、罗东、刘志国、李大鹏、黄涛、郭睿、姜倩、李桂群、马帅、牟少飞、杨海生、李雪、张亚伟、李好、朱娟、王戈、李建伟、杜建斌、常雪艳、吴凯峰、闫敏、蔺东、韦正林、吴晓佳、王胜、袁志军、郭娜英、蔡萍、魏馨、陈朱勇、窦鹏辉、付长亮、薛鹏飞、纪绍勤、徐志宇、张振华、徐利群、郝先荣、窦茂海、欧宇、崔江浩、李尚民、李斯华、赵卓、刘涛、高小军。

图书在版编目（CIP）数据

2012中国农业发展报告／中华人民共和国农业部编
．—北京：中国农业出版社，2012.10
ISBN 978-7-109-17206-7

Ⅰ．①2…　Ⅱ．①中…　Ⅲ．①农业经济发展－研究报告－中国－2012　Ⅳ．①F323

中国版本图书馆CIP数据核字（2012）第221764号

中国农业出版社出版
（北京市朝阳区农展馆北路2号）
（邮政编码 100125）
责任编辑　姚　红

中国农业出版社印刷厂印刷　　新华书店北京发行所发行
2012年11月第1版　　2012年11月北京第1次印刷

开本：889mm×1194mm 1/16　　印张：12.75
字数：210千字　　印数：1～1 500册
定价：150.00元